WUNDERBARE WELT DER SCHWERKRAFT
TIME BANDITS
DAS LEBEN DES BRIAN
DIE RITTER DER KOKOSNUSS
JABBER WOCKY

Andreas Pittler

MONTY PYTHON

Über den Sinn des Lebens

Originalausgabe

WILHELM HEYNE VERLAG
MÜNCHEN

HEYNE FILMBIBLIOTHEK
32/254

Herausgeber: Bernhard Matt
Redaktion: Rolf Thissen

BILDNACHWEIS:
Bildarchiv Engelmeier, München

Inhalt

Vorwort: Sett is not fanni

Ach, im deutschen Sprachraum hatte man es schwer, wenn man etwas zu lachen haben wollte. Zumal, wenn man jung war. Und ich war jung, g'rade mal 15 Jährchen am Buckel. Das ist genau jene Zeit, wo einem das Lachen vergeht. Man steckt mitten in der Pubertät, ist zu lang, zu klein, zu dick, zu dünn. Übersät mit diesen ätzenden Pickeln, nicht einmal die eigene Stimme gehorcht einem noch. Und zu allem Übel quälen einen die Lehrer mit ihren unnötigen Kurvendiskussionen, ihren Desoxyribonukleinsäuren und sonstigem Müll. Das andere Geschlecht zieht es vor, geflissentlich über einen hinwegzusehen, und die Altvorderen drohen einem Übles an für den Fall, dass sich die Noten weiterhin asymptotisch der Marke »Nicht genügend« annähern. Kurz, jeder Tag war die ganz normale Katastrophe.

Man verkroch sich in seinem Zimmer und hoffte auf entsprechende Ermunterung aus der Flimmerkiste. Doch da herrschte Ende der 70-er Jahre Ödland. Wiederholungen von hausbackener Unterhaltung à la Heinz Erhardt, Hallervordens Nonsens – in der Tat – und als Höhepunkt kam »das liebe Ottili«. Wozu? Man hatte doch auch so Grund genug, um hemmungslos zu weinen.

Sicher, als Österreicher hatte man es ein klein wenig besser. Uns Ösis blieb wenigstens Harald Juhnke erspart, dafür setzte man uns Hans Moser und Paul Hörbiger vor. Gar nicht mal so schlecht für ihre Zeit. Doch die K&K-Monarchie war halt auch schon 60 Jahre vorbei. Und ehrlich, welchen Formel-1-Freak interessierte schon der Käfer?

Und so zappte ich irgendwann einmal gelangweilt die österreichischen Kanäle ab. Alle beide. Hin und zurück. Die Hoffnung auf Rettung hatte ich längst fahren gelassen. Nur die, wohlgemerkt, denn mit 15 ist man noch mehr oder weniger artig. Es war spät, die Fossilien hatten sich bereits wieder in ihre Glazialbehausung zurückgezogen, nur ich harrte noch aus, vielleicht war der Nachtfilm ja doch diesseits aller Peinlichkeit. *Kunststücke* hieß das Spätprogramm. Gute Güte, sicher wieder so eine intellektuelle Abhandlung zum Thema »Wie verbräme ich meine eigene Larmoyanz«. Doch halt! Da lief plötzlich irgendein

Das Evangelium nach Monty Python: ›Das Leben des Brian‹

abgefahrener Rübezahl durchs Bild und stammelte, bevor er zu-
sammenbrach, nur eine einzige Silbe: »It's.« Der Untertitel bewies mir, dass mein Englischlehrer eine Niete war: »Und jetzt«
stand da zu lesen. Ich wurde stutzig, sah gespannt, was weiter
geschah. Mozart an einem Flügel. Berühmte Tode. Dschingis
Khan, den der Herzzickzack erwischt. Eine Punktewertung wie
beim Eiskunstlauf. Der heilige Stephan mit seiner Steinigung in
Führung, gefolgt von Richard »A horse, a horse, my kingdom
for a horse« dem Dritten und der heiligen Johanna. Dazu der
Hinweis von diversen Backe-Backe-Kuchen-Spielchen zwischen
Marat und der Corday. Nun, das klang vielversprechend. Weni-
ge Minuten später war ich restlos überzeugt. Ex Britannia lux!
Und das Licht hieß Monty Python.
Nur kurz danach stieß ich im Kinoprogramm auf *Das Leben des
Brian*. Der Film lehrte mich nicht nur, immer die Sonnenseite
des Lebens im Auge zu behalten, nein, ich bekam auch endgül-

tig Klarheit darüber, was Humor, was Satire, was Komik wirklich war. Ich folgte der Sandale – die Geschichte mit der Flasche überließ ich den Alkoholikern – und pries Monty Python, wo immer ich hinkam. Bald schon traf ich auf Gleichgesinnte, und wir wurden eine eingeschworene Gemeinschaft, die gierig dem Evangelium lauschte und ungeduldig erwartete, was da noch alles von den Herren Cleese, Chapman, Idle, Palin, Jones und Gilliam produziert wurde. Als dann auch noch die Videorecorder selbst für unsereinen erschwinglich wurden, zeichneten wir jede Sendung mit den Pythons auf, um danach zu tauschen: FLYING CIRCUS, Folge 14, gegen JABBERWOCKY, CLOCKWISE gegen TIME BANDITS. Und erst die M.P.-Videosessions! Da waren die Nächte kurz, und das Gelächter war groß.

Ja, ich kann sagen, Monty Python hat mich durch die Pubertät und auch noch einige weitere kritische Phasen der Adoleszenz gebracht. Ich kann Monty Python daher nur empfehlen. Es hat meines Wissens nach keine Nebenwirkungen. Dennoch sollten Sie zuvor mit Ihrem Arzt oder Apotheker in Bezug auf die individuelle Dosierung sprechen. Monty Python gibt es jedenfalls rezeptfrei in jedem guten Videoladen. Und ich wäre froh, gelänge es diesem Buch, ein guter Beipackzettel zu sein. Aber damit kämen wir zu etwas ganz anderem …

Andreas P. Pittler
im Juni 1997

I. Leben vor Python

Die glorreichen Sechs – Die Anfänge

England unmittelbar vor, während und nach dem Zweiten Weltkrieg. Old Bulldog zerquetscht groucholike seine Zigarre einmal in der Downing Street, einmal wieder nicht und dann doch wieder. Die royalen Beamten laufen noch mit Melonen auf den Köpfen herum, das Pfund war noch das Pfund, und Wembley galt als das Mekka des Fußballsports. Zumindest den Angelsachsen.

Man trank jeden Tag um Punkt 17 Uhr – 5 p. m. – Tee, selbst wenn das ganze Empire just gerade dann untergehen sollte. Eine Gefahr allerdings, die ab Ende der 40-er Jahre ohnehin nicht mehr bestand. Es war schon abgesoffen. Auch sonst hatte man auf der Insel des heiligen Georg und seines Drachens wenig zu lachen. Besonders, wenn man in der Provinz aufwuchs. In Weston-super-Mare zum Beispiel, in der ehemaligen Stahlmetropole Sheffield oder in South Shields. Von Colwyn Bay im wilden Wales ganz zu schweigen.

Aber das Schicksal meinte es noch einmal gut mit dem alten Albion. Wenn schon der Heilige Gral nicht gefunden werden konnte, dann wenigstens eine einzigartige Komikertruppe. Der erste der Glorreichen fand sich in dem Südküstenkaff Weston-super-Mare. Sein Name: John Cheese. Cheese? Na ja, zu seinem Glück hatte sich sein Vater entschlossen, diesen ach so heit'ren Namen beizeiten in Cleese zu ändern, denn Johnny hatte ohnehin schon genug Probleme – mit zwölf war er bereits beinahe 1 Meter 80 groß. Da brauchte er sich nicht auch noch immer angesprochen zu fühlen, wenn gerade irgendwer seine Lieben zum Foto versammelte. John wurde am 27. Oktober 1939 geboren. Keine günstige Zeit für eine sorglose Jugend, denn England befand sich im Krieg. Unter dessen Auswirkungen sollten auch die anderen Pythons zu leiden haben. Graham Chapman etwa, der am 8. Januar 1941 in Leicester zur Welt kam. Da tobte die Luftschlacht um England, wenn auch die Stukas und Messerschmitts des Herrn Göring schon etwas leiser traten. Sie sorgten allerdings immer noch für Nächte der Verdunkelung, für jaulende Si-

Noch ist das Sextett nicht komplett: ein frühes Gruppenfoto mit John Cleese, Graham Chapman, Michael Palin, Terry Jones und Eric Idle

renen und unbequeme Klausur in stickigen Luftschutzkellern. Terry Jones, der seine Ankunft auf diesem Planeten auf den 1. Februar 1942 im walisischen Colwyn Bay terminisierte, hatte es da schon eine Spur leichter. Erstens war Wales für die deutschen Bomber von geringerem Interesse, und zweitens hatten diese mittlerweile auch schon andere Sorgen. Eric Idle und Michael Palin warteten noch zu. Immerhin war Sheffield ein wichtiger Ort der Rüstungsindustrie und dementsprechend oft Ziel von Luftangriffen. Daher kam Palin erst am 5. Mai 1943 zur Welt, kurz nach Idle, der am 29. März in South Shields geboren wurde. Zu diesem Zeitpunkt saßen die Berliner in stickigen Luftschutzkellern, hörten jaulende Sirenen und machten auf Verdunkelung.

Terry Gilliam schließlich ging auf Nummer Sicher. Um gar nicht erst in den Geruch von garstigem Kriegsgetümmel zu kommen, wählte er als Ort seiner Geburt am 22. November 1940 das amerikanische Minneapolis. Und damit waren die glorreichen Sechs – aus urheberrechtlichen Gründen musste man auf den siebten Mann verzichten – vollständig. Die nächste Phase konnte beginnen. Die Formierung einer Komikertruppe.

Doch bis zu diesem glorreichen Event sollte noch viel Wasser die Themse abwärts fließen. Zeit genug also, unsere sechs Protagonisten noch einmal genauer unter die Lupe zu nehmen.

John Cleese

Cleese entdeckte schon in jungen Jahren sein Talent, Intellekt und Spott zur höheren Ehre seiner eigenen Person zu verbinden. Ausgestattet mit der Überzeugung, das Tragen des Namens Cleese müsse geschichtsträchtig sein – man denke an die alten Griechen, an Sophocleese und Pericleese –, erwehrte er sich mit seinen Possen nicht nur des Spottes seiner Klassenkameraden, sondern fand in diesen mit der Zeit auch ein dankbares Publikum, wenn er etwa den Sprachfehler eines düst'ren Schulprofessors aufs Korn nahm, der im Übrigen später als Vorlage für Pontius Pilatus in *Das Leben des Brian* dienen sollte. Cleese versuchte sich als Sportler, doch war – wie sich sein Freund, der Regisseur Michael Apted (NELL) erinnert – seine Unfähigkeit fast noch größer als sein Enthusiasmus. So hängte Cleese die Fußballschuhe an den Nagel und ging nach Cambridge, um Jura zu studieren.

In Cambridge traf er nicht nur Graham Chapman, sondern fiel alsbald der universitären Schauspielertruppe auf, dem »Footlight Dramatic Club«, dem später Größen wie Stephen Fry und Emma Thompson angehören sollten. In jenen Tagen stand den »Footlights« David Frost vor, der heutzutage im englischen Fernsehen zu frühstücken pflegt, wobei er sich mit seinen Gästen um geistreiche Dialoge bemüht. Cleese überzeugte Frost nicht nur mit selbstgeschriebenen Sketchen, er durfte auch erstmals auf eine richtige Bühne. Am 11. Juni 1962 trat er im Cambridge Arts Theatre in DOUBLE TAKE, der jährlichen Show der »Footlights« auf. In der Presse rief DOUBLE TAKE nicht unbedingt Begeisterungsstürme hervor; so schrieb der Kritiker der *Oxford Mail*: »Zwei Nummern, die schlechtesten von allen, mehr sadistisch denn übel, sind die Arbeit von John Cleese und

Graham Chapman, die für das meiste schlechte Material verantwortlich sind.« Das zahlende Publikum dachte offensichtlich anders, und die Show wurde auch in Oxford, King's Lynn und Edinburgh gezeigt. Dieser Erfolg wirkte sich auch für Cleese aus, der im nächsten Programm, A CLUMP OF PLINTHS (1963), bereits in 13 Sketchen auftrat, wobei fünf aus seiner Feder stammten.

In ›Ein Fisch namens Wanda‹ spielte der einstige Jurastudent John Cleese an der Seite von Jamie Lee Curtis einen Rechtsanwalt

Noch vermochte er sich allerdings nicht völlig auf die Theaterkarriere zu konzentrieren, denn seine Eltern lagen ihm beständig mit dem Studium in den Ohren, sodass er im Studienjahr 1963/64 seinen Bakkalaureus (Bachelor) machte. In den Augen seiner ernsten Eltern schienen nun alle Flausen vergessen, winkte doch ein gutdotierter Job bei der BBC, wie seine Mutter an eine Freundin schrieb: »Er scheint mehr daran als an Jura interessiert zu sein, und so wird er sicherlich mehr Geld verdienen!! – Er hat natürlich sein Diplom gemacht.«

Die Arbeit bei der BBC bot zwar viele Erfahrungen, eine Bühne aber konnte sie nicht ersetzen, und so schloss sich Cleese 1964 wieder der Cambridge-Truppe an und tourte mit ihr durch Neuseeland und die USA. Im Mai 1965 traf er in New York auf Terry Gilliam, der beim *Help!*-Magazin arbeitete, welches von Harvey Kurtzmann, dem Gründer von *Mad*, herausgegeben wurde. Zu diesem Zeitpunkt hatte Cleese bereits eigene journalistische Erfahrungen bei *Newsweek* gesammelt, wo seine Artikel zwar schwer zu redigieren, dafür aber überaus originell waren. Und dennoch blieb der Journalist Cleese Episode. Er wollte nicht kommentieren, er wollte kommentiert werden.

Zurück in England arbeitete Cleese wieder mit David Frost zusammen, der ab März 1966 eine regelmäßige BBC-Sendung hatte. In diesem Rahmen lernte Cleese schließlich auch Terry Jones und Michael Palin kennen. Fast zeitgleich mit THE FROST REPORT im Fernsehen waren Frost und Cleese auch im Radio aktiv, wo die Show I'M SORRY, I'LL READ THAT AGAIN in acht Staffeln bis 1973 zu hören war. Wenig später, 1967, erhielt Cleese sein erstes Filmangebot. In INTERLUDE *(Zwischenspiel)*, in dem immerhin Oscar Werner und Donald Sutherland mitwirkten, war er in einigen kleinen Szenen zu sehen. INTERLUDE verschwand jedoch allzu schnell in der Versenkung, ohne irgendein Aufsehen zu erregen.

Erst Anfang 1969 konnte Cleese wieder vor der Kamera stehen. In THE MAGIC CHRISTIAN spielt er an der Seite von Peter Sellers, Ringo Starr, Richard Attenborough, Christopher Lee, Raquel Welsh und etlichen anderen Stars den Direktor von Sotheby's. Mit von der Partie war auch Graham Chapman als Mitglied der Rudermannschaft von Oxford. Der Film basiert auf einem Roman von Terry Southern, der auch das Drehbuch schrieb, wobei Cleese und Chapman ergänzendes Material beisteuern durften. Sie brachten auch den »Mäuse-Sketch« (über Menschen, die süchtig danach werden, sich als Mäuse zu gebärden), der später in den FLYING CIRCUS Eingang finden sollte. Sellers war von der Idee begeistert. Sein Milchmann nicht. Da dieser darüber nicht lachen wollte, warf Sellers den Sketch kurzerhand wieder aus dem Drehbuch. Ob der Film deshalb floppte, lässt sich freilich nicht mehr sagen. Cleese drehte jedenfalls noch einen weiteren Film, THE RISE AND RISE OF MARTIN RIMMER, der 1970 in die Kinos kam. Zu diesem Zeitpunkt lief im britischen Fernsehen bereits der FLYING CIRCUS.

Graham Chapman

Chapman, der Sohn eines Polizisten, entschloss sich, geprägt durch frühe Kriegseindrücke, zum Medizinstudium, das er in Cambridge aufzunehmen gedachte, da er von den »Footlights« begeistert war. Im gleichen Jahr wie Cleese gelang es ihm, in die Truppe aufgenommen zu werden. Wie Cleese schloss Chapman sein Studium ab und arbeitete sogar kurze Zeit als Arzt im Londoner Bartholomew-Hospital, ehe er mit den »Footlights« auf Tour ging.

Seine Erfahrungen während des Studiums verwertete Chapman in seiner »Doctor«-Serie, und im Februar 1967 begann die erste Staffel von AT LAST THE 1948 SHOW, in der neben Chapman und Cleese auch Eric Idle und Marty Feldman mitwirkten. Frost hatte seinen Zuarbeitern vom FROST REPORT die Gelegenheit verschafft, ihre eigene Fernseh-Show zu produzieren. Und sie nutzten diese Chance. Die 1948 SHOW war der Prototyp für den FLYING CIRCUS, wobei sich der Umstand, dass Chapman und Cleese nicht nur für das Skript verantwortlich waren, sondern auch als ihre eigenen Hauptdarsteller agieren konnten, positiv auswirkte. Später sollte Chapman feststellen: »Bei der 1948 SHOW erhielten wir zum ersten Mal ein wenig Freiraum. Wir waren Schauspieler und Autoren der Show, und dieser Umstand gab uns eine Art von Kontrolle – keine Interpretation des von dir Geschriebenen durch den Akteur, keine Egos im Weg, à la: Ich tue das nicht, das würde meinen Ruf in der Öffentlichkeit ruinieren. Der war für uns nämlich ohne Bedeutung. Wir hatten keinen zu verlieren, denke ich.«

Jedenfalls empfanden Chapman und Cleese die eigene Show als befreiend. Während der Frost-Shows war es ihnen zu oft passiert, dass ihre Texte letztlich der Selbstzensur des Teams zum Opfer fielen. Nun brauchten sie keine Rücksicht mehr zu nehmen. Selbst Cleese, der in der Regel aller geleisteten Arbeit mehr als kritisch gegenübersteht, zeigte sich enthusiastisch über die 1948 SHOW: »Es war aufregend. Das war die erste Chance, die ich jemals hatte.«

Bereichert wurde das Team durch einen Mann, der bislang nur als Autor auf sich aufmerksam gemacht hatte: Marty Feldman. Cleese: »Ich kann mich immer noch an David (Frost, Anm. A. P.) erinnern, als wir ihm sagten, wir wollten Marty als einen der vier Akteure haben. Der liebe David sagte *sotto voce*: Wird das Publikum nicht ein wenig irritiert sein über die Art, wie er schaut? Und in der Tat, es ist erheiternd, genau diese Art war sein Glück.«

Warum aber so ein merkwürdiger Name für eine TV-Produktion, wandte die Presse ein. Cleeses Antwort: »Weil 1947 so ein schlechtes Jahr war.« David Frost freilich gibt in seiner Autobiographie »From Congregations to Audience« eine ausführlichere Darstellung: »Der ganze Titel war ein Scherz über TV-Verantwortliche. Die 48-er Show, die 1967 im Fernsehen lief. Die Idee war, dass man die Produktion 19 Jahre lang auf Eis gelegen hatte, während die Bosse darüber berieten, ob sie gesendet werden sollte oder nicht.«

Die Show lief erstmals im Februar 1967 vom Stapel und erreichte sofort Kultstatus. Schon die erste Folge begann vielversprechend – mit einem getürkten Vorspann:

Der ungestüme Tim Brooke-Taylor in der Rolle seines Lebens.
Sie liebten ihn in »Song of Budapest«, sie ritten mit ihm in »Desert Tigers«, sie kämpften mit ihm in »Old Vienna«.
Darauf Tim: *Warum lasst ihr mich nicht endlich in Ruhe?*

Und wieder Vorspann: Ein lebhafter John Cleese und sein feuerfressender Pinguin als der bedeutende ehrgeizige Anwalt der Krone Sir Habbakuk Vulture Pant.
JOHN *(zur Zeugin): Wo waren Sie in der Nacht vom 14.?*
ZEUGIN: *Warum?*

Der Polizistensohn und Arzt Graham Chapman wagte den Sprung ins Showbusiness

JOHN: *Ich wartete die ganze Nacht auf Sie, und Sie kamen nicht nach Hause.*

In einem Sketch mit Marty Feldman stellt Cleese sein Talent, Verrückte zu spielen, erfolgreich unter Beweis. Er gibt einen Doktor, den Feldman als Patient aufsucht.
JOHN: *Ah, Mister Potter, nett, Sie wieder mal zu sehen.*

MARTY: *Mein Name ist Wilson, und wir sind uns nie zuvor begegnet.*

JOHN: *Großartig, großartig. Ich hoffe, Sie haben nicht zu lange warten müssen.*

MARTY: *Ich habe mehr als zwei Tage gewartet. Mein Termin war für Mittwoch um zwölf, jetzt ist es Freitag abends.*

JOHN: *Tja, ich fürchte, der letzte Patient hat eher viel Zeit beansprucht. Und gestern war ein so schöner Tag – und eigentlich hoffte ich, diesen Nachmittag eher früher wegzukommen. Sind noch viele draußen im Wartezimmer?*

MARTY: *Mehr als 120, und es ist ein sehr heißer Tag.*

JOHN: *Ja, nicht?*

MARTY: *15 Leute sind schon zusammengebrochen, und die Rettung betreibt schon einen Shuttle-Service.*

JOHN: *Well, well, well.*

MARTY: *Da ist auch ein toter Hund im Wartezimmer.*

Für den glücklosen Patienten geht es aber noch weiter bergab.

JOHN: *Mr. Wilson, wie steht's mit den Augen? Können Sie diese Karte lesen?*

MARTY: *Ja.*

JOHN: *Well?*

MARTY: *Es steht »R P M D F D 2 4 9 4 2 S L J S J T I J« drauf.*

JOHN: *Ja, die ist von meiner Tante aus Brighton. Sie muss verrückt sein.*

In der zweiten Folge der Show liefern sich Cleese und Chapman das »Arnold-Fitch-Kreuzverhör«:

JOHN: *Sind Sie Arnold Fitch, alias Arnold Fitch?*

GRAHAM: *Ja.*

JOHN: *Warum ist ihr Alias-Name gleich dem richtigen Namen?*

GRAHAM: *So ist es leichter, es sich zu merken.*

JOHN: *Sie sind ein Firmendirektor?*

GRAHAM: *Natürlich.*

JOHN: *Warfen Sie die Gießkanne?*

GRAHAM: *Nein.*

JOHN: *Ich schlage vor, Sie warfen die Gießkanne.*

GRAHAM: *Das tat ich nicht.*

JOHN: *Ich unterstelle, dass Sie die Gießkanne warfen.*

GRAHAM: *Tat ich nicht.*

JOHN: *Ich behaupte, dass Sie es waren, der die Gießkanne warf.*

GRAHAM: *Nein.*

JOHN: *Warfen Sie oder warfen Sie nicht die Gießkanne?*

GRAHAM: *Ich tat es nicht.*

JOHN: *Ja oder nein! Warfen Sie die Gießkanne?*

GRAHAM: *Nein.*

JOHN: *Beantworten Sie die Frage!*

GRAHAM: *Ich warf sie nicht.*

JOHN: *So, er leugnet es. Nun gut, Mr. Fitch, würden Sie überrascht sein, zu hören, dass Sie die Gießkanne warfen?*

GRAHAM: *Ja.*

JOHN: *Und leugnen Sie, die Gießkanne nicht geworfen zu haben?*

GRAHAM: *Ja.*

JOHN: *Aha.*

GRAHAM: *Nein!!*

JOHN: *Sehr gut, Mr. Fitch, wäre es wahr, zu sagen, dass Sie logen, wenn Sie leugneten, dass es falsch war zu bestätigen, dass es Sie Lügen strafte zu leugnen, dass es unwahr war, dass Sie logen. Sie zögern, Mr. Fitch? Eine Antwort bitte, das Gericht wartet! Ahu Ha Ha Ha Ha Ha.*

GRAHAM: *Ja.*

JOHN *(überrascht): Was?*

GRAHAM: *Ja.*

JOHN *(versucht, die Antwort richtig einzuordnen und scheitert): Keine weiteren Fragen, Euer Ehren.*

Die 1948 SHOW bedeutete Neuland in der Geschichte des britischen Fernsehens. Erstmals machte sich jemand auf dem Bildschirm über den Bildschirm nachhaltig lustig. Ursprünglich nur im lokalen TV Londons zu sehen, übernahmen zahlreiche regionale Sender die Serie, deren zweite Staffel dann schon beinahe im ganzen Land zu sehen war. In einigen Folgen trat im Übrigen auch Eric Idle auf, der somit der einzige spätere Python war, der in beiden bahnbrechenden Vorläufer-Serien – über die andere später mehr – zu sehen war.

Eric Idle

Eric Idle verbrachte seine Jugend in Oldham und Wolverhampton, ehe er 1962 nach Cambridge ging, um am Pembroke College Englisch zu studieren. Auch er war fasziniert von der Welt des Theaters im Allgemeinen und von den »Footlights« im Besonderen. Cleese und Chapman waren damals schon so etwas wie die Stars der Truppe. Bei ihrem Auftritt in Edinburgh lernte Idle auch Terry Jones und Michael Palin von der rivalisierenden »Oxford Revue« kennen. 1964 wählten die »Footlights« Idle zu ihrem Präsidenten, der auch gleich einen Antrag auf Zulassung von Frauen bei der Truppe ein- und durchbrachte.

Nach seinem Studienabschluss im Sommer 1965 spielte Idle in einem Kabarett, ehe er im darauffolgenden Jahr begann, für seine alten »Footlight«-Freunde, die mit der Show I'M SORRY, I'LL READ THAT AGAIN für die BBC begonnen hatten, Texte zu schreiben. Mehrmals durfte er auch für David Frosts THE FROST REPORT die Feder spitzen.

Irgendwann im Jahre 1967 erhielt Idle von einem alten Bekannten Besuch: »Humphrey Barclay kam zu mir und sagte, er wolle eine Kindershow machen, und er fragte mich, ob ich dafür schreiben und darin mitspielen wolle. Ich kannte ihn aus Cambridge – wir waren bei den ›Footlight‹-Auftritten in Edinburgh zusammen. Ich sagte ihm zu, aber ich wollte mit Mike und Terry arbeiten. Er meinte, das wäre eine gute Idee, so holten wir Mike und Terry heran, um zu schreiben und auch aufzutreten.« Jones und Palin sollten jedoch nicht die einzigen späteren Pythons sein, die mit Idle an dieser Serie, die den Titel DO NOT ADJUST YOUR SET bekam, mitwirkten. Es stieß als Koautor auch Terry Gilliam dazu, mit dem sich Idle bei dieser Gelegenheit anfreundete.

DO NOT ADJUST entfernte sich nach dem Beginn der Serie im Januar 1968 sehr rasch vom ursprünglichen Zielpublikum. Idle: »Wir wurden ein Kulthit. Wir waren das größte TV-Ereignis vor den Zehn-Uhr-Nachrichten. Wir bekamen einen Preis für das beste Kinderprogramm, den Silbernen Bären von Berlin, oder München, oder sonstwo.«

DO NOT ADJUST brachte es in zwei Staffeln auf insgesamt 26 Folgen. Dazwischen waren die Stars der Show mannigfach an-

Eric Idle (hier in ›Too Much Sun‹) begann seine Karriere mit einer Kinderserie

derweitig engagiert. Palin und Jones machten zwischendurch THE COMPLETE AND UTTER HISTORY OF BRITAIN, Idle und Gilliam, der mit Animation zu experimentieren begann, arbeiteten an WE HAVE WAYS OF MAKING YOU LAUGH. Später meinte Michael Palin über diese Zeit: »Das war die Phase, in der wir Skript-Doktoren waren – geöffnet rund um die Uhr –, und diese Phase dauerte bis zu Python.«

DO NOT ADJUST bereitete die späteren Pythons hervorragend auf ihre Arbeit am FLYING CIRCUS vor. Palin: »Jedesmal wenn wir einen Sketch schrieben, den wir im Programm nicht benutzen konnten, weil er eines dieser Tabus verletzte, legten wir ihn einfach ab. Sehr wirtschaftlich. Wir sollten in der Lage sein, diese für eine von diesen Comedy-Shows für Erwachsene zu verwenden.« Dies sollte sich schneller bewahrheiten, als es sich Palin zunächst vorstellte. Diese »Comedy-Show für Erwachsene« war – MONTY PYTHON'S FLYING CIRCUS.

Doch zurück zu jenen Wegen, die Idle und Gilliam angeblich fanden, ihr geneigtes Publikum zum Lachen zu bringen. Die erste Show dieser Serie flimmerte am 23. August 1968 über die Bildschirme – und war ein Desaster. Nach dem Erfolg von DO

NOT ADJUST war Barclay auf die Idee gekommen, eine Talk-show mit Sketch-Elementen anzureichern. Während sich ein möglichst geistreicher Gastgeber (Idle) mit – oder vielmehr über – seine(n) Gäste(n) lustig machte, sollte ein Cartoonist (Gilliam) witzige Zeichnungen der Besucher anfertigen. Die allererste Show verlief vielversprechend. Das Studiopublikum kugelte sich vor Lachen, da Idle und Co. in der richtigen Stimmung für jede Menge geistreicher Kommentare waren. Als die Crew aber erfahren musste, dass die Sendung gar nicht ausgestrahlt worden war, da die Techniker aufgrund eines Streiks die Übertragung nicht vorgenommen hatten, war dies ein unüberwindliches Menetekel. Idle: »Wir hatten überhaupt keine Wege, sie zum Lachen zu bringen. Es war eine Mischung von Tratsch und Komödie. Die Leute versuchen immer wieder, Tratsch und Komödie zu kombinieren, aber es funktioniert niemals.«

Und so bleibt WE HAVE WAYS nur in einer Hinsicht bedeutsam. Gilliam tobte sich erstmals als Schöpfer von Animationssequenzen aus, die später integraler Bestandteil des FLYING CIRCUS werden sollten.

Zur gleichen Zeit arbeiteten Cleese und Chapman mit David Frost an einem Filmprojekt mit dem vielversprechenden Titel HOW TO IRRITATE PEOPLE. Auch Michael Palin wirkte dabei mit: »Es war eine Reihe von Sketchen über Situationen, in denen Leute einen irritieren, etwa Kellner in Restaurants, die sich schrecklich kriecherisch benehmen. Ein Sketch handelte von einem Ehemann, dessen Frau ihn drängt, einen Witz zu erzählen. Er hat keine Lust dazu, und als er schließlich doch damit anfängt, korrigiert ihn seine Frau fortwährend. Die ganze Sache hatte eine Menge netter Sequenzen.«

Für David Frost verfolgte HOW TO IRRITATE noch einen anderen Zweck: »John Cleese beschrieb das Programm als ein Gegenmittel zu der ›Wie komme ich mit Leuten aus?‹-Propaganda von Dale Carnegie und *Reader's Digest*. Die Show nahm die Form einer illustrierten Vorlesung mit Maßregeln an.« Am Schluss von HOW TO IRRITATE hat Cleese denn auch noch einen wichtigen Rat parat: »Wenn Sie zum Spaß irritieren wollen, muss eine goldene Regel befolgt werden: Treiben Sie es nie zu weit. Sonst explodieren die anderen und werden dabei all die Spannungen los, an denen wir so hart gearbeitet haben, um sie aufzubauen.

Und das wollen wir doch nicht, oder?!« Die Show wurde im Übrigen 1990 von David Frost in England als Video herausgebracht, sodass man sich zumindest dort davon überzeugen kann, dass HOW TO IRRITATE, wie Palin sagt, »seine Stärken und Schwächen hat. Leider war es nicht annähernd so erfolgreich, wie ich dachte, dass es sein sollte. Aber es hatte einige wundervolle Passagen, inklusive einiger der besten Arbeiten, die Graham je gemacht hat, sehr witzige Sketche, sodass es schon allein deshalb seinen Wert hat.«

Während Cleese und Chapman mit Frost an HOW TO IRRITATE feilen und Idle seinen ersten Rückschlag mit WE HAVE WAYS erlebt, feiern zwei andere zukünftige Pythons einen Achtungserfolg: Michael Palin und ein Waliser.

Terry Jones

Terry Jones war zwar 1942 in Wales geboren und auch dort aufgewachsen, im Alter von elf Jahren übersiedelte er aber mit seiner Familie in die Nähe von London und ging in Guildford zur Schule. Nach dem Abschluss derselben begann Jones, in Oxford Geschichte zu studieren. 1961 kam er erstmals mit dem Theater in Berührung. Mit der »Oxford Revue« trat er sowohl beim Edinburgh Festival als auch im Phoenix Theatre in London auf. Zu dieser Zeit lernte er auch Michael Palin kennen. Er schloss sein Studium ein Jahr vor seinem Freund ab und ging zur BBC, wo er einen Job als Skript-Schreiber, Gagman, Produktionsassistent und – meistens – als »Mädchen für alles« fand.

Wenig später kam auch Palin wieder hinzu, und die beiden schrieben Texte für eine ganze Menge von Shows und andere Produktionen, bald auch, wie Cleese und Chapman, für den FROST REPORT. 1967 konnten sie mit DO NOT ADJUST erste Lorbeeren einheimsen. Genug Motivation für ein eigenes Projekt: THE COMPLETE AND UTTER HISTORY OF BRITAIN. Später erinnerte sich Jones: »Die Basis von THE COMPLETE AND UTTER HISTORY war, dass es Geschichte war, als ob eine Fernsehkamera dabeigewesen wäre. Dinge wie Wilhelm der Eroberer unter der Dusche nach der Schlacht von Hastings, mit einem ITN-Sportreporter, der danach fragt, wie die Schlacht denn gewesen sei. Es war wie ein Fußballmatch mit dem Playback der Schlacht. Es war in vielerlei Hinsicht nicht wirklich zufriedenstellend, aber

Schrieb die Geschichte Britanniens für das Fernsehen um: Terry Jones

wir hatten lustiges Material dabei. Es war THE COMPLETE AND UTTER HISTORY, durch die Cleese darauf erpicht wurde, etwas gemeinsam zu machen.«

Die Serie ist übrigens verschollen. Jones: »In jenen Tagen gab es kein Video, ich konnte keine Kopie machen. THE COMPLETE AND UTTER HISTORY selbst ist verschwunden. Alles, was blieb, sind die Inserts.« Für einen richtigen Python-Fan ist die Vorstellung erschreckend, dass – wäre dieselbe Vorgehensweise auch beim FLYING CIRCUS angewendet worden – dieser vielleicht auch verloren gegangen wäre. Aber zum Glück kam es anders. Cleeses Vorschlag, nach THE COMPLETE AND UTTER HISTORY ein gemeinsames Projekt zu starten, betraf zunächst übrigens nur Michael Palin. Der brachte Jones ins Spiel: »Mike sagte: Ich schreibe mit Terry. Kann der auch mitmachen? Wir kamen also als Paket, und John und Graham sagten: Eric und Terry Gilliam können auch kommen. So war also am Ende Python AT LAST THE 1948 SHOW trifft DO NOT ADJUST YOUR SET.«

Doch ehe wir uns diesem Treffen zuwenden, müssen wir uns noch mit zwei weiteren Helden vertraut machen.

Michael Palin

Michael Palin war ohne Frage jener Python mit der frühesten Bühnenerfahrung. Bereits im zarten Alter von fünf Jahren gab er Martha Cratchit in A CHRISTMAS CAROL. Ein umwerfender Er-

Half aus, wo er gebraucht wurde: Michael Palin

folg. Palin fiel von der Bühne. Er besuchte die Schule in Shrewsbury und ging dann nach Oxford, um Geschichte zu studieren.

Dort erinnerte er sich seiner frühen dramatischen Erfahrungen und begann, Kabarett-Texte zu schreiben, die er 1962 bei der »Oxford University Psychology Society Christmas Party« auch zur Aufführung brachte. In der Folge arbeitete er mit der »Oxford University Dramatic Society«. Palin trat wie Jones 1964 in dem Stück HANG DOWN YOUR HEAD AND DIE auf, das es im Londoner Comedy Theatre immerhin auf 44 Aufführungen brachte. Im gleichen Jahr waren die beiden in der »Oxford Revue« beim Edinburgh Festival zu sehen, und Palin wirkte an dieser Veranstaltung sogar noch im Jahr darauf mit. 1965 erhielt Palin seinen Abschluss in moderner Geschichte und ging nach London zur BBC, wo Jones schon eifrig umtriebig war. Wie dieser verbrachte auch Palin die Jahre bis zur ersten Anerkennung für DO NOT ADJUST damit, Gags für verschiedene Shows zu schreiben und überall dort auszuhelfen, wo er gerade gebraucht wurde. 1966 war Palin übrigens der erste Python, der unter die Haube kam. Cleese sollte ihm nur wenig später folgen, und Idle tat es ihnen schließlich ebenfalls recht rasch gleich.

Palin bekam eine Rolle in Cleeses und Chapmans HOW TO IRRITATE, wo er die Gelegenheit hatte, einen seiner Sketche selbst aufzuführen. Es ging um Palins Probleme mit einem schadhaften Auto. Dieser Scherz wurde später umgeschrieben. Aus ihm wurde der berühmte »Dead Parrot«-Sketch.

Palin war mithin ein wertvolles Bindeglied bei der Fusion der beiden Gruppen zur Python-Truppe. Palin hatte nicht nur mit Jones viele Sketche geschrieben und mit Cleese, Chapman und Idle vor der Kamera gestanden, er kannte auch einen gewissen Amerikaner.

Terry Gilliam

Der Amerikaner aus Minneapolis zog 1951 nach Los Angeles, wo er auch zur Schule ging. Während seiner Universitätsjahre – ab 1958 – verfasste er ein Humormagazin, *Fang*, war aber sonst ein strebsamer Student. Er machte seinen Abschluss in Politikwissenschaften und übersiedelte 1962 nach New York, wo er sich darum bemühte, bei der Satirezeitschrift *Mad* unterzukommen. Der Herausgeber von *Mad* verhalf Gilliam zu einem Job

Terry Gilliam (mit Robin Williams) in New York bei den Dreharbeiten zu ›Der König der Fischer‹ (1991)

bei einem anderen Blatt, bei *Help!*. Dort zeichnete er Cartoons und Illustrationen. Nach dem Ende dieser Arbeit und einer anschließenden Europareise kehrte Gilliam 1965 wieder nach L. A. zurück, wo er sich als Kinderbuch-Illustrator verdingte, ehe er bei einer Werbeagentur landete. Doch derlei Tätigkeit vermochte Gilliam nicht auszufüllen, sodass er flugs über den großen Teich setzte und in London landete, wo er ab 1967 als Freelancer Illustrationen für *The Sunday Times* und andere Blätter machte.

Wieder einmal joblos geworden, wandte er sich an John Cleese, den er schon 1965 in New York kennengelernt hatte, und Cleese machte Gilliam mit Barclay bekannt, der ihm einen Job bei Do Not Adjust vermittelte. Für das Projekt We Have Ways begann Gilliam, Animationssequenzen zu machen, was die Produzenten derart in Begeisterung versetzte, dass sie für die zweite

Staffel von DO NOT ADJUST gleich drei solcher Szenenfolgen einbauten. Als Animator trat Gilliam dann in den Anfangstagen des FLYING CIRCUS auch primär in Erscheinung. Während der ersten Folgen ist er so gut wie nie auf dem Bildschirm zu sehen. Gilliam-Auftritte werden erst im Laufe der Zeit eine gewisse Selbstverständlichkeit. Zuvor trat Gilliam primär als Animationsfilmer hervor.

Nun, da wir dies geklärt hätten und endlich wissen, mit wem wir es zu tun haben, können wir endlich den Faden der Historie wieder aufgreifen. Wo waren wir stehen geblieben? Ach ja: Die nächste Phase konnte beginnen. Die Formierung einer Komikertruppe.

II. Python, Monty, Ltd.
(Oktober 1969 bis Januar 1970)

Die erste Staffel des CIRCUS –
Der Sturm beginnt

Die Zeugungsstunde der Monty Pythons schlug am 23. Mai 1969, berichtet Douglas McCall in seiner Daten- und Faktensammlung zur Gruppe. Erstmals kamen alle unsere sechs Helden zusammen, um gemeinsam mit Ian MacNaughton, der später Regisseur des CIRCUS werden sollte, und John Howard Davies, dem Repräsentanten der BBC, die Idee einer völlig neuen TV-Show durchzudiskutieren. Mit Hilfe von Barry Took, der als BBC-Redakteur so etwas wie die Vaterfigur für junge, aufstrebende Künstler war, erhielten Cleese und Co. einen Termin bei den Sendergewaltigen, vertreten durch Michael Mills, dem Abteilungsleiter für Komödien und Unterhaltung. Mills hörte eine Weile mehr oder minder gelangweilt zu, ehe er sich abrupt erhob: »Gut, ihr könnt 13 Shows für die Nachtschiene haben.« Sprach's und verließ den Raum. So kann Geschichte gemacht werden.

Nachdem die BBC das Placet gegeben hatte, blieb es den sechs Gruppenmitgliedern überlassen, wie sie die Show gestalten wollten. Außer durch die gemeinsamen Erfahrungen bei früheren Arbeiten wurde Monty Python auch durch die Programme von Spike Milligan beeinflusst, der in den 50-er Jahren durch seine Radioshows berühmt geworden war – aus seinem Team stammte auch MacNaughton – und der in späteren Jahren klassische Texte, von der Bibel bis zu den Brontë-Schwestern, satirisch veräppelte. Vor allem Milligans Q 5 kam der Gruppe entgegen, wie sich Graham Chapman später erinnerte: »Natürlich waren wir beeinflusst von der anarchischen Schule der Komödie, wie sie Spike Milligans THE GOON SHOW und Q 5 repräsentierte. Für einen außenstehenden Beobachter gab es einige befremdliche Verbindungen und die Verrücktheit, aber auch Teile offensichtlichen Fernsehens, etwa Kameraeinstellungen, die sagten ›Das ist Fernsehen, und wir kümmern uns nicht drum‹, eine Reminiszenz an Milligan. Es war nett zu erkennen, dass wir uns in dieselbe Richtung bewegten.«

So machten sich die Sechs noch im Sommer 1969 daran, die Skripts für ihre Shows zu verfassen. Ursprünglich gab es historisch eingefahrene Teams. Cleese arbeitete mit Chapman, Palin mit Jones, Eric Idle mit Eric Idle, und Terry Gilliam war ohnehin die meiste Zeit auf Tauchstation, sodass keines der anderen Gruppenmitglieder wusste, was er tat. In sporadischen Abständen tauchte Gilliam dann plötzlich wieder auf und knallte dem Rest seine gesammelten Werke vor den Latz. Cleese regte an, die Teams durchzumischen, um dadurch neue Formen von Witz zu initiieren, da die Teams einfach schon zu eingespielt schienen, um wirklich etwas Neues zu schaffen: »Gegen Ende der ersten Serie versuchten wir, die Paare aufzubrechen, um so zu noch originellerem Material zu kommen«, sagte Cleese später. »Michael und ich schrieben den Hitler-Sketch, die North Minehead By-Election, Eric und ich den Sir-George-Head-Bergsteiger-Expeditions-Sketch, und ich glaube, Michael und ich schrieben auch die Armee-Schutzgeld-Geschichte mit Luigi Vercotti. Wegen irgendwelcher Gründe gingen wir aber dann wieder zu den ursprünglichen Teams zurück, was ich bedauerte, da ich dachte, es machte wesentlich mehr Spaß, sie aufzubrechen.«

Letztlich stellten die Teams aber auch so etwas wie Fraktionen innerhalb der Gruppe dar. Wenn es dann darum ging, welches Material Verwendung finden sollte, war Idle stets im Nachteil, da er alleine schrieb. Idle erinnert sich, dass es für ihn doppelt schwer war: »Ich hatte niemanden, der lachte, wenn ich zu den witzigen Teilen kam.«

Wie auch immer, die Vorarbeiten schritten zügig voran, und am 30. August 1969 konnte die Truppe mit den Aufnahmen für die Show beginnen. Freilich waren immer noch einige Fragen offen. Etwa, wie die Show innerlich zusammengehalten werden sollte. Es galt, einige Standards zu schaffen, die leitmotivisch immer wiederkehrten. Einer davon war, gleich zu Beginn jeder Folge, der »It's-Mann«, den Michael Palin verkörperte. Dieser verwilderte und verwahrloste Geselle, der aussieht, als sei er auf einer einsamen Insel abseits jeder Zivilisation gestrandet, taucht am Anfang aus irgendeiner wüsten Landschaft auf und läuft auf die Kamera zu. Er scheint panische Angst zu haben und befindet

Es begann im Sommer 1969: die infernalischen Sechs

sich im Stadium vollständiger Erschöpfung. Mehrmals torkelt er, fällt gar, rappelt sich wieder auf, irrt weiter. Endlich erreicht er keuchend die Kamera, kämpft mit sich, um den einen entscheidenden Satz herauszubringen, der das folgende Programm ankündigen soll, doch stets kommt er nur bis zum »It's«, dann verliert er das Bewusstsein und bricht zusammen. In all den 45 Folgen hat er es nie zu einem zweiten Wort gebracht. Später erinnerte sich Palin: »Es gab wirklich keinen Grund, warum wir diesen Charakter einführten, aber natürlich gab es einen Grund, warum wir Sachen grundlos machten.«

Der »It's-Mann« war freilich so unüberlegt nicht, wie Palin es nachträglich erscheinen lassen wollte. Jede konventionelle Show hat einen Ansager, der das nachfolgende Programm ankündigt. Meist eine flott aussehende Dame oder einen adrett gekleideten Herrn, die sich ergehen in Floskeln wie »Meine sehr geehrten

Damen und Herren, wir präsentieren Ihnen …« oder, schon ein wenig legerer, »Wir wünschen Ihnen gute Unterhaltung bei …«, jedenfalls sehr nett und lieblich. Der »It's-Mann« ist dazu die ultimative Antithese, noch dazu, da er ja nicht einmal dazu kommt, das Programm anzusagen.

Und gleich bei der allerersten Folge hatte der »It's-Mann«, will heißen, Michael Palin, zusätzliches Pech. Laut Skript sollte er aus den Fluten des Meeres auftauchen als klassischer Schiffbrüchiger, an Land torkeln und dort stilecht zusammenbrechen. Der Dreh fand an einem Küstenflecken namens Sandy Bay statt. Palin: »Der Name Sandy Bay war sehr passend. Alles war voller Sand, es war kaum Meer vorhanden. Ich ging also hinaus, dorthin, wo ich genug Wasser vermutete, um, wie im Skript vorgesehen, untertauchen zu können, aber ich legte mehrere hundert Meter zurück, und das Wasser reichte mir immer noch gerade über die Knöchel. Als ich endlich genug Meer um mich hatte, um untertauchen zu können, war ich außer Hörweite, und alles musste mit winkenden Händen, Schreien und Johlen durchgeführt werden. Ich kam mir ziemlich dämlich vor. Ich hatte diese Kleider an, und da waren ein paar Urlauber, die wohl einigermaßen befremdet waren von dieser wilden Gestalt, die versuchte, einen Platz zu finden, wo sie untertauchen konnte, ab und an eintauchend, lediglich um herauszufinden, dass das Hinterteil immer noch herausschaute, sodass ich weitergehen musste.«

Wie der »It's-Mann« ist auch die Titelmusik ein Leitmotiv. Die Pythons suchten nach einem lebendigen Stück, das vorteilhafterweise bereits aus den Copyright-Vorschriften herausfiel. Sie hörten sich durch die Archivbestände der BBC, bis sie auf den LIBERTY BELL-Marsch von John Philip Sousa stießen, der ihren Geschmack traf. Gilliam: »Wie bei den meisten Sachen war es der Zauber des Augenblicks. Wenn wir es mochten, dann machten wir es.« Vage schwebte der Truppe etwas Martialisches vor, ein Marsch eben, und als plötzlich LIBERTY BELL ertönte, da wussten sie: Das ist es. Gilliam arrangierte eine 30-sekündige Sequenz: »Es war die Glocke am Anfang, die mich fesselte. Bong! Die richtige Art, etwas zu beginnen.«

Sousa, der Komponist dieses Musikstücks, hat durch Monty Python so etwas wie eine Renaissance erfahren. »Vor Python habe ich das Lied nie gehört, aber jetzt hört man es immer wieder. Bei der Internationalen Pferdeschau in London, jedes Jahr ein gro-ßes Ereignis im Fernsehen, spielen sie LIBERTY BELL, und auch bei Fußballspielen. Es wird heute mit Python assoziiert, nicht mit Sousa. Aber er verdient den vollen Credit, denn es ist eine wundervolle Melodie.«

Nicht minder regelmäßig tauchen auch nette alte Damen in den Folgen auf, die artig applaudieren. Dabei handelt es sich um Archivmaterial der BBC, die Aufzeichnung von einem Treffen des Women's Institute. Diese bizarre Aufnahme wurde, oft mehrmals pro Folge, so dazwischengeschnitten, dass man den Eindruck bekam, als klatschten die Ladies den Pythons Beifall bei Szenen, mit denen die Damen vielleicht nie etwas zu tun hätten haben wollen. Aber auch dieser Gag verfehlte seine Wirkung nicht.

Bei der Konzeption der Shows machte sich aber ein Mangel bemerkbar. Die Pythons konnten zwar die Rollen von verrückten alten Frauen übernehmen, doch niemand hätte sie als junge Beauties sehen wollen, selbst die eingefleischtesten Fans nicht. So galt es also, sich diesbezüglich entsprechender Unterstützung

Die üblichen Ansager gab es nicht: Michael Palin in einer Szene aus ›Monty Pythons wunderbare Welt der Schwerkraft‹

zu versichern. Zunächst wurde man in der Familie fündig. John Cleese war mit der amerikanischen Schauspielerin Connie Booth verheiratet, mit der er später FAWLTY TOWERS realisieren sollte, und auch Eric Idle hatte eine Schauspielerin, die Australierin Lyn Ashley, zur Frau. Beide kamen regelmäßig in den diversen Folgen zum Einsatz. Wie auch Carol Cleveland.

Cleveland, wiewohl gebürtige Engländerin, war in den USA aufgewachsen; 1969 hatte sie schon eine beachtliche Reputation als Komödiantin, war sie doch mit Spike Milligan, Peter Sellers und anderen aufgetreten. Und doch stieß sie eher zufällig zur Truppe. Cleveland: »Irgendjemand erwähnte meinen Namen, als sie eine Frau suchten. Sie hatten erst fünf Episoden geschrieben, sodass es eigentlich nicht viel zu tun gab, aber sie wollten jemanden. Ich kannte niemanden von den Typen, ich hatte sie nie zuvor getroffen oder gar mit ihnen gearbeitet, aber jemand brachte meinen Namen als mögliche Kandidatin ins Spiel, und so holte mich John Howard Davies zu einer Aussprache, und danach war ich engagiert.« Ursprünglich nur für fünf Folgen vorgesehen, wurde Cleveland beinahe ein fixer Bestandteil der Pythons, durchaus vergleichbar mit dem Keyboarder Ian Stewart, der die »Rolling Stones« bis zu seinem Tod begleitete, ohne ein formelles Gruppenmitglied zu sein.

Das Team komplettierte Neil Innes, der für einen gut Teil der musikalischen Einlagen verantwortlich zeichnete. Innes hatte 1965 zu den Gründungsmitgliedern einer Band mit Namen »Bonzo Dog« gehört, die es immerhin zum *supporting act* für die »Beatles«, die »Byrds« oder »The Cream« brachte und sogar eine LP mit dem Titel GORILLA veröffentlichte. Innes kannte die Truppe bereits von der gemeinsamen Arbeit an DO NOT ADJUST, sodass seine Mitarbeit am FLYING CIRCUS nahelag. Innes komponierte später die Filmmusik für *Die Ritter der Kokosnuss*, wo er auch den Minnesänger von Sir Robin (Idle) gab, agierte bei *Das Leben des Brian* und begleitete die Pythons bei ihrer gefeierten US-Tour, die sie in dem Film LIVE AT THE HOLLYWOOD BOWL dokumentierten.

Mit Innes war die Mannschaft nun endgültig komplett, und das große Abenteuer konnte beginnen. Am 5. Oktober 1969 ging die erste Folge des FLYING CIRCUS auf Sendung, und so begannen die legendären 45 CIRCUS-Vorstellungen.

Für die Pythons, was Ian Stewart für die Stones war: Carol Cleveland (hier mit John Cleese, als Mrs. und Mr. Attila)

FOLGE 1, AUSGESTRAHLT AM 5. OKTOBER 1969

Gleich bei der ersten Folge von MONTY PYTHON'S FLYING CIR-CUS mit dem Titel *Kanada, wohin?* liefern Cleese, Chapman, Idle, Jones, Palin und Gilliam, der interessanterweise zu diesem Zeitpunkt noch wie Carol Cleveland in den Credits als *supporting act* erscheint, einen beachtlichen Querschnitt ihres Repertoires. Die Folge 1 beginnt mit »berühmten Toden«. Wolfgang Amadeus Mozart (JC) klimpert selbstvergessen auf dem Klavier herum, ehe ihm bewusst wird, dass hier ein Publikum auf seine Qualitäten als Ansager wartet. Er präsentiert den Tod von Dschingis Khan, der, nach der Überblendung, nicht sehr martialisch vor seiner Jaranga auf und ab schreitet, ehe ihn offensichtlich der Herzzickzack anrührt. Dschingis wird förmlich in die Luft geschleudert und fällt quiekend auf den Rücken. Er hat's hinter sich. Doch die Jury ist anscheinend nicht sehr überzeugt von seiner Darbietung. Wie beim Eislaufen gibt es Bewertungen von drei Punktrichtern, bei der er nur auf 28,1 Punkte kommt – was für Platz sechs reicht. Ein schmieriger Platzsprecher (EI) ruft den aktuellen Stand in Erinnerung. Es führt der heilige Stephanus mit seiner Steinigung vor Richard III. und Johanna von Orléans; die rote Laterne hält immer noch Edward VII., der friedlich im Bett verstarb, mit lediglich 3,1 Punkten. Mozart grinst in die Kamera und gibt den Publikumswunsch der Woche bekannt: den Tod von Mister Bruce Foster aus Guildford. Der (GC) sieht überrascht aus seiner Zeitung auf, macht noch schnell »Urgh« und ist dahin. So auch die Zeit, die, wie Mozart meint, wieder mal »flog«. Daher zum Schluss der Sendung »Berühmte Tode« noch das große Finale, die hervorragende Vorstellung von Lord Nelson. Eine Puppe in typischer Kleidung aus Napoleonischer Zeit saust mit einem deutlich vernehmbaren »Kiss me, Hardy« von einem Hochhaus, um am Rasen vor dem Gebäude aufzuschlagen. Wie schon zu Beginn der Folge hört man auch hier wieder das Quieken eines Schweins. Schnitt.

Ein Volkshochschulprofessor (TJ) bemüht sich, seiner Klasse Italienisch beizubringen. Ein Unterfangen, das so leicht gar nicht ist. Denn seine Schüler sind ohne Frage Italiener, die den armen Lehrer völlig aus der Fassung bringen, da sie den Unterrichtsgegenstand wesentlich besser beherrschen als er selbst. Der Lehrer ist überfordert. Ein Schüler, Helmut in der Krachledernen (GC), ist es auch. Er meldet sich und fragt: »Bitte, mein Herr, was ist das Wort für Mittelschmerz?« Der Lehrer ist im Bilde und schickt Helmut in die Deutschstunde. Die Klasse agiert immer tumultuöser, der Lehrer kapituliert, setzt sich an das Katheder. Und wieder das Quieken eines Schweins, das zu einer Animationssequenz aus der Feder von Terry Gilliam überleitet. Schnitt.

Das nächste Highlight beginnt mit einer Einblendung: »Achtung Kunst«. Ein Interviewer (JC) hat einen berühmten Regisseur, Sir Edward Ross (GC), zu Gast im Studio. Doch die beiden kommen nicht dazu, über das Werk des Meisters zu plaudern. Der Interviewer verliert sich in verschiedenen Ansätzen, Ross anzureden. Von Edward geht der Interviewer zu Ted und schließlich zu Eddie-Baby über, um den Sir am Ende mit Kosenamen wie »Schnucki« oder »Häschen« beinahe zu vertreiben. Als Ross, aller Unbill zum Trotz, dennoch gewillt ist, sich über seine Filme zu äußern, hat der Interviewer seinen Spaß schon gehabt und blafft Ross an, das Maul zu halten.

Und weiter geht's mit Kultur. Ein anderer Interviewer (EI) unterhält sich mit dem bekannten zeitgenössischen Komponisten Arthur »Two Sheds« Jackson (TJ), der seine Werke in einem Schuppen zu komponieren pflegt. Da er überlegte, sich einen weiteren anzuschaffen, um die Geräte, die er aus dem ersten ausquartierte, darin zu verstauen, bekam er den Spitznamen weg, der nun seine Kunst völlig überlagert. Sehr zu seiner Betrübnis, wie sich leicht feststellen lässt.

Damit nicht genug. Auch die moderne Malerei muss in einer Kunstsendung Beachtung finden. Pablo Picasso ist der Mittelpunkt des Interesses. Zumal er ein Gemälde beim Fahrradfahren malen will. Doch, wie uns der Reporter (JC) mitteilt, hat Picasso einen schlechten Tag erwischt. Er ist weit abgeschlagen. Wassily Kandinsky hat die Nase vorn, gefolgt von dem Kubisten Georges Braque und dem Neoplastiker Piet Mondrian. Dann kommt das Hauptfeld mit Chagall, Ernst, Miró, Dufy, Kokoschka und anderen. Immer noch keine Spur von Picasso. Schlechte Übersetzung?

Nach einer neuerlichen Trickfilmpassage befinden wir uns im bescheidenen Heim von Ernest Scribbler (MP), einem Witzautor. Er ist eben dabei, den lustigsten Witz der Geschichte zu erfinden, über den er sich auch sogleich zu Tode lacht. Seine Mutter (EI), durch das Gepolter aufmerksam geworden, tritt ins Zimmer, sieht die Bescherung, bricht in Tränen aus und nimmt in tiefster Verzweiflung ihrem toten Sohn den vermeintlichen Abschiedsbrief aus den Händen. Wenig später ist auch sie an einem Lachkrampf verschieden. Ein mutiger Inspektor von Scotland Yard (GC) macht sich auf, den gefährlichen Witz zu entfernen, unterstützt von Trauermusik und flennenden Kollegen. Klarerweise ist sein Schicksal schon jetzt unausweichlich. Das ruft die Armee auf den Plan, die sich gerade im Kampf gegen das Deutsche Reich befindet. Nach zahlreichen Vorbereitungen, die von einem Historiker (GC) erläutert werden, kann der lustigste Witz, nun zur tödlichen Waffe mutiert, im Juli 1944 erstmals in Frankreich gegen die Deutschen zum Einsatz gebracht werden. Er wirkt noch verheerender als der große Vorkriegswitz von Neville Chamberlain (der anlässlich der Münchener Konferenz 1938 von »Frieden für unsere Zeit« gesprochen hatte), und die Deutschen verlieren, zumal es ihnen nicht gegeben ist, eine passende Antwort zu finden. Grund genug, dem »unbekannten Witz« ein Denkmal zu errichten. Am Ende der ersten Folge dürfen sich auch die armen Schweine freuen, die die ganze Show über Grund zu gequältem Quieken hatten. Sie gewannen gegen die britischen Zweibeiner 9 : 4 und treffen im Finale auf Vicky Carr.

Einiges Material, das ursprünglich ebenfalls für die erste Folge vorgesehen war, wurde schließlich für andere Gelegenheiten aufgespart, so der berühmte »Restaurant-Sketch« und, in der Abteilung »Achtung Kunst«, der Beitrag über den deutschen Barockkomponisten Johann Gambolputty de von Ausfernschpledenschlittcrasscrenbonfriediggerdingledangledonglebursteinvonknackertrasherapplebangerhorowitzicolensicgranderknottyspelltinklegrandlichgrumbelmeyerspellerwasserkurstlichhimbleeisenbahnwagengutenabendbitteeinnurnbergerbratwurstlegerspurtenmitzweimacheluberhundsfutgumberaberschonendankerkalbsfleischmittlerraucher von Hauptkopf of, nicht zu vergessen, Ulm. Und für alle Deutschsprachigen, die mutig genug sind, jetzt noch … die beste Szene – der tödliche Witz in vollem Wortlaut (der Autor übernimmt keine Verantwortung bei etwaigen ernstlichen Folgen):

Die fünf, äh, sechs Pythons ...

Venn ist das Nurnstuck git und Slotermeyer? Ya! Beigerhund das oder die Flipperwaldt gersput!
In der Tat handelt es sich bei dem tödlichen Witz um Gibberish, wie die Pythons es immer wieder anwandten – siehe auch Gambolputty –, das ihnen einfach so eingefallen war. Eric Idle erinnert sich: »Es ist deutsches Gibberish, es ist niedergeschriebenes Gibberish, weil wir alle dasselbe lernen mussten, aber es ist Gibberish. Es bedeutet nichts. Glaube ich jedenfalls.«

FOLGE 2, AUSGESTRAHLT AM 12. OKTOBER 1969
Entgegen dem verheißungsvollen Titel *Sex und Gewalt* beginnt die zweite Folge mit – Schafen. Ein Schäfer (GC) schmaucht nachdenklich sein Pfeifchen und klärt einen Passanten (TJ) auf dessen ausdrückliche Frage hin auf, dass die Viecher in den Bäumen tatsächlich Schafe seien. Was sie freilich da oben zu suchen hätten, sei eine Frage, die ihn in den vergangenen Wochen selbst sehr oft beschäftigt habe. Er sei letztlich zu dem Schluss gekom-

men, dass sie nisteten, was der Städter etwas verwundert aufnimmt. Offensichtlich hielten sich die Schafe für Vögel, und da
Schafe nun einmal sehr tumbe Tiere sind, seien sie von diesem
Gedanken so leicht nicht mehr abzubringen. Der Leithammel
Harold habe seine Herde auf diese Idee gebracht. Ein gerisse-
nes Schaf, wie der Schäfer bemerkt. Harold habe erkannt, dass
das Leben von Schafen darin besteht, ein paar Monate in der
Gegend herumzustehen, um dann gegessen zu werden, eine
ziemlich deprimierende Aussicht für ein ehrgeiziges Schaf. Ihn
plagt daher der Gedanke an Flucht. Warum er Harold denn
nicht beiseite schaffe, will der Städter vom Schäfer wissen. Dieser zeigt sich ebenfalls gewitzt: wegen der enormen kommerzi-
ellen Möglichkeiten, sollte Harold Erfolg haben.
Darauf fragt ein Sprecher (EI) nach den Aussichten für die
Schaf-Luftfahrt und erhält Aufklärung durch zwei Franzosen
(JC und MP), die eine Skizze eines Schafes nach und nach aus-
klappen, sodass die Ahnung eines modernen Flugzeugs darin er-
kennbar wird. Darüber sind die beiden so beglückt, dass sie, laut
»Mäh-mäh« rufend, durchs Bild hüpfen.
In der nächsten Szene haben wir es mit einem Mann (TJ) zu tun,
der angeblich über drei Hinterbacken verfügt. Beweisen lässt
sich das freilich nicht, da der Mann sich beharrlich weigert, seine Schinkenabteilung offenzulegen. Das Interview wird abgebrochen und ein Interview mit einem Mann angekündigt, der
angeblich über drei Hinterbacken verfügt. Nach einigen Zeilen
des Texts dämmert es auch dem Interviewer (JC): »Hatten wir
das nicht gerade eben?« Der Mann (TJ) bejaht dies, und auf des
Interviewers Frage, warum er ihm das nicht gleich gesagt habe,
zuckt der mit den Schultern:»Ich dachte, es wäre die Version für
den Kontinent.« Da der Mann mit den drei Nasen noch nicht da
ist, muss es auch einer mit zwei Riechorganen tun. Man sieht
diesen (GC), wie er sich schneuzt, um ebendieses auch unter seinem Hemd zu tun.
Zeit nun für ein wenig musikalische Unterhaltung. Arthur
Ewing kündigt an, auf seiner Mäuseorgel das Lied »The Bells of
Saint Mary's« zum Besten zu geben. Nachdem er eine kleine
Weile die armen Viecher mit dem Holzhammer bearbeitet hat,
gelingt es dem Produktionsleiter endlich, ihn fortzuzerren.
Und wir befinden uns im Zimmer eines Eheberaters (EI), der

von Mr. und Mrs. Arthur Pewtey (MP und Carol Cleveland) aufgesucht wird, weil es in der Beziehung nicht mehr so richtig funkt. Offensichtlich, denn wenig später verschwinden Mrs. Pewtey und der Eheberater hinter einem Paravent, auf dem diverse Kleidungsstücke sichtbar werden. Mr. Pewtey, von den beiden aus dem Zimmer geschickt, ist verwirrt. Ein John-Wayne-Typ (JC) fordert ihn auf, sich der Sache zu stellen: »Ein Mann muss tun, was ein Mann tun muss.« Doch Pewteys Mut reicht nicht weit, weshalb er denn auch von einem Ritter mit einem Gummihuhn eins aufs Haupt geschlagen bekommt: Soviel fürs Pathos, wie uns ein Insert wissen lässt.

Und weiter geht die wilde Fahrt. Historische Filmaufnahmen aus dem Jahre 1880 (!) zeigen Queen Victoria beim Tändeln mit Willy Gladstone, dem Premierminister. Nach derartigen Vergnügungen wird's aber gleich wieder ernst. Eine Familientragödie bahnt sich an. Der unartige Sohn (EI) eines Schriftstellers (GC) arbeitet sich lieber krumm, als so zu leben wie sein Vater. Der hat freilich null Verständnis für seinen Sohnemann, der völlig missraten ist. Zwei Welten prallen aufeinander, der Konflikt ist, obwohl die Mutter (TJ) zu vermitteln sucht, unvermeidlich. Nach einem Schotten auf einem Pferd kehrt die Folge zum Ausgangspunkt zurück. Tja, Pech für Harold. Seine Ambitionen finden durch eine Kanonenkugel ein jähes Ende. Nach diesem Zwischenspiel kommt die entscheidende Frage: Existiert Gott? Eine derart komplexe Materie ist freilich nicht durch Für und Wider zu entscheiden. Dementsprechend treten ein Monsignore und ein Uniprofessor zum Ringkampf an.

Nach einigen Animationssequenzen aus der Feder Terry Gilliams, unter anderem das Flötenspiel mit Rodins Skulptur »Der Kuss«, kommt der »Mäuse-Sketch«, den Sellers für den Kinofilm THE MAGIC CHRISTIAN abgelehnt hatte, doch noch zu TV-Ehren. Danach bleibt nur noch eines: Im Abspann erfahren wir, dass Gott existiert – durch zwei Schulterwürfe gegen eine Aufgabe!

Mit Folge 2 führen die Pythons zwei Segmente ein, die später ebenfalls den Status von Standards erlangen sollten. So wird Arthur Pewtey, nachdem ihn endgültig der Mut verlassen hat, von einem Ritter mit Gummihuhn aufs Haupt geschlagen. Der Ritter überzeugte, denn er erhielt eine ständige Gastrolle und taucht immer wieder einmal als eine Art Deus ex machina auf. In der Kinoversion des Eheberater-Sketchs allerdings hatte der Ritter die schlechteren Karten. Er wurde durch ein Gewicht (16 Tonnen) ersetzt. Noch wichtiger als der Ritter mit dem Gummihuhn freilich war eine vielleicht nur so nebenbei hingeworfene Überleitung: »And now for something completely different ...« (»Kommen wir nun zu etwas völlig anderem ...«), die schließlich ihren unumstrittenen Siegeszug durch den CIRCUS antreten und auch dem ersten Python-Kinofilm den Namen geben sollte. Im Übrigen wurde bei Folge 2 auch der Status von Terry Gilliam richtiggestellt. Er erscheint von nun an in den Credits als gleichberechtigtes Mitglied. Und noch ein Fakt: Ursprünglich hätte Folge 2 *Eulenstrecksaison* heißen sollen, doch im letzten Augenblick wurde der Titel geändert. Das Wörtchen *Eulenstrecksaison* musste noch zwei Folgen warten, bis es zu Titelehren kam.

FOLGE 3, AUSGESTRAHLT AM 19. OKTOBER 1969

Nach dem »It's-Man« und dem Vorspann erscheint ein Dia mit dem Text: »Wie man verschiedene Baumarten von ziemlich weit weg erkennt.« Auf dem nächsten Dia steht zu lesen: »Nr. 1«, dann: »Die Lärche«. Zum Foto eines solchen Baumes sagt ein Off-Sprecher (JC): »Die Lärche.« Und damit man es sich auch wirklich einprägt, wird »Die Lär-che« wie bei einem Sprachkurs eindringlich wiederholt. Schnitt.

Ein Gerichtssaal. Der Richter (TJ) fragt den Angeklagten (EI), ob er noch etwas zu sagen hat, ehe das Urteil verkündet wird. Dieser hält eine flammende Philippika, die mit dem emphatischen Appell »Freiheit! Freiheit! Freiheit!« endet, worauf der Richter lakonisch anmerkt: »Mein Gott, es handelt sich doch nur um ein Parkvergehen.«

Der Verteidiger (JC) ist allerdings nicht der Ansicht, diesen Fall so schnell verloren geben zu müssen. Um für seinen Mandanten einen Freispruch zu erwirken, zögert er nicht, Tote in den Zeugenstand zu holen, so Kardinal Richelieu, den leitenden Minister unter Ludwig XIII.; gerade, als es so aussieht, als hätte der Verteidiger mit seiner Strategie Erfolg, tritt Inspektor Dim (am ehesten zu übersetzen mit »unterbelichtet«, GC) vom CID, der englischen Kriminalpolizei, auf den Plan und entlarvt den vermeintlichen Kardinal als Schwindler, wofür er allgemeine Bewunderung erntet. Der Richter meint, mit diesen Fähigkeiten könnte Dim weit mehr sein als nur Polizist, was Anlass zu einem netten kleinen Liedlein (»If I not were in the CID, something else I'd like to be«) gibt. Dem kann sich auch der Verteidiger anschließen, doch sein Gesang erstirbt jäh, als er merkt, dass bei ihm – im Gegensatz zu Dim – niemand in seine Melodie einfällt. Schlimmer noch, der Ritter mit dem Gummihuhn aus Folge 2 darf wieder in Aktion treten. Schnitt.

Nachdem kurz »Nr. 1, die Lärche« in Erinnerung gerufen worden ist, kommt ein wahrer Held zum Zug. In einer Stadt voller Supermänner ist es »Bicycle-Repair-Man«, der die kompliziertesten Fälle von kaputten Fahrrädern – archetypisch untermalt durch grafische Comicphrasen wie »Klimper«, »Schraub«, »Bieg«, »Aufpump« oder »Satteljustier« – im Handumdrehen löst. Da darf der Off-Sprecher (JC) denn auch erleichtert feststellen: »Ja! Wo immer Fahrräder kaputtgehen oder vom internationalen Kommunismus bedroht sind, ist Bicycle-Repair-Man sofort zur Stelle!« Schnitt.

Der Off-Sprecher kommt ins Bild. Und redet sich in Rage: »Zur Stelle, um die Kommunisten fertigzumachen, sie aufzumischen und vom Antlitz der Erde zu fegen. Diesen ekligen roten Abschaum zu Brei zu schlagen, ihm richtig in die Fresse zu treten, dahin, wo's weh tut. Töten! Töten! Töten! O wie ich sie hasse, diese dreckigen Kommunistenschweine! Ich hasse sie! Ich hasse sie! Aaah! Aaah!« Als ihn unvermittelt seine Frau zum Tee ruft, findet der Sprecher seine Fassung wieder und sagt ganz dezent: »Ich komme, Schatz.« Er geht aus dem Bild. Verfolgt von unserem Ritter, der bereits das Huhn zum Schlag erhoben hat …

Nun erfreut Gilliam mit hoppelnden Häschen zu Kinderprogramm-Musik: Märchenstunde. Ein Märchenonkel (EI) sitzt mit einem großen Kinderbuch an einem Tisch und will Geschichten vorlesen. Was gar nicht so leicht ist, denn es dauert nicht lange, da muss er abbrechen, weil das Märchen plötzlich in Richtung Pornografie abgleitet. Immer wieder beginnt er mit einer neuen Erzählung, immer wieder landet er bei hartem Sex. Zum Verzweifeln. Schnitt.

Nach einer neuen Trickfilm-Sequenz schließlich der Höhepunkt der dritten Folge: der Restaurant-Sketch. Moral: Was kann eine

Der Höhepunkt der dritten Folge: im Restaurant mit dem Oberkellner (Michael Palin) und dem Kellner (Terry Jones) sowie dem Geschäftsführer (Eric Idle, unten)

verschmutzte Gabel doch für verheerende Folgen haben. Anders als später in der Kinoversion stößt die Pointe (»Gut, dass wir nichts von dem schmutzigen Messer gesagt haben …«) auf wenig Gegenliebe des imaginären Publikums, was der Conférencier (MP) auch unverhohlen zum Ausdruck bringt, worauf der Restaurantgast (GC) sich vom Ritter mal kurz das Hähnchen ausborgt.

Es folgt die Milchmann-Sequenz, bei der der Lieferant (MP) von einer Hausfrau (Cleveland) verführerisch ins Haus gelockt wird, um sich unversehens in einem Zimmer eingesperrt zu finden – mit zahlreichen anderen Milchmännern, die hier, wie ihre langen grauen Bärte zeigen, schon ziemlich lange sitzen. Schnitt. Ein Nachrichtensprecher (JC) wird im Meer versenkt, Kinder machen sich Gedanken darüber – oder auch nicht –, wie man eine Lärche erkennt, und zwei Herren führen einen schlüpfrigen Dialog. Im Abspann ist ein Wäldchen zu sehen. Im Bild erscheint ein Pfeil, der auf einen Baum weist – die …, richtig, die Lärche.

Auch die dritte Folge hätte ursprünglich einen anderen Titel tragen sollen (»Bunn, Wackett, Buzzard, Stubble and Boot«), doch entschied sich die Gruppe kurz vor Ende der Dreharbeiten, den Titel zu ändern. So wurde dann auch der Name des Angeklagten im ersten Sketch von Harold Millet in Harold Larch (Lärche) geändert, um einen besseren Übergang zu haben. Die »Superman«-Insignien wurden von den Pythons ebenso ungefragt verwendet wie etwa später die »Spam«-Dosen, was leicht Probleme mit dem Copyright hätte bedeuten können. Michael Palin: »Wir waren nicht sehr bekannt damals und wurden auch nicht in anderen Ländern gezeigt. Wir waren nur eine dumme, kleine Samstag-Nacht-Spätshow, die nicht einmal in ganz Britannien ausgestrahlt wurde. Die erste Staffel wurde nicht einmal in den Midlands gezeigt, die hatten Farming-Programme statt dessen.« Rechtliche Schwierigkeiten blieben daher aus.

FOLGE 4, AUSGESTRAHLT AM 26. OKTOBER 1969

Einen Tag vor Cleeses 30. Geburtstag flimmerte die vierte Folge, die nun den Titel *Eulenstrecksaison* trug, über die Bildschirme. Gleich nach dem Vorspann sieht man einen Glitzersänger (EI), der zur Melodie des Volksliedes »Jerusalem« etwas von

Droht damit, die Sendung zu stoppen: Graham Chapman als Oberst

Zähnen singt, ehe er zum ersten Sketch überleitet. Zwei ältliche Underclass-Damen (JC und GC) paradieren durch eine Kunstgalerie und unterhalten sich gepflegt über Probleme moderner Philosophie und Kultur. Ein Kritiker übt sich im Verspeisen von Kunstwerken, wobei er sich mit einem Vermeer bekleckert, ehe wir wieder den Sänger vom Beginn sehen, der jetzt von einer Schönheit umschmiegt wird, ehe ein Oberst (GC) energisch dagegen Protest einlegt, dass ein Slogan der Armee durch den Kakao gezogen wird. Er unterbricht den Verlauf der Sendung und befiehlt dem Regisseur, auf die zweite Kamera umzuschalten. Diese Maßnahme droht er auch für den Fall an, dass der weitere Verlauf der Folge abermals Provokationen in Richtung Armee beinhalten sollte.

Schwenk auf einen Strand. Verzweifelt sucht ein Gentleman (TJ) nach einem Platz, wo er sich umkleiden könnte. Nach einer wahren Odyssee voll verpasster – und verpatzter – Gelegenheiten, findet er endlich einen dunklen Raum, in dem er sich ungestört wähnt. Als sich auch das als Irrtum erweist, ergibt er sich in sein Schicksal und setzt zu einer Stripnummer an. Zwischentitel: »Eine Angelegenheit für Männer – Ausziehen in der Öffentlichkeit«. Das freilich ruft wieder den Oberst auf den Plan, der erneutes Umschalten befiehlt. Nun befinden wir uns in einem Turnsaal, in dem man lernt, wie man sich gegen Obst verteidigen kann. Schnitt.

Eine Gilliam-Sequenz. Schnitt.

Unser Sänger klampft immer noch auf seiner Gitarre herum, ein forscher Mann vom Lande paraphrasiert den Werbespruch der Armee, worauf der nun schon bekannte Oberst den Sketch abbricht und damit droht, die gesamte Sendung zu stoppen, wenn noch einmal so etwas vorkommen sollte. Nach einem neuerlichen Schnitt befinden wir uns in einer Buchhandlung. Was uns zunächst als harmloser Ort der Kultur erscheint, entpuppt sich alsbald als Tummelplatz finsterer Ganoven, doch Arthur Lemming (EI) von der Britischen Zahnärztlichen Vereinigung kann die Übeltäter mit dem Großen Käse (GC) an der Spitze zur Strecke bringen.

Grund genug, den Slogan der Armee auch auf die BZV anzuwenden, was den Oberst dazu veranlasst, die Sendung tatsächlich zu beenden. Abspann.

Wie die meisten Shows lief auch MONTY PYTHON'S FLYING CIRCUS vor Studiopublikum. Doch das war rettungslos überfordert, oder, wie sich John Cleese erinnert, blickte stets zur falschen Zeit auf die falsche Stelle. Was heute unzweifelhaft als komisch empfunden wird, wurde anno 69 mitunter vor unangenehmer Stille zur Aufführung gebracht. Doch die Truppe ließ sich nicht beirren. Das einzige Kriterium, das letztlich zählte, war der eigene Geschmack.

Terry Jones lieferte mit seinem Striptease eine Innovation, der Sketch selbst – er läuft als Stummfilm – gemahnt an Buster Keaton. Jones: »Ich war sehr nervös und ängstlich. Ich hatte keine Ahnung, was ich tun würde. Ich glaube, ich hatte nie zuvor einen Striptease gesehen.« Vielleicht ist die Passage gerade deshalb so gelungen, vermutet Python-Biograph Kim Howard Johnson, der Jones' unverbrauchte Frische lobt.

FOLGE 5, AUSGESTRAHLT AM 16. NOVEMBER 1969

Nach den ersten vier Folgen ergab sich eine nicht unwesentliche Änderung. John Davies von der BBC zeichnete nicht länger als Regisseur für die Serie verantwortlich. Ian MacNaughton nahm nunmehr im Regiesessel Platz. Er sollte bis zur letzten Folge des CIRCUS, die im Dezember 1974 ausgestrahlt wurde, für die Spielleitung verantwortlich zeichnen.

Die fünfte Show, genannt *Die Identitätskrise des Mannes in der zweiten Hälfte des 20. Jahrhunderts*, gibt uns gleich zu Beginn Hoffnung. Wenn auch der Zimmertiger schwer in Agonie gefallen ist, so kann er dennoch gerettet werden – durch die »Verwirr-die-Katze GmbH«. Und die macht dann auch in der Tat das Unmögliche möglich. Hoffnung gibt es aber auch für andere Haustierhalter: »Faszinier-die-Wühlmaus-GmbH«, »Verblüff-das-Wiesel-GmbH«, »Verdutz-den-Puma-GmbH«, »Überrasch-die-Thompson-Gazelle-GmbH«, »Bestienbestürzer-OHG« und »Zerstreu-die-Biene« kämpfen ebenfalls für das Wohlbefinden der Fauna.

Danach sehen wir, dass britischen Zöllnern nichts entgeht. Während sie den Wichtigmacher von Schmuggler, der mit seinen vielen Uhren und Weckern eben aus der Schweiz kommt, passieren lassen, wird ein Vikar gnadenlos gerupft. Im Studio will man der Frage effizienten Zollwesens auf den Grund gehen. Doch die geladenen Gäste, eine Ente, eine Eidechse und eine Katze, erweisen sich als weniger denn einsilbig. So muss der Mann von der Straße für eine Meinungsäußerung herhalten. Als einer davon bekennt, Eichhörnchen zu verspeisen, hat unser Ritter aus den Folgen 2 und 3 wieder einen Auftritt. Er darf dem Mann sein Gummihuhn auf den Bauch klatschen. Schnitt.

Hausdurchsuchung bei einem Schauspieler, der im Verdacht steht, illegale Substanzen in seiner Wohnung zu haben. Und um ganz sicherzugehen, den Schauspieler auch festnageln zu können, schiebt ihm der Polizist das Corpus delicti unter. Die Straßenbefragung geht weiter. Dann Schnitt zu einem Nachrichtensprecher. Er berichtet von einem Mann, der dringend verdächtig ist, ein Juweliergeschäft ausgeräumt zu haben. Hinter ihm erscheint das Foto des Gesuchten. Augenscheinlich ist er es selbst. Und er entgeht der Gerechtigkeit nicht.

Nach einigen schnellen Zwischenschnitten befinden wir uns in einem lauschigen Wohnzimmer, in dem ein Pärchen (TJ und Cleveland) knapp davor ist, sich eindeutiger Betätigung hinzugeben, wie es scheint. Gerade als sie seufzend in seine Arme sinkt, sehen wir eine Aufeinanderfolge von entsprechenden Assoziationen: ein zusammenbrechender Schlot, rückwärts gefilmt, Brandung, Vulkanausbruch, startende Rakete, ein Zug, der in einen Tunnel einfährt, und dergleichen mehr. Die Bilderfolge endet mit dem zusammenbrechenden Schlot, diesmal in der normalen Laufrichtung. Schnitt zurück ins Schlafzimmer. Das Mädchen ist ziemlich sauer. Ob er denn die ganze Zeit Filme ansehen wolle. Nur noch einen einzigen, meint der Mann.

Wir haben es nun mit einem Personalchef (JC) zu tun, der einen Bewerber (GC) auf Herz und Nieren prüft. Trotz des enormen Stresses, dem er sich ausgesetzt sieht, hält sich der Prüfling wacker. Umsonst, wie er unter tosendem Gelächter des Personalchefs erfährt, da alle Stellen schon seit Wochen besetzt sind. Das »Institut für Karriereplanung« zeigt uns abschließend, wie man erfolgreich ist – und was geschieht, wenn man es nicht ist. Letzteres frei nach dem Motto, wer hoch hinaus will, fällt tief.

Der »Verwirr-die-Katze«-Sketch hatte einen realen Hintergrund. Wochenlang hatte Chapman auf dem Rasen eines Nachbargrundstücks eine Katze beobachtet, die sich nie, aber auch wirklich nie, regte. Als er davon Cleese erzählte, meinte dieser, sie habe wahrscheinlich schon alles im Leben gesehen und sei dementsprechend stoisch. Wahrscheinlich müsse man sie verwirren, um sie aus ihrer Apathie zu reißen. Und so entstand aus dieser Unterhaltung die Idee zur »Confuse-a-Cat-Ltd.«.

FOLGE 6, AUSGESTRAHLT AM 23. NOVEMBER 1969

In Folge 6 kommt nun der völlig zu Unrecht verkannte deutsche Barockkomponist Johann von Gambolputty etc. zu Ehren. Um mehr über ihn zu erfahren, interviewt ein Reporter (JC) den einzigen noch lebenden Verwandten, Karl von Gambolputty (TJ), der jedoch leider nicht mehr dazu kommt, irgendetwas von dem großen Musikschöpfer zu berichten, scheidet er doch plötzlich und unerwartet von dannen. Dem Reporter bleibt nichts anderes übrig, als ein Grab zu schaufeln. Danach wird der Name schön aufgegliedert, damit wir ihn uns auch gut einprägen können, und von verschiedenen Personen – von einem Wikinger bis zu drei nackten Frauen – silbenweise wiedergegeben, ehe wir uns nach einem Schnitt in einem Hinterzimmer befinden, in dem offensichtlich gerade einige schwere Jungs den nächsten Coup vorbereiten. Dieser hat nur einen Haken: Alles, was die Gangster anpacken, ist erschreckend legal, was einen die Sache kommentierenden Buchprüfer (JC) zu der Erkenntnis kommen lässt: »Wenn es weniger Verbrecher gäbe, dann wären es nicht so viele, mal statistisch gesehen.«

Danach tritt Inspektor Praline (JC) mit seinem Oberinspektor Parrot (»Papagei«, GC) auf den Plan, um den Fabrikanten Milton (TJ) zur Strecke zu bringen, dessen Süßigkeiten einiges zu wünschen übrig lassen. Schnitt. In einem Theater schwärmt ein Indianer (EI) von der Schauspielerin Cicely Courtneidge und gerät ziemlich aus dem Häuschen, als er erfahren muss, dass diese nicht auftreten kann. Er und seine Stammesbrüder führen daraufhin »Little Big Horn« auf, was einen Vati zu der Bemerkung veranlasst: »Genau das braucht lebendiges Theater: mehr Massaker.«

Nach dieser netten Abendunterhaltung sehen wir einmal mehr einen Schotten auf einem Pferd (JC), der auf eine Kirche zu galoppiert, in der ein anderer Schotte (MP) eben verheiratet wird. Der erste Schotte stürzt in die Kirche, blickt um sich, schnappt sich den zweiten Schotten und entführt ihn kurzerhand aus der Kirche. Zum Schluss der Folge dürfen wir noch dabei sein, wie der Filmmogul Irving C. Saltzberg (GC) einen seiner genialen Einfälle hat, ehe im Abspann alles – von John C. Cleeseberg und Eric C. Idleberg zum »Endeberg« – auf »berg« endet, denn schließlich stammt auch der Abspann von – Irving C. Saltzberg.

John Cleese war nicht wirklich der Schotte auf dem Pferd. Denn damals konnte er noch gar nicht reiten. Für die Nahaufnahmen saß er auf einem Fahrrad, sonst wurde er von einem Stuntman gedoubelt. Wie schon in Folge 5 war die Gruppe um einen Gaststar erweitert: Ian Davidson spielte auch diesmal wieder in einem Sketch mit. Und, bemerkenswert genug, auch Terry Gilliam trat nun offen vor die Kamera, nachdem er bislang nur als Ritter mit geschlossenem Visier zu sehen gewesen war. Im »Saltzberg-Sketch« spielt er einen der um Saltzberg versammelten Drehbuchautoren. Dieser Sketch stammte im Übrigen aus der Mottenkiste von Cleese und Chapman. Sie hatten ihn für die

1948 Show geschrieben, wo er, wie sich Chapman erinnerte, auch für gehöriges Gelächter sorgte, doch kam es nie dazu, dass er auch tatsächlich für eine Sendung umgesetzt wurde.

Und nun noch zur »Whizzo-Schokolade«. Die Gruppe führte den Sketch auch »live in der Hollywood Bowl« auf, wo allerdings Terry Gilliam die Rolle von Chapman spielte, der wiederum die von Cleese übernahm. Gilliam zog sich – im Gegensatz zur Fernsehversion Chapmans – nicht diskret zurück. Als er erfährt, was er gerade gegessen hat, schnappt er seinen Bobby-Helm und reihert coram publico hinein – zur Freude oder zum Entsetzen der Zuschauer – und setzt den Helm sodann wieder auf. Gilliam selbst hat die Aufregung um diese Szene nie verstanden: »Ich weiß nicht, weshalb sich alle so echauffierten. Es war ja nur kaltes Beefstew.«

FOLGE 7, AUSGESTRAHLT AM 30. NOVEMBER 1969

Diese Folge trägt den leitmotivischen Titel *Oh, du bist gar nicht mehr witzig* – ein Satz, mit dem so mancher Sketch ein jähes und unerwartetes Ende findet. Gleich zu Beginn etwa der »Kamelbeobachter«-Sketch. Nachdem zwischendurch mal eben ein Interviewer Besuch vom Ritter mit dem Gummihuhn erhalten hat, müssen wir sehen, dass sich Verbrechen nicht lohnt. Ein Buchhalter, der die enorme Summe von einem (!) Penny unterschlagen hat, fliegt unerbittlich aus der Firma. Moral: »Im Big Business ist kein Platz für Gefühle.«

Nach einem kurzen Intermezzo entführen uns die Pythons – ein ältliches Paar (GC und EI) kurzerhand übergehend, weil es so langweilig ist – in die geheimnisvolle Welt der Sciencefiction. Bösartige Wesen aus dem All verwandeln alle Engländer in Schotten, was doch entschieden eine grauenhafte Vorstellung für einen echten Engländer ist. Alle Engländer? Nein, ein kühner Wissenschaftler (GC) ist wild entschlossen, mit seiner Assistentin (Donna Reading) den außerirdischen Eindringlingen Widerstand zu leisten.

Während sich der Wissenschaftler mit der entsprechenden Frage befasst, hat ein schottischer Schneider mit Namen Angus Podgorny (MP) Grund zur Freude. Die Außerirdischen haben bei ihm soeben 48 Millionen Kilts für den Planeten Skyron in der Andromeda-Galaxis bestellt, was rund neun Millionen

Pfund einbringen wird – und das noch dazu ohne Sporrans! Seine Frau ist skeptisch, warnt ihn vor dem unheimlichen Besteller – einem Pudding. Angus Podgorny wird für seine Leichtgläubigkeit bestraft. Noch mehr allerdings seine Frau, welche von dem Pudding kurzerhand verspeist wird – ein klassisches Beispiel für Täter-Opfer-Umkehr. Während die Polizei ratlos im Dunklen

Aus Nöten Tugenden machen: die pferdelosen ›Ritter der Kokosnuss‹

tappt, findet der Wissenschaftler das Motiv des Puddings. In der Zwischenzeit spitzen sich die Ereignisse dramatisch zu, doch letztlich wird die Welt gerettet – von dem vermeintlich langweiligen und so kräftig unterschätzten ältlichen Paar. Und auch für Angus Podgorny gibt es ein versöhnliches Ende. Er ist der erste Schotte, der Wimbledon gewinnt.

Mit dem »Sciencefiction«-Sketch lieferten die Pythons ihren bislang längsten Beitrag ab; er nimmt fast die gesamte Sendezeit der Folge in Anspruch, ist mithin also fast so etwas wie eine Generalprobe für die späteren Kinofilme *Die Ritter der Kokosnuss* oder *Das Leben des Brian*. Wie auch bei *Die Ritter der Kokosnuss* musste das Team dabei eine Vielzahl von Hürden überwinden und aus zahlreichen Nöten Tugenden machen. Allein die Beschaffung der Kostüme bereitete schon Schwierigkeiten, und an Spezialeffekte hinsichtlich der Außerirdischen konnte man schon gar nicht denken. So entstand die Idee von den Blancmangers, den Puddings, die wie mobile Zelte wirken. Ein unter der Plane versteckter Spieler trug sie einfach durch die Gegend, eine ebenso simple wie originelle Lösung des Problems.

FOLGE 8, AUSGESTRAHLT AM 7. DEZEMBER 1969

Die achte Folge, die den Titel *Totale Nacktheit* trägt, führt uns zuerst in eine Kaserne, in der ein Soldat (EI) seinem Oberst (GC) verständlich machen will, warum er aus der Armee sofort austreten will: Sie ist gefährlich, meint er. Er sei nur zum Heer gegangen wegen dem Wasserski und dem Reisen, doch bei großen Kriegen könne es durchaus sein, dass jemand verletzt werde. Das Ganze sei ihm also entschieden zu riskant. Noch ehe ihm der Oberst den eigentlich Sinn des Soldatentums begreiflich machen kann, führt der Feldwebel (JC) zwei Zivilisten (MP und TJ) herein. Die beiden tragen Mailänder Schuhe, Borsalino und Nadelstreif. Es handelt sich um Luigi und Dino Vercotti, denen die Sicherheit der Armee ein großes Anliegen ist. Und für eine kleine uneigennützige Spende wären sie bereit, die Armee zu beschützen, damit nicht aus Versehen irgendetwas – oder irgendwer – kaputtgeht. Für 15 Mäuse die Woche garantieren sie, dass nicht eine einzige Panzerdivision flöten geht.

Nachdem wir mal kurz bei einem Kunstkritiker vorbeischauen, dem es Spaß zu machen scheint, seine Frau zu würgen, werden wir mit den Problemen des Möbelkaufs konfrontiert. Probleme, die sich ergeben, wenn die Verkäufer, nun, sagen wir, etwas eigen sind – und sich etwa eine Tüte über den Kopf stülpen, wenn jemand in der Bettenabteilung das Wort »Matratze« ausspricht. Mit derlei Zivilisationskrankheiten müssen sich Eremiten nicht herumschlagen. Aber sie haben auch so ihre Nüsse zu knacken. Mitunter kann es ganz schön anstrengend sein, zwei Stunden lang latschen zu müssen, um raus ins Moor zu kommen, wo man in Ruhe Beeren sammeln und sich kasteien kann. Aber prinzipiell, so sind sich die Eremiten einig, hat es schon was, das Einsiedlerleben. Viel besser jedenfalls als ein Job in der Werbung.

Nach einer kleinen animierten Tanzeinlage von Botticellis Venus folgt dann der »Papageien«-Sketch. Danach machen noch Omas die Straßen unsicher, doch die »Hell's Grannies« sind nicht die einzige Bedrohung in den Straßen von heute. Es gibt noch die Babypackerbande und, nicht zu vergessen, gefährliche und vor allem gewalttätige Gangs von Linksabbiegeschildern. Dem Oberst ist das mittlerweile jedoch alles zu albern geworden. Er lässt die Sendung stoppen.

Der berühmte »Papageien«-Sketch, einer der unbestrittenen Klassiker der Truppe, sieht hier ein wenig anders aus als in der Kino-Fassung. Während bei »And now for something completely different …« der Tierhändler plötzlich gesteht, dass er nie Tierhändler, sondern viel lieber Holzfäller werden wollte, um sodann an der Seite von Connie Booth den »Lumberjack Song« (»Ich bin Holzfäller und mir geht's gut – am Tag packt mich die Arbeitswut.«) zum Besten zu geben, wird Herr Praline in Folge 8 in ein anderes Geschäft nach Bolton geschickt, wo er allerdings auch nicht sein Ziel erreicht. Für den Sketch stand übrigens ein Mechaniker Pate, der partout nicht einsehen wollte, dass er an einem Mangel an Michael Palins Auto Schuld tragen sollte. Im Rahmen eines früheren Auftritts war der »Papageien«- daher noch ein »Auto«-Sketch, bei dem Palin den Mechaniker fast wortwörtlich zitierte. Für die Fernsehfolge verpasste die Kostümbildnerin Hazel Pethig John Cleese einen dieser zusammenfaltbaren Regenmäntel, den Cleese auf nachgerade einzigartige Weise trug – womit er einen richtig spleenigen englischen Charakter kreierte.

»Dies ist ein Ex-Papagei« schrieb in der Tat Geschichte und findet in England immer noch häufig Verwendung, wenn man das sture Leugnen von Tatsachen beschreiben will. Im englischen Original lautet die Passage übrigens folgendermaßen: »It's not pining, it's passed on. This parrot is no more. It has ceased to be. It's expired and gone to meet his maker. This is a late parrot. It's a stiff. Bereft of life, it rests in peace. If you hadn't nailed it to the perch, it would be pushing up the daisies. It's rung down the curtain and joined the choir invisible. This is an ex-parrot.«

Die allerbeste Szene in der deutschen Übersetzung:

PRALINE (JC): *Ich möchte mich beschweren wegen dieses Papageien, den ich vor keiner halben Stunde in diesem ganz hervorragenden Fachgeschäft erworben habe.*

LADENBESITZER (MP): *Der norwegische Blauling. Was stimmt denn nicht mit ihm?*

PRALINE: *Ich sag Ihnen, was nicht stimmt mit ihm. Er ist tot, das stimmt nicht mit ihm.*

LADENBESITZER: *Nein, nein, er ruht, sehen Sie!*

PRALINE: *Hören sie, mein Freund, ich erkenne einen toten Papagei, wenn ich einen toten Papagei sehe und in eben diesem Moment sehe ich einen.*

LADENBESITZER: *Nein, nein, Sir, er ist nicht tot, er ruht sich aus.*

PRALINE: *Er ruht sich aus?*

LADENBESITZER: *Ja, außergewöhnliches Tierchen, der norwegische Blauling, hübsches Gefieder, nich?*

PRALINE: *Um das Gefieder geht's nicht – er ist mausetot.*

LADENBESITZER: *Nö, nö, er ruht bloß.*

PRALINE: *Also gut, wenn er bloß ruht, weck ich ihn eben auf. (Brüllt in den Käfig) Hallo, Polly! Ich hab einen feinen Tintenfisch für dich, wenn du aufwachst, Pollylein.*

LADENBESITZER *(stupst den Käfig): Da, er hat sich bewegt.*

PRALINE: *Hat er nicht. Das waren Sie, Sie haben gegen den Käfig gestoßen.*

LADENBESITZER: *Hab ich nicht.*

PRALINE: *Haben Sie wohl. (Nimmt den Papagei aus dem Käfig, ruft) Hallo, Polly. Polly (knallt ihn auf den Tresen), Pollylein! Aufwachen, Polly. (Wirft ihn in die Luft und lässt ihn auf den Boden fallen.) Also das nenn' ich einen toten Papagei.*

LADENBESITZER: *Nein, nein, er ist bewusstlos.*

PRALINE: *Hör mal, Freundchen, mir reicht's jetzt langsam. Dieser Papagei weilt definitiv nicht mehr unter den Lebenden. Und als ich ihn vor knapp einer halben Stunde gekauft habe, haben Sie mir versichert, seine Bewegungslosigkeit wäre darauf zurückzuführen, dass er vom vielen Plappern bloß noch ganz schlapp sei.*

LADENBESITZER: *Er hat wahrscheinlich Sehnsucht nach den Fjorden.*

PRALINE: *Sehnsucht nach den Fjorden, was für ein Unsinn ist jetzt das? Was glauben Sie, warum hat er sich platt auf den Rücken gelegt, als ich nach Hause kam?*

LADENBESITZER: *Er ratzt am liebsten auf dem Rücken, der norwegische Blauling. Hübscher Vogel, wunderbares Gefieder.*

PRALINE: *Hören Sie, ich habe mir erlaubt, diesen Papagei zu untersuchen, und ich habe herausgefunden, dass er vorher nur deshalb auf der Stange gesessen hat, weil er dort festgenagelt war.*

LADENBESITZER: *Aber selbstverständlich war er dort festgenagelt. Sonst würde er mit diesen Gitterstäben kurzen Prozess machen und husch!*

PRALINE: *Ich sagen Ihnen was, Kamerad. Dieser Vogel würde nicht huschen, wenn ich 4000 Volt durch ihn durchjagen würde. Er ist gottverdammtnochmal von uns gegangen.*

LADENBESITZER: *Ist er nicht, er hat Sehnsucht.*

PRALINE: *Er hat keine Sehnsucht, er hat das Zeitliche gesegnet. Dieser Papagei ist nicht mehr. Er hat aufgehört zu sein. Er ist abberufen worden und eingegangen zum Herrn. Das ist die seelenlose Hülle eines Papageien. Der Lebensodem ist aus ihm gewichen, er ruht im ewigen Frieden. Wenn Sie ihn nicht festgenagelt hätten, würde er längst die Radieschen von unten betrachten. Er hat den Schirm zugemacht und zwitschert jetzt Halleluja auf seiner himmlischen Wolke. Dies ist ein Expapagei.*

LADENBESITZER: *Tja, dann tausch ich ihn wohl besser um.*

PRALINE *(zur Kamera): Wenn Sie in diesem Land irgendwas geregelt kriegen wollen, können Sie sich den Mund fusselig reden.*

FOLGE 9, AUSGESTRAHLT AM 14. DEZEMBER 1969

Nach einem kurzen Privatissimum über Lamas sehen wir einen Mann, der ein Tonband in der Nase hat. Danach sucht Sir George Head (JC) Leute für seine Bergsteigerexpedition, die nach Resten der Expedition des Vorjahres suchen soll. Bald erfahren

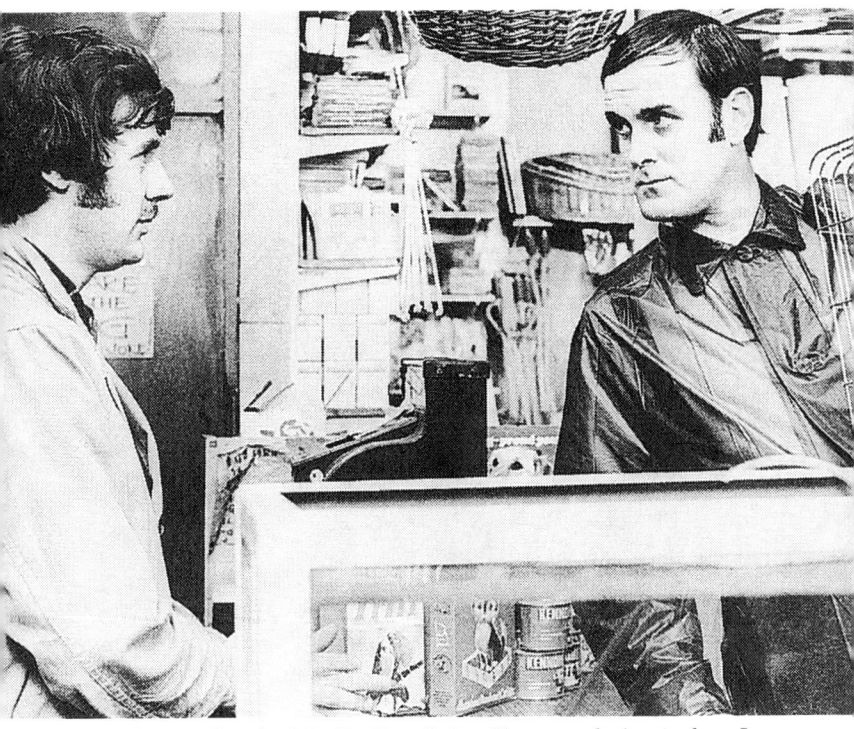

Der Papageikäufer Mr. Praline (John Cleese, rechts) mit dem Ladenbesitzer (Michael Palin)

wir, warum diese ein so unrühmliches Ende fand. Head sieht doppelt, seine Wahrnehmung dupliziert alles, weshalb sein Bruder denn auch versucht hatte, eine Brücke zwischen den Gipfeln der beiden Kilimandscharos zu bauen. Als der Bewerber Bob (EI) feststellen muss, dass nicht nur der Leiter der Expedition, dem er verzweifelt zu erklären versucht, es gebe ihn nur einmal, sondern auch der Bergführer (GC) einen schweren Dachschaden hat, flüchtet er Hals über Kopf. Das heißt, ein Bob flüchtet, der andere schließt sich der Gruppe an.

Dann haben wir es mit einem Kunden (TJ) zu tun, der einem leicht überreizten Friseur (MP) in die Hände fällt. Dieser will partout nicht Haarschneider sein, sondern wäre viel lieber Holzfäller (vgl. Folge 8). Danach ein Conférencier, der förmlich vor

Der Lumberjack-Song: Michael Palin mit Connie Booth, der Ehe-frau von John Cleese

Ehrfurcht vor dem Superstar Harry Fink vergeht, um dann doch nur Ken Buddha und seine aufblasbaren Knie ankündigen zu können. Mit hängendem Kopf muss unser Ritter vom Gummi-huhn erfahren, dass er diese Woche nicht gebraucht wird, ehe ein romantisches Tête-à-tête von Victor und Iris durch unvor-hergesehenen Besuch zunichte gemacht wird.

Der »Lumberjack-Song« ist neben »Always Look on the Bright Side of Life« fraglos der berühmteste Python-Song. Geschrie-ben wurde er von Michael Palin und Terry Jones. In zahlreichen

Aufführungen wurde er auch leicht abgewandelt. So lautete die letzte Zeile einmal »I wish I'd been a girlie, just like my dear mama«, später dann »just like my dear papa«. Den Sologesang übernahmen abwechselnd Michael Palin und Eric Idle, die Original-Mounties waren die Fred-Tomlinson-Singers, unterstützt von John Cleese und Graham Chapman, der dies wie folgt begründete: »John und ich waren eher groß, und so passten die Mountie-Kostüme gerade uns.« Bei Live-Auftritten wurde der Chor im Übrigen auch von Ex-Beatle George Harrison unterstützt, der den Song auch als Intro für eigene Konzerte verwendete. Kuriosum am Rande: Als die Pythons für die Bavaria ihre deutschsprachigen Shows produzierten, wurde aus dem »Lumberjack-« der »Holzfäller-Song«. Und den Chor gaben österreichische Zöllner.

Der »Lumberjack-Song« im Original:
SOLO: *I'm a lumberjack and I'm O.K.*
I sleep all night and I work all day.
MOUNTIES: *He's a lumberjack and he's O.K.*
He sleeps all night and works all day.
SOLO: *I cut down trees, I eat my lunch,*
I go to the lavatory.
On Wednesday I go shopping
and have butter-scones for tea.
MOUNTIES-WIEDERHOLUNG UND CHORUS *(He's a lumberjack …)*
SOLO: *I cut down trees, I skip and jump,*
I like to press wild flowers.
I put on women's clothing
and hang around in bars.
MOUNTIES-WIEDERHOLUNG UND CHORUS *(s. o.)*
SOLO: *I cut down trees, I wear high heels,*
suspendies and a bra.
I wish I'd been a girlie,
just like my dear papa.
MOUNTIES-WIEDERHOLUNG BIS ZU »BRA«, DANN TUMULT.

FOLGE 10, AUSGESTRAHLT AM 21. DEZEMBER 1969
Die zehnte Show blieb im Original »untitled« – wie auch alle weiteren Folgen der ersten Staffel in der englischen Original-

ausgabe keinen Titel mehr aufweisen. Nachdem eine durchschnittliche Hausfrau mit der Frage der BBC konfrontiert worden ist, ob sie in einem Sketch mitspielen will, erleben wir einen konfusen Bankräuber (JC), der ein wenig aus dem Konzept gerät, als er feststellt, dass er sich in einem Miederwarengeschäft befindet. Er entkommt mit einem Paar Schlüpfer.

Sodann werden wir Zeuge der Arthur-Tree-Show, einer Art Talk-Show mit einem Baum als Gastgeber und Bäumen als Gästen, so die schottische Pinie und die Koniferen. Tree erinnert in seinem Gehabe an David Frost in *Frühstück mit Frost* – eine beliebte Endlos-Serie im britischen Morgen-TV, bei der sich Frost mit einem mehr oder weniger wichtigen Promi über Gott und die Welt unterhält, während sie sich an einigen Breakfast-Elementen verlustieren. Tree begrüßt als ersten Gast einen Holzklotz. Nach dem Klotz haben wir einen Chippendale-Schreibtisch, der in einer Gilliam-Animation verschiedene Berühmtheiten wie Long John Silver, die Stevensonsche Gestalt aus »Die Schatzinsel« oder den damaligen Oppositionsführer Ed Heath imitiert, ehe der Buchhalter Anchovy (MP) beim Berufsberater vom Arbeitsamt (JC) erfahren muss, dass sein Wunsch, Löwenbändiger zu werden, doch nicht ganz so einfach ins Werk zu setzen ist, wie er sich das ursprünglich vorstellte, da die Löwen schreckliche und gefährliche Savannentiere seien, drei Meter lang und einsfünfzig hoch, mithin also ganz anders aussähen als die Ameisenbären, mit denen Anchovy sie verwechselte. Anchovy erklärt sich schließlich resignierend bereit, »über den Umweg über das Bankwesen auf die Löwenbändigerei hinzuarbeiten«.

Sodann begegnen wir Mr. Vercotti (MP) aus Folge 8 wieder, der nun Manager von Ron Obvious (Ron »Offensichtlich«) geworden ist. Ron (TJ) will den Ärmelkanal überspringen, landet aber schon nach knapp mehr als einem Meter im Wasser. Auch sein Versuch, die Kathedrale von Chichester zu verspeisen, schlägt kläglich fehl. Und als Ron bei seinem letzten Anlauf, sportlichen Ruhm zu ernten, das Zeitliche segnet, zeigt sich Manager Vercotti immer noch zuversichtlich: Ron werde nun den Weltrekord im Unter-der-Erde-Bleiben brechen, denn er sei fraglos sehr talentiert.

Wir befinden uns sodann wieder in einer Tierhandlung, in der

Der Buchhalter Mr. Anchovy (Michael Palin) möchte Löwenbändiger werden

ein Ladenbesitzer (MP) dem Käufer (JC) eine Papageienumwandlung schmackhaft machen will. Mr. Phipps (EI) hat derweilen Probleme, eine Stellung als Bibliothekar zu erhalten, weil er, äh, ein Gorilla ist und somit dazu neigen würde, die Leute zu erschrecken, wie der Personalchef (GC) meint. Mr. Phipps entpuppt sich jedoch als Bibliothekar im Pelz, der sich nur als Gorilla verkleidet hat, um bessere Chancen auf den Job zu haben, da eine neue Politik im Bibliothekswesen dazu übergegangen ist, wilde Tiere zu forcieren, damit die Bibliotheken nicht länger düstere Orte sind, an denen die Leute einfach nur so herumsitzen.

Gegen Ende der Folge befassen wir uns mit einer Variation des unendlichen Themenkomplexes menschlicher Beziehungen. Ein Ehemann (MP) verheimlicht seiner Frau (TJ) eine Affäre mit einer Puppe – die ihn so in Anspruch nimmt, dass er die Vielzahl von Hausfreunden seiner Frau (EI, JC, GC, Ian Davidson etc.) gar nicht bemerkt. Dieses Ende sei vorhersehbar gewesen, meint eine von Gilliams Trickfiguren – ehe sie von einem Krokodil verspeist wird, das wiederum selbst zur Mahlzeit eines Straußes wird.

Bei dieser Show griffen die Pythons auf Material zurück, das schon für frühere Folgen konzipiert worden war. So hätte der »Miederwarengeschäft«-Sketch in Folge 2, der »Berufsberater-vom-Arbeitsamt«-Sketch in Folge 3 und »Ron Obvious« in Folge 5 gebracht werden sollen, sie wurden aber aus Zeitgründen zurückgestellt. Hingegen kam der ursprünglich für diese Folge geplante »Unfall-Selbstzerstörungs-Raum«-Sketch erst in der zweiten Staffel zum Einsatz.

FOLGE 11, AUSGESTRAHLT AM 28. DEZEMBER 1969

Nach einigen von Off-Sprechern (JC, EI, MP) vorgelesenen Briefen an die Redaktion steht der Tod im Zentrum der Betrachtung. Professor Canning (GC) will sich in seiner Sendereihe »Die Welt der Geschichte« mit der Pest auseinandersetzen, doch wird er immer wieder durch die Einblendung von Sargträgern unterbrochen.

In der Zwischenzeit versucht Inspektor Tiger (JC) ein Verbrechen aufzuklären – und wird alsbald selbst Opfer eines solchen. Die Bemühungen von Lookout vom Yard, nun den Mord an Tiger zu klären, haben ein abruptes Ende, als Lookout durch eine Kugel ein selbiges findet. Die nächste Untersuchung leitet Assistant Chief Constable There's a Man Behind You (TJ), gefolgt von Constable Fire (Davidson).

Die Sargträger entledigen sich der Leiche und tanzen mit dem leeren Sarg dem Off entgegen. Ein intellektueller Sportreporter (EI) interviewt einen Fußballer (JC), der alle Klischees über dämliche Balltreter übertrifft. Die Sargträger werden zu Gilliam'schen Animationen, ehe uns die Sendung »Interessante Menschen« Herrn Stools vorstellt, der nur knapp mehr als einen Zentimeter groß ist. Auch die anderen Gäste, so der am Schreien äußerst interessierte Mr. Dove (JC) und Keith Maniac (Keith »Verrückt«, TJ), der Ziegelsteine hypnotisiert, sind wahrlich nicht ohne. Die Sargträger sind mittlerweile schon ziemlich erschöpft. Nach einem Exkurs über die Sozialgeschichte des

18. Jahrhunderts kommt wieder Professor Canning zum Zug, dessen Gäste (MP, EI, GC und JC) die Ansicht vertreten, die Seeschlacht von Trafalgar sei in Wirklichkeit auf dem Festland, und zwar in der Nähe von Cudworth in Yorkshire, geschlagen worden. Gegen Ende der Folge führt die Frauengilde von Batley die Schlacht um Pearl Harbor auf, ehe die erschöpften Sargträger nach dem Begräbnis mit einem bemerkenswert bemalten Leichenwagen abdampfen.

Der Sketch mit der Frauengilde war eine der härtesten Szenen, welche die Pythons einspielten. Palin: »Es war ein kalter Tag, und wir filmten oben in Nord-Yorkshire. Wir waren über und über mit Dreck bekleckert, und es gab keine Gelegenheit sich zu reinigen, außer einem Nebengebäude einer Farm mit Kaltwasser. Es war sehr bizarr. Alle die Leute voller Schlamm, die ihre Strumpfbandgürtel und schmutzstarren Büstenhalter abnahmen.«

FOLGE 12, AUSGESTRAHLT AM 4. JANUAR 1970

Zu Beginn dieser Folge bemerken zwei Bürohengste (EI und JC), dass wieder mal Vorstandssitzung ist – an den am Fenster abwärts fliegenden Vorstandsmitgliedern. Nachdem Wilkins und Robertson auf diese Weise auf den Boden der Tatsachen zurückgeholt wurden, wetten die beiden Bürohengste, ob es Parkinson als nächsten erwischt, woraufhin sie Parky ermutigen bzw. davor warnen zu springen. In einem Brief an die Redaktion beschwert sich jemand darüber, dass im vorangegangenen Sketch Menschen von einem Hochhaus fielen. Er habe sein ganzes Leben in einem solchen Gebäude gearbeitet, aber – es gibt immer ein erstes Mal.

Nach einem kurzen Trickfilm werden in »Spektrum« die entscheidenden Fragen unserer Zeit beantwortet. Na ja, zumindest fast, denn, wie uns Professor Tiddles (JC) von der Universität Leeds versichert, es sei noch zu früh, um etwas zu sagen.

Schnitt nach Minehead in Somerset, wo eine Nachwahl ansteht. Unter den Wahlbewerbern auch die National Bocialist Party, die sich um einen verkrampften Typen mit quadratischem Schnauzbart und strähnigem Seitenscheitel namens Hilter gruppiert hat. Ihm stehen zwei Funktionäre mit Namen Bimmler und Ron Viventroff sowie ein gewisser McGoering zur Seite. Und Hilter findet in Minehead Anhänger. Ein Trottel meint, er habe sehr schöne Beine; eine Schreckschraube, die allerdings einschränkend erklärt, sie sei nicht ganz dicht, ist der Ansicht, Hilter habe in Bezug auf die »Bimbos« recht, während ein Börsenmakler die Auffassung vertritt, Hilter würde Positives für die Aktienbörse bewirken. Der Vertreter der Konservativen, ein Herr Madd (phonetische Anspielung auf »mad«, verrückt, GC), hingegen sagt, er würde so lange labern, bis er Schaum vor dem Mund hat und hintenüber fällt – was er dann auch tut.

Nach einigen Schwierigkeiten, denen sich Polizeibeamte gegenübersehen, deren sinnliche Wahrnehmung nicht ganz normal funktioniert, berichten die Pythons über die 127. Meisterschaft zur Ermittlung des »Obertrottels der feinen Gesellschaft«, ein

Der Clochard Ken Shabby (Michael Palin) hält um die Hand der schönen Rosamunde (Connie Booth) an; der Vater (Graham Chapman) schaut zu

Die 127. Meisterschaft zur Ermittlung des »Obertrottels der feinen Gesellschaft«

harter, spannender Wettkampf vor einem begeisterten Publikum. Ein wahrlich nicht gewinnend aussehender Clochard, Ken Shabby, der als Toilettenreiniger arbeitet, hält in einem gutsituierten Haus um die Hand der reinen Tochter an, ehe uns eine Werbesendung der Holzpartei ins Haus geliefert wird. Der Minister der Holzpartei (GC) bricht plötzlich ein und fällt durch die Erdkruste. Er versucht, seine Rede dennoch zu halten, während verschiedene Helfer (JC, EI, TJ), die alle Robert heißen, das entstandene Problem in den diversen Facetten erörtern. Die Folge endet damit, dass dem »Spektrum«-Moderator ein 16-Tonnen-Gewicht auf den Schädel knallt.

Der Obertrottel der feinen Gesellschaft entsprang einem Rachegedanken von Cleese. Er wohnte damals in einem Apartment nahe dem Sloane Square, wo nächtens ein Haufen von Yuppies Radau machte und sich ziemlich genauso benahm wie die Idioten in dem Sketch. Sie hinderten Cleese daran einzuschlafen, sodass er sich an ihnen rächte, indem er mit Chapman den Sketch schrieb. Ursprünglich aber hätte er genauso wenig in die Folge aufgenommen werden sollen wie die Geschichte mit Ken Shabby. Erst im letzten Augenblick – wie die Pythons das oft zu tun pflegten – wurde die geplante Reihenfolge umgestoßen, und man nahm die beiden Sketche auf.

FOLGE 13, AUSGESTRAHLT AM 11. JANUAR 1970

Die letzte Folge der ersten Staffel beginnt mit befremdlichen Ereignissen in einem Restaurant, wobei wir angelegentlich erfahren, dass der ehemalige Schutzgeldforderer und spätere Ron-Obvious-Manager Luigi Vercotti nun sein Auskommen als Geschäftsführer des Gourmet-Tempels »La Gondola« gefunden hat. Sie führt uns dann zum Disput zwischen einem Bauchladenhändler, der nur einen Albatros zu verkaufen hat, und einem Kunden, der partout ein Schokoladeneis haben möchte, ehe wir Zeugen einer Unterhaltung zwischen einem Mann, der angeblich bestohlen wurde, und einem Polizisten werden, die sich schließlich darauf einigen, zum Mann in die Wohnung zu gehen. Die Ladies vom Women's Institute haben Hochbetrieb und dürfen immer wieder zwischen den einzelnen Sequenzen applaudieren. Mr. Gumby wünscht sich Johannes den Täufer, der Graham Hill – den ehemaligen Formel-1-Weltmeister und Vater des

Formel-1-Weltmeisters Damon – geben soll, was zur Sendung »Historische Darstellungen« führt. Kardinal Richelieu verkörpert Petula Clark, Iwan der Schreckliche einen Schuster und Julius Cäsar Eddie Waring. Zeit für eine Gilliam-Animation.

Ein Mann interviewt zwei Kinder, die sich wünschen, dass Raquel Welch auf sie drauffällt, ein Versicherungsangestellter wünscht sich mehr Polizisten in den Märchen. Attila, der Hunnenkönig, Sohn von Mr. and Mrs. Norman Hun, stellt sich der Polizei und gesteht das Überfallen, Plündern und Brandschatzen einer größeren Stadt. Die Polizei enttarnt ihn als Alexander den Großen, was Beschwerdebriefe an die Redaktion zur Folge hat, ehe sich Gilliam wieder mit einem Zeichentrick austoben darf.

Ein Psychiater ist mit einem schwierigen Fall konfrontiert und erkennt, dass der Mann, der dauernd Gitarren und Gesang hört, von einem Hippie und einer nackten Frau bewohnt wird. Per Gerichtsbeschluss wird die Räumung des Mannes angeordnet. Da sich die beiden Besetzer weigern, den Mann zu verlassen, erhält die Polizei Befehl, den Mann zu stürmen. Die Folge endet mit einer weiteren Trickfilmsequenz: »Das ist doch mal ein schönes Ende. Romantik«. Nach dem Abspann noch eine Ankündigung eines Off-Sprechers: Künftige Ausgaben dieser Serie würden als Testbild zu sehen sein, in den Programmheften als »Geschichte der irischen Landwirtschaft« angekündigt.

Damit war die erste Staffel des »Fliegenden Zirkus« beendet. Nur einen Tag nach der Ausstrahlung der letzten Folge wurden die Pythons von der Talk-Show LATE NIGHT LINE UP auf BBC 2 ins Studio geladen. Cleese, Chapman, Gilliam, Idle und auch Carol Cleveland folgten dieser Einladung und sorgten so auch abseits der eigenen Programme für Spaß.

Mittlerweile erregte die Truppe auch in den USA Aufsehen; so erschien am 7. Februar 1970 in der Zeitschrift *TV Guide* ein Artikel mit dem beziehungsvollen Titel »How to Offend Everybody« (»Wie man jeden vor den Kopf stößt«). Trotz des Titels ist die Grundaussage des Textes den Pythons wohlgesinnt.

Im Herbst 1970 lief der »Fliegende Zirkus« auch im kanadischen Fernsehen. Die Pythons hatten in der Zwischenzeit ihre erste LP aufgenommen, eine Sammlung von Sketchen, mit denen sie aber nicht sonderlich zufrieden waren, weil die BBC die Sache nach Meinung der Gruppe eher hingenudelt hatte. Die Truppe zog die Konsequenzen daraus und beschloss, weitere Alben künftig selbst zu produzieren. Im August 1970, kurz nach Beginn der Aufnahmen zur zweiten Staffel, gründeten die Pythons die Python Productions Ltd. zur Wahrung der Interessen der Gruppe. Und am 15. September 1970 ging die erste Folge der zweiten Staffel auf Sendung.

III. Leben mit Python (1970 bis 1974)

Die zweite, dritte und vierte Staffel des Circus

Im Juni 1970 begannen die Dreharbeiten für die zweite Staffel des Flying Circus. Um das Publikum auf die neue Saison einzustimmen, brachte die BBC eine eigene Python-LP auf den Markt, die die besten Sketche der ersten Serie enthält. Sogar die

Zum Rektor der Universität St. Andrews gewählt: John Cleese (hier als Minister für alberne Gangarten)

altehrwürdige *Times* ließ sich angesichts der enormen Popularität der Truppe zu einer Würdigung herbei. Stanley Reynolds schrieb am 16. September 1970, einen Tag nach der ersten Sendung der neuen Folgen, die Pythons wären »für die BBC selbst dann noch ein großer Gewinn, wenn sie doppelt so viel kosten würden«.

Gegen Ende der zweiten Staffel setzte die *Times* in Anspielung auf den Film THE RISE AND RISE OF MARTIN RIMMER, bei dem Cleese und Chapman nicht nur mitgewirkt, sondern für den sie auch das Drehbuch geschrieben hatten, noch eins drauf: »The Rise and Rise of Monty Python« schrieb das Blatt am 14. Dezember 1970 und wies darauf hin, dass es den Pythons als ersten Komikern in England gelungen war, eine regelrechte Hysterie auszulösen. Das Schlagwort »Pythonmania« – als Paraphrase von »Beatlemania« – war geprägt. Und noch bevor THE RISE AND RISE OF MARTIN RIMMER anlief, kam Cleese auch zu akademischen Ehren. Die älteste Universität Schottlands, St. Andrews, wählte ihn Anfang November 1970 mit 1072 Stimmen (gegen 656 für Alistair Cooke) zum neuen Rektor, ein Amt, das, wie Cleese-Biograph Margolis ausführt, der Star mit großem Engagement ausfüllte. Die Universität St. Andrews ehrte Cleese überdies mit einem Ehrendoktorat.

Selbst in Amerika wurde man auf die spleenigen Briten aufmerksam. So schrieb ein Journalist mit dem bemerkenswerten Namen Fred Friendly in der *Washington Post*: »Diese absolut wundervolle und erstaunliche Show sollte nach Amerika kommen.« Es dauerte freilich noch eine Weile, ehe der »freundliche« Kommentator seinen Wunsch erfüllt sehen sollte. Palin: »Er war seiner Zeit entschieden voraus.«

Die zweite Staffel, die vom 15. September bis zum 22. Dezember 1970 ausgestrahlt wurde, enthielt wie schon die erste Staffel eine Vielzahl von Sketchen, die mittlerweile als Klassiker gelten, allen voran der »Minister für alberne Gangarten«, der allein schon dafür gesorgt hätte, dass die Pythons in die Filmgeschichte eingehen.

FOLGE 1, AUSGESTRAHLT AM 15. SEPTEMBER 1970
Nach dem schon zur Standardphrase gewordenen Satz »Und nun zu etwas völlig anderem ...« wird der Innenminister inter-

viewt, der in Frauenkleidern und entsprechendem Ensemble, das modenschaumäßig vom Moderator vorgestellt wird, zu erklären versucht, weshalb sein Wohnbauprogramm – er hatte 88.000 Billiarden Häuser angekündigt, und drei wurden tatsächlich errichtet – nicht so ganz realisiert werden konnte. Danach sehen wir Lufthauptmarschall Sir Vincent »Kill the Japs« Forster, der – in ähnlicher Aufmachung wie zuvor der Innenminister – eine Ansprache an seine Truppe hält.

Nach befremdlichen Erlebnissen einer Hausfrau mit einer ganzen Truppe von Gasmännern und einem leicht konfusen Dialog zwischen einem Ladenbesitzer und einem potentiellen Kunden betritt Mr. Teebeutel, der Minister für alberne Gangarten, die Szene. Er erwirbt ein Exemplar der *Times* und begibt sich sodann in sein Büro. Dort wartet Mr. Putey auf ihn, der seinen albernen Gang von staatlicher Seite unterstützt sehen will. Der Minister kann ihm dabei aber nicht behilflich sein, weil sein Gang nicht »übermäßig albern« ist und die finanziellen Ressourcen beschränkter Natur sind. So bekomme das Ministerium für alberne Gangarten nur 348 Millionen Pfund im Jahr, was sogar noch unter dem Verteidigungsetat liege. Der Minister zeigt Mr. Putey sodann, welche albernen Gehweisen bereits entwickelt wurden.

Dann folgte die BBC-Programmübersicht. Während auf BBC 2 eine weitere Folge von »Kierkegaards Tagebüchern« mit Richard Chamberlain *(Dornenvögel)* und Billy Bremner (bekannter britischer Fußballinternationaler) auf dem Spielplan stehe, zeige BBC 1 »Ethel der Frosch«. In dieser Sendung geht es um den Aufstieg der gefürchteten Gangster Doug und Dinsdale Piranha, die schließlich von Kommissar Harry »Snapper« Organs von der Q-Division dingfest und später zu 400 Jahren Gefängnis verurteilt wurden.

Bei dem Sketch über die Piranha-Brüder – einmal mehr eine Satire über die Mafia – taucht auch wieder der bereits aus der ersten Staffel als Multitalent bekannte Luigi Vercotti auf, der diesmal sein Glück in der Nachtklubbranche sucht – und seinerseits zum Zahlen von Schutzgeldern angehalten wird, da selbst »gestandene Männer sich lieber den Kopf abgerissen hätten, als zu Doug Piranha zu gehen«.

Der Sketch über das Ministerium für alberne Gangarten ent-

stammt der literarischen Werkstatt von Cleese und Chapman, die sich über die Vielzahl von Ämtern mit ziemlich obskuren Bezeichnungen und Aufgaben erheiterten. Die Haltung mancher Beamter bot zudem Anlass zu Ärger, sodass Cleese eines Tages vorschlug, man könne eine Story über ein »Zornministerium« entwickeln. Die Idee verfing jedoch nicht wirklich. So brüteten die beiden weiter. Chapman:»Mein Haus befand sich auf einem steilen Hügel. Wir sahen einen Mann, der den Hügel aufwärts schritt, sich dabei scharf nach hinten beugend, die Gesetze der Schwerkraft aufhebend. Wir dachten, albernes Gehen wäre eine gute Idee, aber wir wussten nicht, wie wir sie weiterentwickeln sollten.« So riefen sie schließlich Palin und Jones an – das Ergebnis war einer der bekanntesten Sketche in der Geschichte der TV-Unterhaltung.

Für John Cleese wurde der alberne Gang zum absoluten Markenzeichen, mit dem ihm jeder Python-Fan sofort in Verbindung brachte, worunter Cleese noch heute leidet.»Die Leute dachten immer, ich entwarf den Gang zehn Minuten bevor ich ihn hinlegte, wohingegen ich die Bewegung für eine volle Woche übte und dabei langsam ausarbeitete, ob ich etwa drei Schritte vor dem großen hohen Kick machen sollte oder fünf. Ich choreografierte ihn sehr, sehr schmerzvoll.« Später teilte Cleese die Reaktionen auf seinen Gang in vier tödliche Kategorien. Die einen würden lächeln und fragen, wie es denn dem Ministerium heute gehe, andere verlangten, wenn sie Cleese ansichtig wurden, er solle seinen Gang hic et nunc vorführen, Caravanfahrer begrüßten ihn mit »Oi, Monty, lass mal dein' lust'gen Gang seh'n!«, während Eltern ihm berichteten, wie sehr ihre vierjährigen Kinder den Gang liebten, weil er exakt ihrem Niveau in Sachen Humor entspreche.

Der Gang ließ Cleese in der Tat nicht mehr los. 1970 legte er ihn noch spontan bei einer Solidaritätsveranstaltung für Biafra hin, und auch in der Episode *Die Deutschen* seiner TV-Serie FAWLTY TOWERS, wo Cleese den Stechschritt der Wehrmacht durch den Kakao zieht, ließ er Elemente des »Silly Walk« wohl nicht gezwungenermaßen einfließen; doch mit den Jahren wurde es ihm immer lästiger, darauf angesprochen zu werden. Während der US-Tournee der Pythons, die in dem Film MONTY PYTHON LIVE AT THE HOLLYWOOD BOWL festgehalten wurde, kam die Schauspielerin Duytch Pojowa einmal hinter die Bühne und sah Cleese bei der Übung seines Gangs: »Er sagte nur: Achten Sie nicht auf mich, ich muss das machen.« Und selbst noch 1989 – Cleese war mittlerweile 50 – holte ihn der alberne Gang ein. Er befand sich bei einer Konferenz der SDP (Social Democratic Party, eine Abspaltung der Labour Party, die 1990 mit den Liberalen fusionierte), als in der Hotellobby eine Band der Marinesoldaten mit ihren Instrumenten herumstand. Just zu diesem Zeitpunkt kam Cleese aus dem Lift. Die Musiker erkannten ihn und intonierten spontan LIBERTY BELL, die Titelmusik des FLYING CIRCUS. Cleese konnte diese Hommage nicht ignorieren und stakte albern durch die Lobby. Dabei lächelte er freundlich, um sich sodann wieder seinen Angelegenheiten zuzuwenden.

FOLGE 2, AUSGESTRAHLT AM 22. SEPTEMBER 1970

Die *Spanische Inquisition* (so auch der Titel der Folge) steht im Zentrum der Handlung. Angeführt vom berüchtigten Kardinal Ximenez (Francisco Ximinez de Cisneros, 1436–1517, ab 1507 Großinquisitor im Königreich Spanien) taucht sie urplötzlich auf, um zu erklären, dass ihr niemand entkomme. Dummerweise aber verhaspelt sich Ximenez, sodass die Inquisitoren mehrmals auftreten müssen, um endlich ihre angsteinflößende Aussage rüberzubringen. Die Foltermethoden sind auch einigermaßen greulich. Eine alte Lady, die sich weigert, ihre Häresie zu gestehen, wird mit Kissen bearbeitet, ehe man sie in den Lehnstuhl zwingt. Als sie immer noch in ihrem Irrtum verharrt, setzt die Inquisition nach: Man werde ihr bis zum Lunch keinerlei Nahrung zubilligen, abgesehen von einer Tasse Kaffee und einigen Keksen gegen elf Uhr. Daher solle sie endlich gestehen. Die Folter ist nicht auszuhalten: »Ich gestehe«, ruft – der entnervte Adlatus des Kardinals.

Sodann sehen wir die Signalflaggenversion von Emily Brontës »Wuthering Heights«. Heathcliff und Catherine stehen, jeweils mit zwei Fahnen in den Händen, auf gegenüberliegenden Anhöhen und »morsen« sich den Dialog des Romans zu.

Die Pythons befassen sich auch mit dem Problem der Steuern, oder, wie es der Politiker ausdrückt: »Meine Herren, unsere MP haben sich heute morgen mit dem PM getroffen, und der PM wünscht sich bis morgen a. m. oder spätestens p. m. eine neue

»Mein Gehirn tut weh«

Lieferung LSD vom PIB. Ich habe dem PPS des PM mitgeteilt,
a. m. sei NBG, also ist morgen p. m. für den PM nem. con.!« Oder,
genauer formuliert: »Wir müssen etwas Neues zum Besteuern
finden.« Worauf die Menschen von der Straße befragt werden,
welche Maßnahmen sie setzen würden. Der uns bereits bekannte Mr. Gumby etwa steht in einer Waschschüssel und meint, er
würde von allen Steuern nehmen, die im Wasser stehen.
Gegen Ende der Folge befinden wir uns in einem Gerichtssaal,
wo Richter und Protokollführer, Ankläger und Verteidigerin gewisse Verständigungsschwierigkeiten haben. Als alles danach
aussieht, dass nur noch die spanische Inquisition die Szene retten könnte, hat die ein verdammt schlechtes Timing und kommt
erst nach Ende des Abspanns, worauf Kardinal Ximinez aus
dem Off nur noch »Ach, Kacke« sagen kann.
Der dumpfe Nasenbohrer mit Gummistiefeln und einem Ta-

schentuch als Kopfbedeckung, Mr. Gumby genannt, entwickelte sich im Laufe der Zeit zu einer fixen Größe bei Monty Python, und wiewohl Palin ihn perfektioniert hat, kam der eigentliche Impuls von Cleese. Als die Truppe erstmals auf die Idee kam, »Vox Pops« (Befragung der Leute von der Straße) in die Show einzubauen, war Improvisation gefragt, und Kostüme waren rar. Es kam darauf an, irgendwelche ausgefallenen Kleider zu tragen und Sätze wie »Mein Hirn tut weh« oder »Ich glaube kein Wort« zu sagen. Palin: »John sollte etwas ziemlich Imbeziles sagen und fragte, was er anziehen solle, da er mitten in einem Wassergefäß stehen sollte. So zog er kurz entschlossen die Gummistiefel an, rollte seine Hosen auf und sagte nur, er würde Leute besteuern, die im Wasser stehen, während er just drinstand. Das Kostüm war also vorhanden, und das nächste Mal gab ich ihm mehr die Richtung von einem Typen, dessen Hirn schmerzt. Aber John hatte das Kostüm und die Geistlosigkeit des Charakters kreiert.«

FOLGE 3, AUSGESTRAHLT AM 29. SEPTEMBER 1970
Gleich zu Beginn von *Déjà-vu* strapazieren die Pythons das »Und nun zu etwas völlig anderem ...«, ehe ein Bischof seinen Text – »Meine Beine sind so geschwollen« – übt, ihn immer wieder neu intonierend, um den Worten neue Facetten abzugewinnen. Als ihn ein potentieller Flugschüler nach dem entsprechenden Unterricht fragt, erklärt der Bischof, er sei nicht in dieser Folge. Er sei vielmehr erst in drei Folgen dran und probe derweilen seinen Text.
Die Sache mit dem Flugschüler führt in der Folge zu einigen Auslassungen über das Fliegen, die aber, wie ein »Vertreter der britischen Pilotenvereinigung« feststellt, mit der Realität nichts gemein haben. Nebenbei wird uns vorgeführt, wie man eine Flugzeugentführung in zivilisiertem Rahmen zu einem versöhnlichen Ende bringen kann. Der Hijacker, der den Linienflug von London nach Kuba in Richtung Luton umdirigieren will, wird überzeugt, über Basingstoke abzuspringen, von wo aus er den Bus nehmen und somit zu Mittag in Luton sein kann.
In der nächsten Sequenz wird uns Ewan McTeagle vorgestellt, ein schottischer Gentleman, der so unvergängliche Poeme wie »Leih mir ein Pfund bis zum Wochenend« geschrieben hat. John

Limbo, Literaturkritiker, weist auf die erstaunliche Entwicklung hin, die McTeagle genommen hat. Er begann bei ganz kleinen, handlichen Summen, Sixpence, einem Pfund, steigerte sich auf neun Guineen, ehe er in einem wahren Parforceritt sein Hauptwerk »Krieg ich 50 Pfund?« schuf, das der englische Shakespeare-Darsteller Ian McKellen dann auch auf einer existenzialistisch geprägten Probebühne rezitiert. Der Film über McTeagle endet mit einem Hochländer, der Klage darüber führt, dass der Dichter, wiewohl er McTeagle heiße, die ganze Zeit über den Tartan der Camerons getragen habe – und im Übrigen habe der »Vertreter der BPV«, der sich über die aeronautischen Ungenauigkeiten beklagt habe, eine Kapitänsmütze auf dem Kopf gehabt, obwohl sich auf seiner Uniform nur Leutnantsstreifen befunden hätten.

Am Ende der Folge erleben wir wieder den Bischof, der immer noch probt, und einen Mann namens Bonifatius, der uns mit dem Gefühl des Déjà-vu, also mit dem Eindruck, etwas schon einmal erlebt zu haben, vertraut machen will – und einen Mann namens Bonifatius, der uns mit dem Gefühl des Déjà-vu, also mit dem Eindruck, etwas schon einmal erlebt zu haben, vertraut machen will. Am Ende der Folge erleben wir wieder den Bischof, der immer noch probt, und einen Mann namens Bonifatius, der uns mit dem Gefühl des Déjà-vu, also mit dem Eindruck … aber hatten wir das nicht schon?

In der Buchversion des FLYING CIRCUS wird der Shakespeare-Darsteller, der McTeagles Opus magnum spricht, in den Erläuterungen im Anhang als Bühnenstar der 60-er Jahre bezeichnet. Ian McKellen startete allerdings erst im Jahr 1995 durch, als er durch die Verfilmung von RICHARD III im Setting der 30-er Jahre für Furore sorgte und sich so ein Publikum erschloss, dem seine frühe Bühnenarbeit wohl verborgen geblieben war.

FOLGE 4, AUSGESTRAHLT AM 20. OKTOBER 1970

Die *Buzz-Aldrin-Show* beginnt mit einer charakteristischen Gilliam-Trickfilmsequenz, in der sich ein Mann zu einem Schmetterling entpuppt. Nach dem Vorspann entschuldigt sich die BBC für die folgende Verlautbarung, ehe fünf Gumbys zum »Architekten«-Sketch überleiten. Eine Kommission hört sich die Vorschläge zweier Bewerber für ein Wohnbauprojekt an.

Während der eine die Mieter schlachten will, preist der andere ein Modell an, das während der Präsentation in sich zusammenfällt. Dennoch erhält er den Zuschlag, und er schüttelt den Kommissionsmitgliedern auf sehr merkwürdige Art und Weise die Hand, was einen Off-Sprecher zu der Frage veranlasst, wie man einen Freimaurer erkennt.

Diese Frage leitet zu einer weiteren Gilliam-Sequenz über, ehe die Gumbys den »Versicherungs«-Sketch ankündigen. Der beginnt damit, dass ein Versicherungsmakler einem »ehrlichen Kerl« eine Vollkaskoversicherung einreden will, bei der eine nackte Frau im Versicherungspaket enthalten ist. Der Mann findet das reichlich bizarr – und scheidet wenig später aus dem Sketch aus. Stattdessen kommt ein Vikar, dessen Ansprüche von der Versicherung nicht anerkannt werden. Untröstlich zieht er von dannen – mit einer nackten Frau im Einkaufswagen. Doch der Versicherungsmakler hat nicht mit dem Bischof gerechnet, der kommt, um mit ihm abzurechnen. Der Bischof dient der Gerechtigkeit, wenn er auch meist um die entscheidende Sekunde zu spät kommt.

Ein Seniorenpaar sieht den Bischof als Kinofilm, verlässt das Kino und geht nach Hause. Eine einfache Einrichtung, mitten auf der Straße, ohne Mauern oder dergleichen. Ein klassisches Beispiel für das Wohnungsproblem, dem sich Pensionisten gegenübersehen, wie wir durch einen Reporter erfahren. Die armen alten Leutchen haben zwar buchstäblich keine vier Wände, aber sie haben einen Dichter, einen Tennyson im Badezimmer. Andere Leute halten ihre Dichter, einen Swinburne, einen Shelley, einen Wordsworth, in der Diele oder unter der Treppe. Und es gibt eigene Kontrolleure, welche die Dichter in regelmäßigen Abständen ablesen. Einer dieser Kontrolleure wird von einer Hausfrau umworben, sodass er sich schließlich bereit erklärt, den Hardy in ihrem Schlafzimmer anzusehen.

Im Anschluss daran erleben wir eine TV-Debatte mit einem nackten Mann und dem Bischof, worauf sich die BBC für die andauernden Wiederholungen in dieser Folge entschuldigt. Nach einer weiteren Gilliam-Animation leiten die Gumbys zum »Drogisten«-Sketch über. Der erste Drogist verwendet anzügliche Worte – wofür sich die BBC entschuldigt –, ein zweiter liefert Anlass zu einer zweideutigen Interpretation, ein dritter, nun

Animationen von Terry Gilliam dienen als Intermezzi

ganz und gar anständiger Drogist bemüht sich, seinem Kunden das verlangte Fisch-Aftershave zu besorgen, dieweilen »Stimmen aus dem Volk« eröffnen, welches Aftershave sie benutzen. In die Drogerie kommt ein Polizist, der einen Ladendiebstahl aufklären soll und dabei immer absonderlicher handelt, ehe er gar den Astronauten Buzz Aldrin im Weltall anruft. Die BBC entschuldigt sich für die Darstellung des Polizisten und die Erwähnung Aldrins, der mit der ganzen Sendung überhaupt nichts zu tun habe. Im Abspann allerdings taucht der Name Aldrin in allen möglichen und unmöglichen Zusammenhängen auf. Zum Schluss der Folge meinen die Gumbys – wie schon am Beginn: »Und nun zu etwas ganz anderem ...« und verwandeln sich in

Frauen. Danach werden sie wieder sie selbst, meinen obendrein, das sei lustig gewesen, ehe eine Einblendung darauf hinweist, dass die Show nun zu »Ende« ist.

Ein Wort über die Animationen von Terry Gilliam. Wie auch später als Regisseur war der Zeichner Gilliam Improvisationen nie abgeneigt. Stets änderte er die Richtung seiner Sequenzen, wenn sich eine interessante neue Option gleichsam von selbst anbot. »Mein Zugang war immer der, das Auge für glückliche Unfälle und Fehler offenzuhalten. Das ist der Vorteil von Cut-outs. Ich hatte all das Material, so konnte ich mich auf jede Menge Muster einlassen und Ideen vorschlagen«, erinnert sich Gilliam. Und weiter: »Das Papier und ich hatten ein gutes Verhältnis. Wir inspirierten uns gegenseitig. Ich hatte eine sehr klare Vorstellung, was ich wollte. Ich zeichnete ein Storyboard über jene Dinge, die ich tat, und ich verbrachte eine Menge Zeit damit, Teile von Illustrationen oder Fotos, die ich mir vorstellte, zu finden. Ob des steten Zeitdrucks fand ich nicht immer genau das, wonach ich suchte, und fand stattdessen Ähnliches. Okay, so war es halt ein wenig anders, als ich ursprünglich geplant hatte.«

FOLGE 5, AUSGESTRAHLT AM 27. OKTOBER 1970

Diese Folge, LIVE FROM THE GRILLOMAT, beginnt mit einer Fernsehshow, »Blackmail« (»Erpressung«) genannt, in der Personen angedroht wird, man würde sie hochgehen lassen – etwa den Namen des Liebhabers verraten –, wenn sie nicht die geforderte Summe an den Sender zahlen würden. Highlight der Show ist »Stopp den Film«, bei dem der Betroffene durch einen Anruf beim Moderator – und durch die Zahlung des geforderten Geldbetrages – den Film anhalten lassen kann, sodass niemand seine Identität erfährt. Ein nackter Organist begleitet die Höhepunkte der Sendung musikalisch. Ein Mitglied der »Gesellschaft für das Drauftun von Dingen auf andere Dinge« verspätet sich zum Dinner, weil es gerade bei der »Blackmail«-Show angerufen hat. Der Vorsitzende gibt den Jahresbericht und erregt sich darüber, dass die Verbandsgruppe in Staffordshire im Berichtszeitraum kein einziges Ding auf ein anderes getan hätte. Als sich der Delegierte aus Staffordshire damit rechtfertigt, die Mitglieder der Gruppe hielten die Zielsetzung der Gesellschaft für, nun, etwas albern, da fällt es dem Vorsitzenden wie Schuppen von den Augen, und er vertagt die Sitzung für alle Zeiten. Als er aber den Ort des Geschehens verlassen will, findet er den Raum von Film umzingelt. Die Mitglieder überlegen gemeinsam, wie sie aus dem Film fliehen können, und beschließen, einen Fluchttunnel zu graben. Dies leitet über zu einer Gilliam-Animation. Danach will der Gastgeber einer Tratsch-Show sich über die Bevölkerungsexplosion unterhalten, während sein Gast nur auf billige Witze aus ist. Zur Betrübnis des Gastgebers erfährt er vom Sendeleiter, dass die Szene wegen Überlänge aus dem Programm fliegt. Als wäre diese Nachricht noch nicht schlimm genug, bemerkt er seltsame Geräusche unter dem Fußboden. Diese werden von der Gesellschaft fürs Drauftun von Dingen verursacht, die weiterhin einen Weg aus dem Film sucht.

Ein Mann muss feststellen, dass in seinem Haus die Einrichtungsgegenstände vergänglich sind. Spiegel und Bücherregale fallen von den Wänden, anderes begrabend. Als das Dienstmädchen das Zimmer wieder in Ordnung bringen will, stolpert es und fällt in ein Messer. Es stirbt. Ein weiterer Mann hält den ersten für den Mörder und will, nach rückwärts gehend, flüchten. Dabei fällt er aus dem Fenster und segnet ebenfalls das Zeitliche. Der Butler hält den Mann nun für einen Doppelmörder und holt einen Polizisten, der jedoch vom Herzzickzack dahingerafft wird. Der Butler wird von der einstürzenden Zimmerdecke erschlagen. Starker Tobak für den Mann, der meint, es sei nun hoch an der Zeit, sich aus diesem Haus zurückzuziehen. Als er jedoch die Tür öffnet und ins Freie tritt, stürzt das ganze Gebäude in sich zusammen.

Sieben Brüder sollen mit sieben Bräuten vermählt werden. Unglücklicherweise gibt es nur vier Jungs – und auch nur zwei Mädels. Die Zeremonie findet dennoch statt. Danach werden die frischgebackenen Ehemänner wieder an ihre Hausaufgaben geschickt. Nach einigen Betrachtungen über eine Metzgerei sehen wir einen Boxer, der sich auf seinen Kampf vorbereitet. In Dokumentarform geben Ehefrau, Mutter, Trainer und Manager Kommentare zu Karriere und Chancen des Sportlers ab. Der Boxer trainiert intensiv, um seinen Kampf gegen Petula Wilcox, die Teenagerin aus Birmingham, zu gewinnen. Zum Ende der Show erfährt der Moderator, dass er gefeuert ist, und versucht krampfhaft, seine Tränen zu verbergen. Umsonst. Das ist das

»Ende«. Der »Blackmail«-Sketch wurde in der Kinoversion mit dem »Berufsberater«-Sketch verquickt. Der verhinderte Löwenbändiger mutiert zum Gastgeber der Show – und macht damit doch noch seinen Weg. Nicht das noble Gesellschaftsmitglied, sondern der uns schon so bekannte Oberst ist diesmal der Anrufer, der, sozusagen ertappt, ein wenig errötet – und schnell zum nächsten Sketch überleitet.

FOLGE 6, AUSGESTRAHLT AM 3. NOVEMBER 1970
Das BBC-Weltlogo sagt die Zeit an, doch die Show kann nicht rechtzeitig beginnen, weil die Animation von Terry Gilliam den Lichtschalter nicht findet. Der Ansager erklärt, warum er diesmal nicht »And now for something completely different …« sagt – er ist nämlich nicht in der dieswöchigen Show. Ein Typ beschwert sich über seine Zahnschmerzen und wird von einem anderen Typen unterbrochen, der die Schulpreisverleihung ankündigt. Der Bischof von East Anglia wird von einem weiteren Typen unterdrückt, der behauptet, er sei der Bischof von East Anglia. Er weigert sich, irgendwelche Trophäen herauszurücken, und beginnt, diese einzusacken. Ein Asiate tritt auf, der ebenfalls beansprucht, der Bischof von East Anglia zu sein – und reklamiert die Trophäen für die Volksrepublik China. Auch Inspektor Elizabeth Bradshaw und der Kommandant einer Einsatztruppe erheben Anspruch auf die Schulpreise, ehe Kanonendonner ertönt.
Ein Interviewer und ein Regisseur sehen sich das Vorangegangene im TV an – es ist des Regisseurs neuer Film. Die beiden reden über die bisherige Arbeit des Filmemachers, der bislang u. a. Zehn-Sekunden-Versionen von *Das Fenster zum Hof* und *Finnians Regenbogen* drehte.
Nach einigen Seitenblicken auf Politiker am See werden zwei Pärchen bei einer Dinnerparty mit recht befremdlichen Lieferungen diverser Buchklubs konfrontiert. Ein David-Frost-Verschnitt unterhält sich so einfühlsam mit einem »frischgebackenen« Witwer, dass dieser sich das Leben nimmt. Es folgt ein Interview mit dem Hautspezialisten Raymond Luxusyacht, der aber, als sich seine markante Nase als falsch entpuppt, aus der Show geworfen wird. Beim Standesbeamten bekunden drei Männer ihre Absicht, sich ehelich zu binden, und der Beamte

willigt ein, alle drei zu heiraten, doch kommt ihm rechtzeitig seine Frau auf die Schliche. In einer Gilliam-Animation erfahren wir, was geschieht, wenn man auf schwarze Punkte im Gesicht nicht achtet, ehe die Folge mit einer Wahlsondersendung endet, bei der die »Verrückte Partei«, die »Etwas Verrückte Partei«, die »Ernsthafte Partei« und die »Unabhängigen, ziemlich Verrückten« auftreten.

In der zuletzt erwähnten Gilliam-Animation ignoriert ein Prinz einen schwarzen Punkt in seinem Gesicht und stirbt deshalb an Krebs. Die Zensur hatte etwas gegen diese Sequenz und ließ das Wort »Krebs« bei allen Wiederholungen durch »Wundbrand« ersetzen – was wohl kaum harmloser war. Gilliam wunderte sich noch Jahre später: »Das war die bizarrste, dümmste, stupideste Sache, denn die erste Version wurde gesendet, Millionen sahen sie – und die Welt änderte sich deshalb auch nicht. Warum also änderte man es bei den Wiederholungen? Ich denke, es war nicht wirklich gefährlich, das Wort ›Krebs‹ zu erwähnen, aber offensichtlich erweckte es eine Angst, mit der sich viele Menschen nicht konfrontieren lassen wollen.«

Mit der »David-Frost-Sache« rekurrierten die Pythons auf ihre eigene Vergangenheit, war es doch – der echte – David Frost, der Cleese, Chapman, Idle und Palin die Gelegenheit zu ersten Meriten gegeben hatte. Doch Frost wurde mit den Jahren immer relaxter und lässt sich nunmehr schon seit langer Zeit mit seiner Morgensendung BREAKFAST WITH FROST abfeiern. Es spielt keine Rolle, ob der Premierminister, der Schatzkanzler oder der Oppositionschef bei ihm im Studio sitzen, sie sind nur Stichwortgeber für Frosts gelehrte Emanationen. Darauf spielten die Pythons an, als sie ihren »Frost« in den Credits zu diesem Sketch für buchstäblich alles (Regie, Kamera, Tontechnik …) verantwortlich sein ließen. Frost trug es mit Würde. Als er wenig später Idle, der seinen Doppelgänger in der Folge gespielt hatte, traf, meinte er, wie sich Idle erinnert, nur knapp: »Ich fand deinen Frost toll!«

FOLGE 7, AUSGESTRAHLT AM 10. NOVEMBER 1970
Römische Legionäre prügeln sich auf irgendeinem Schlachtfeld mit Barbaren herum, was zu einer Sit-Com überleitet, THE ATTILA THE HUN SHOW (so auch der Titel der Folge), mit Attila, sei-

Politisch engagiert: der »wilde Waliser« Terry Jones

ner Frau, Mrs. Hun, seinen Kindern Jennie und Robin Hun sowie dem schwarzen Diener Uncle Tom. Nach dem »And now for something completely different ...«-Ansager und dem »It's«-Mann folgt eine Untersuchung in einem Hospital, ehe zu einer Peepshow übergeleitet wird, in der der Minister für Angelegenheiten des Commonwealth, während er eine Rede über Aspekte der Landwirtschaft hält, strippt. Es folgt der Sozialminister mit einem Bauchtanz.

Der städtische Rattenfänger muss entdecken, dass die Familie Concrete von Schafen anstatt von Mäusen geplagt ist. Zu allem Übel sind die Schafe auch noch bewaffnet. Killerschafe terrorisieren das Land, rauben Banken aus und fliehen in bereitstehenden Fluchtautos zur Musik des BONNIE AND CLYDE-Themas. In den Nachrichten hört man die Neuigkeiten für Papageien und Gibbons, dazwischen Kultur, Parlamentskorrespondenz und eine Zeichentrickvariante von Attila dem Hündchen. Der Dorftrottel erklärt die Wichtigkeit der Dorftrottelei für die ländliche Gesellschaft – und zeigt, wie hart er daran arbeitet, einer zu bleiben, seine Stellung zu behalten. Bankpräsidenten erläutern die finanziellen Vorteile des Idiotentums, die Idiotenhochschule und die Städtischen Idioten werden vorgestellt. Nach einem unkonventionellen Kricketmatch klingt die Folge mit der Show »Finde die Gehirnzelle« aus, bei der es als großen Preis einen Schlag auf den Kopf gibt.

Die Pythons nahmen sich immer wieder Politik und Politiker zu Herzen. Und sie belegten damit, dass man nur auf die Schippe nimmt, was einen selbst bewegt. In der Tat waren die Pythons allesamt politisch ziemlich interessiert. Und sie kamen von der Linken. Das Spektrum reichte vom »wilden Waliser« Terry Jones, der sich auch noch 20 Jahre später in anarchistischen Zirkeln herumtrieb, bis zu John Cleese, der früh schon Mitglied der Labour Party geworden war, die damals allerdings als Regierungspartei bereits ziemlich staatstragend und gemäßigt geworden war. Nicht von ungefähr funkte es zwischen Jones und Cleese immer wieder, wenn über politische Fragen diskutiert wurde, noch dazu, weil Cleese mit den Jahren immer gemäßigter wurde und schließlich mit der Rechtsabspaltung der Social Democratic Party (SDP, von Labour scherzhaft mit »Social Desaster Party« übersetzt) Labour verließ. Die SDP fusionierte nach einigen Jahren frustrierenden Schattendaseins mit den Liberalen, und abermals war Cleese mit von der Partie. Doch davon später.

FOLGE 8, AUSGESTRAHLT AM 17. NOVEMBER 1970
In der Show *Archäologie heute* kriegen sich zwei Wissenschaftler höchst unterschiedlicher Körpergröße in die Haare, was zu einem erbitterten Kampf im Stil der Westernfilme führt. Als der eine hethitisches Backgeschirr findet, kommt es zum großen Showdown zwischen den Kontrahenten. Danach wirbt ein Pastor mit einer Axt im Schädel für jene armen Kreaturen, die ohne ihr Verschulden geistig vollkommen gesund sind.

Eine Frau hat gewisse Schwierigkeiten beim Nennen ihres eigenen Namens, sie wird von einem Boxer unsanft auf die Bretter geschickt. Ein junger Mann kommt zum Standesbeamten, bei dem er in der Woche zuvor rechtskräftig verheiratet wurde, und möchte seine Ehefrau umtauschen. Nach einem verworfenen Sketch mit »Doktor« und »Watson« lernen wir die Schwierig-

keiten kennen, die mit einem Nachnamen wie »Schleim-
scheißer« verbunden sind, vor allem, wenn der Vorname »Sab-
berndes kleines Rattengesicht« lautet. Der Sketch wird zunehmend ekliger (Kotze, Eiter, Auswurf), worauf eine »nette Version« desselben Sketches gesendet wird. Als eine Nonne bekennt,
ihr habe die schmutzige Variante besser gefallen, wird auch sie
vom Boxer niedergestreckt.

Zwei Großwildjäger kämpfen mit den Mächten der Natur. Aus-
gerüstet mit Bazooka, Maschinengewehr, Handgranaten und
ähnlich zweckdienlichem Gerät sind sie auf der Pirsch nach –
Moskitos. Natürlich könnten sie auch Insektenspray verwenden.
Aber wo bliebe da der Sport? Zwei tuntige Richter unterhalten
sich über die Highlights des Gerichtstages, die schöne Sprech-
stimme des Polizisten etwa oder den schelmischen Blick eines
Jurymitglieds. Zwei Schreckschrauben kommen auf Beethoven
zu sprechen, der ziemlich genervt an seiner Fünften Symphonie
herumhämmert, ehe er von Shakespeare den richtigen Ton ge-
flüstert bekommt. Beethoven revanchiert sich durch den Na-
mensvorschlag »Hamlet«, worauf Shakespeare, beglückt durch
diese Fügung, bereitwillig die Version »David« aufgibt – und
diesen Namen an Michelangelo abtritt. Wir erleben Colin Mozart, Sohn des Komponisten, der im München des Jahres 1821
als Rattenfänger sein kärglich Brot verdient, ehe die beiden tun-
tigen Richter zum Abspann überleiten.

Im Gegensatz zu Eric Idle, der durchaus hätte Schlagersänger
werden können, oder auch Palin und Jones, die ebenfalls über
passable Stimmen verfügten, war und ist Cleese vollkommen
unmusikalisch. So beschränkten sich seine musikalischen Bei-
träge – mit Ausnahme des Sprechstücks »Eric the Half a Bee« –
bestenfalls auf Chorustätigkeiten, etwa beim Holzfäller-Song.
Auch beim »Archäologie«-Sketch, wo er, als er das Backgeschirr
entdeckt hat, ein Operettenliedlein schmettert, von Terry Jones
»geplaybackt«. Und Cleese bekennt denn auch: »Ich bin schrecklich. Ich kann überhaupt nicht singen. Ich bin der unmusika-
lischste Mann Europas.«

FOLGE 9, AUSGESTRAHLT AM 24. NOVEMBER 1970
Die Folge liefert uns Erkenntnisse aus der Biologie: Wie man
verschiedene Körperteile erkennt, genauer gesagt. Wir lernen

die Füße, Nasenrücken, Schulter und die unartigen Stellen kennen. Sodann liefern uns die Pythons Einblicke in das Universitätsleben in Australien. Ein paar wüste Grenzer in Safarikleidung hängen saufend in einer Kolonialhütte – und entpuppen sich als Philosophieprofessoren, die alle »Bruce« heißen. Verwirrung kehrt ein, als Bruce, der Rektor, einen neuen Kollegen aus England vorstellt, der Michael heißt. Der Rest des Professorenkollegiums macht ihm klar, dass auch er Bruce gerufen werden wird, damit nichts durcheinandergebracht werden kann. Die Bruces lieben alle Australien, verschlingen schon am Vormittag Steaks und mögen »keine Schwulis«. Sie sind auch sonst ziemlich leger. Als Bruce eben seine Zähne in sein Gabelfrühstück schlägt, sind die anderen Bruces plötzlich reichlich überrascht: »Was ist denn das?« Wir lernen: Es ist das Ohr. Körperteile beschränken sich aber nicht nur auf den menschlichen Leib, weshalb wir auch etwas über die verschiedenen Extremitäten bei Pferden und Ameisen erfahren. Nach einem kurzen Gespräch mit Herrn Polevaulter, dessen Spezialität es ist, Menschen zu widersprechen, taucht Raymond Luxusyacht wieder auf, der Mann mit der falschen Nase aus Folge 6, der einen Mediziner mit endlos langem Namensschild um eine Schönheitsoperation anfleht. Dieser erklärt sich bereit, nachzugeben, wenn Luxusyacht mit ihm auf Urlaub geht. Luxusyacht jubelt: »Er hat mich gefragt! Er hat mich gefragt!«

Auf dem Kasernengelände paradieren die Soldaten in ziemlich alberner Weise, eine fragwürdige Fluggesellschaft hat, na ja, etwas seltsame Flugpraktiken. Auch wirkt der Pilot nicht gerade vertrauenerweckend. Die Frauengilde von Batley führt Christiaan Barnards erste Herztransplantation auf, Shakespeares »Maß für Maß« wird erstmals im Meer gegeben, und überhaupt bieten sich dem Theater völlig neue Perspektiven. Zwei Schreckschrauben lauschen einem Hörspiel über Maria Stuart, ehe nach entsprechender Ankündigung der Radioapparat explodiert. Der Pinguin auf dem Fernseher folgt diesem Beispiel alsbald. Unverdrossen geht der Schulfunk über diverse Körperteile immer weiter. Die Folge endet mit den Ermittlungen von Inspektor Muffin und Chefinspektor Zatapathique aus Monaco, der den Songcontest gewonnen hat.

In ihrer Politsatire erwiesen sich die Pythons 1970 als Propheten. Die damals noch recht unbekannte Tory-Abgeordnete Margret Thatcher erscheint kurz auf dem Schirm, als uns ihr Gehirn vorgestellt wird, das sich, so die Einblendung, im Bereich ihres Knies befindet. Fünf Jahre später löste jene Maggie Thatcher Edward Heath als Vorsitzenden der Tories ab, 1979 wurde sie Premierministerin, um in der Folgezeit als »Eiserne Lady« in die Geschichte einzugehen. 1990 sollte Thatcher einen Python-Sketch zitieren. Doch dazu später.

Die Frauengilde aus Batley wiederum begegnet uns ein Jahr später in dem Kinofilm AND NOW FOR SOMETHING COMPLETELY DIFFERENT wieder. Spielt sich die Herztransplantation am Strand respektive im Meer ab, so wird die Schlacht von Pearl Harbor im Kinofilm in einer riesigen Schlammpfütze inszeniert. Lange vor CROCODILE DUNDEE sorgten die Pythons für das erste ironische Porträt der Leute aus »Down under«. Die »Bruces« war einer der wenigen Sketche, welche der Feder von Cleese und Idle entstammten. Idle: »Es war wirklich die traditionelle Sicht-

Die Frauengilde von Batley

weise, welche die Engländer von den Aussies hatten. Ich kannte einige Australier in den 60-ern, und alle wurden sie Bruce genannt.« Der »Bruces«-Sketch wurde auch in das Live-Programm in der Hollywood Bowl aufgenommen, wo er um den »Bruce's Philosophers Song« erweitert wurde: Immanuel Kant war ein rechter Säufer, und selbst Sokrates war andauernd betrunken. Überdies machten sich die Bruces vor amerikanischem Publikum über das dortige Bier lustig: »It's like making love in a canoe – fucking close to water!«

FOLGE 10, AUSGESTRAHLT AM 1. DEZEMBER 1970
Scott in der Antarktis beginnt mit einem französischen Problem-Film, »Der große Käse« von Jean Longueur, der die subkutane Gewalt der heutigen Gesellschaft, welche durch die perspektivlose Kommunikationslosigkeit evoziert wird, porträtiert. Der Dialog zwischen den beiden Schauspielern ist dementsprechend. Doch die britische Filmindustrie ist nicht untätig. Mit amerikanischer Unterstützung will der (sich allerdings als ahnungsloser Alkoholiker entlarvende) Jungfilmer McRettin »Scott in der Antarktis« drehen – an einem Badeort an der »britischen Riviera«, weshalb ein Haufen von Technikern dabei ist, den Strandsand weiß anzumalen und Schaumgummi aufzulegen. Die Inkompetenz des Regisseurs harmoniert hervorragend mit dem Rest des Teams. Der Darsteller des Scott besteht darauf, mit einem Löwen zu kämpfen, und da es solche nur in Afrika, nicht aber am Südpol gibt, wird der Film kurzerhand in »Scott in der Sahara« umbenannt. Das Team, das schon »Lawrence of Glamorgan« und »Die Brücke über den River Trent« drehte, schickt sich an, ein neues großes Epos zu schaffen. »Scott« kämpft zunächst mit einem Stofflöwen, dann mit einem Schauspieler in einem miesen Löwenkostüm, der versucht, Scott einen Sessel über den Schädel zu ziehen; Oates schlägt einen 30 Zentimeter großen Riesenpinguin mit einem Stein k.o., den er in seine Unterhose, die er als Schleuder verwendet, eingewickelt hat, und Evans, der aus leicht nachvollziehbaren Gründen zur Frau wurde, wird von einem Rollpult verfolgt, wobei sie bei jedem Kaktus, an dem sie vorbeikommt, ein Kleidungsstück verliert, ehe sie, de facto nackt, im Off verschwindet.
Doch nun zu etwas völlig anderem … In einem Postamt erbittet

ein Kunde eine Fischlizenz. Der Beamte erklärt ihm, dass es eine solche nicht gibt. Der Mann besteht auf dem entsprechenden Formular, schließlich habe er auch eine Hunde- und eine Katzenlizenz. Letztere wird vom Beamten in Zweifel gezogen, worauf der Mann triumphierend die seine vorlegt. Es handelt sich um eine Hundelizenz, bei der jemand das Wort »Hund« durchgestrichen und mit krakeliger Schrift das Wort »Katze« darüber geschrieben hat. Schließlich meint der Kunde, er wolle den Umstand, es gebe keine Fischlizenz, vom Bürgermeister persönlich bestätigt bekommen. Dieser erscheint sogleich und erfüllt den bekundeten Wunsch.

Sportberichte runden die Folge ab. Die Neuseeländer beziehen im Rugby ziemliche Prügel, während im Fußball das Gynäkologenteam aus Bornemouth leichtes Spiel mit den Long-John-Silver-Imitatoren aus Watford hat. Ein Ansager kündigt das Ende der Show an und erinnert das Publikum daran, wenn ihm die Show nur halb so viel Spaß machte wie dem Team beim Dreh, dann hatte das Team doppelt so viel Spaß wie das Publikum. Ein Gewicht von 16 Tonnen begräbt ihn.

Scott in der Antarktis veräppelte die Historienschinken, denen primär die Amerikaner, aber durchaus auch die Briten – man denke an Lean und Attenborough – lange Zeit (in den 50-ern und 60-ern) frönten. LAWRENCE OF ARABIA (mit Peter O'Toole in der Titelrolle) und THE BRIDGE OVER THE RIVER KWAI (mit Alec Guinness) waren Monumentalfilme, über die ein wahrer Oscar-Regen hereingebrochen war. Bei »Scott« werden die beiden Filme zu Regionalereignissen in Wales. Bei der Löwensequenz war wieder der real vorhandene Kostümfundus Spiritus rector. Die Kostümbildnerin der Truppe, Hazel Pethig, erinnerte sich später daran, dass es eine kurze Szene von einem Löwen gab, der aus dem Busch hervorbricht und in Richtung Kamera springt, und dass es einen Stofflöwen und ein Löwenkostüm gab. Um diese Dinge baute man einen eigenen Sketch im Sketch.

Der Kunde, der die Fischlizenz haben will, heißt Praline, einer von Cleeses Lieblingsnamen. Auch jene Person, die über den toten Papagei Klage führt, trägt ihn. Die Pythons entwickelten mit der Zeit regelrechte Vorlieben für gewisse Charaktere. Was Cleese »Praline« war, das fanden etwa Palin in »Gumby«, Chapman in »Luxury Yacht« oder Idle in »Badger«.

Palin erinnert sich daran, dass er auf dem Weg zu den Aufnahmen für das Match der Gynäkologen gegen die Long-John-Silver-Imitatoren wie stets John und Graham mit seinem Minicooper abholte, um zum Set zu fahren. Alle drei waren sie bereits als Long John Silver kostümiert: einbeinig mit einem Papagei auf der Schulter. Unterwegs musste Palin noch schnell einen Scheck einlösen, und Cleese und Chapman begleiteten ihn in die Bank. Die Schalterdame wird sich wohl ihren Teil gedacht haben ...

FOLGE 11, AUSGESTRAHLT AM 8. DEZEMBER 1970

Der Werbefritze einer Kaffeefirma greift zu einer etwas eigenwilligen Promotionslinie, die zum Tod mehrerer Firmenbosse und zum Bankrott des Unternehmens führt. Ein – noch lebender – Boss stellt ihm die Frage, welche Entschuldigung er dafür wohl anführen könne. Der Fritze fällt auf die Knie und bittet: »Entschuldigung, Vater.« Der »And now ...«-Mann entschuldigt sich ebenfalls – für das eben Gesendete.

Und wieder einmal strippt ein Politiker. Diesmal Ramsay MacDonald, der erste Labour-Premier in Britanniens Geschichte. Unter seiner Obergewandung trägt er Frauenkleider. Ein Herausgeber führt ein unorthodoxes Aufnahmegespräch mit einem Stellenbewerber, seine Sekretärin (eine Gilliam-Animation) wird in der Zwischenzeit Opfer der internationalen chinesischen kommunistischen Verschwörung, aber rechtzeitig von Uncle Sam gerettet, der das Wesen der kommunistischen Verschwörung anhand von Karies in einem Zahn erklärt und folgerichtig für Crelm-Zahnpasta wirbt.

Ein Pärchen findet den Vater der Frau tot hingestreckt, was flugs zu einer detektivischen Debatte über Zugfahrpläne führt. Auch die Mutter und der hinzugezogene Inspektor übersehen den Zusammenhang zwischen Zügen und dem Verbrechen nicht. Die Dialoge, so erfahren wir wenig später, entstammen dem Theaterstück eines Eisenbahnautors, dessen Werk von einem Kritiker analysiert wird. Ein literarisierender Zahnarzt wiederum besticht durch die markanten Schneidezähne seiner Protagonisten. Danach werden verschiedene Kirchen wie die »Schmutzige Religion«, die »Verrückte Religion«, die »Wir-stellen-keine-Fragen-Religion« und die »Cartoon-Religion« vorgestellt. Entsprechende Animationen unterstreichen diesen Block. Ein Schulfernsehenfilm zeigt die Notwendigkeit, »nicht gesehen zu werden«, und nach einer Pop-Band und dem Abspann wiederholt BBC die Folge im 30-Sekunden-Zeitraffer.

HOW NOT TO BE SEEN war ein Jahr später der Opener des Kinofilms AND NOW FOR SOMETHING COMPLETELY DIFFERENT und gab dieser Folge den Namen. Nebenbei setzten die Pythons aber ihre Sticheleien gegen David Frost fort. In einem Sketch wurde dessen Privatnummer veröffentlicht, was ihm einige nervtötende Anrufe von Python-Fans einbrachte. Palin behauptete später, der für Frost so unangenehme Gag sei unabsichtlich ins Programm gerutscht: »Es war, als wir die ›Crackpot Religions‹ machten. Ich ging eines Tages an einer Kirche vorbei, auf der geschrieben stand: ›Wenn du der Sünde müde bist, tritt ein.‹ Und irgendwer hatte darunter geschrieben: ›Wenn nicht, rufe Blackman 4271.‹ Irgendwer brachte dann Frosts Nummer ins Spiel, als wir den Sketch machten, aber ich wusste nicht, dass es seine war. Ich bin sicher, ich schwöre, ich wusste es nicht.«

FOLGE 12, AUSGESTRAHLT AM 15. DEZEMBER 1970
Der Vorspann zu einem Mantel-und-Degen-Film. Wüste Piraten unterwegs, dazu die Information, dass 1742 das spanische Imperium in Trümmern lag. Die Piraten eilen am »And now ...«-Mann vorbei, der »It's«-Mann spielt seine übliche Rolle.

1970 lag das britische Imperium in Trümmern. London wurde von einer Vielzahl von Ausländern bewohnt, viele davon waren Ungarn. Ein Ungar betritt einen Tabakladen, doch findet er nicht die richtigen Worte in seinem Sprachführer. Als der Verkäufer zu helfen versucht, beleidigt er, ohne es zu wissen, den Ungarn. Dieser streckt ihn nieder. Dem herbeigeeilten Polizisten erklärt der Ungar, dass seine Nippel vor Verzückung bersten. Als Urheber der ganzen Kalamität entpuppt sich der Autor des Phrasenbuchs, der bewusst falsche Übersetzungen angefertigt hatte.

In der Sendung »World Forum«, einer Quizshow, spielen Karl Marx, W. I. Lenin, Che Guevara und Mao Tse-Tung um eine Sitzgarnitur, doch scheitert Marx im Finale, für das er sich als Spezialgebiet »Arbeiterselbstverwaltung« ausgewählt hatte, an der Frage, wer 1949 das englische Fußballcupfinale gewann.

Wir erfahren, was sich 1914 in Ypern zutrug, als das Gleichgewicht der Kräfte in Trümmern lag, ehe sich zwei Kunstkritiker über die italienische Renaissance-Malerei unterhalten. Zurück in Ypern entwickelt sich die Geschichte unerwartet, als Richard III. und mehrere Hamlets ihre berühmten Zitate – »Ein Pferd, ein Pferd, mein Königreich für ein Pferd« bzw. »Sein oder Nichtsein, das ist hier die Frage« – loswerden. In einem Café wird keine einzige Speise ohne Spam angeboten, was die Gäste – ein Haufen Wikinger – zu einem netten Liedlein animiert. Ein Ungar betritt das Lokal, wird aber schleunigst wieder hinausbefördert, weil er sich immer noch auf das verhängnisvolle Phrasenbuch stützt. Ein Historiker kommentiert den großen Sieg der Wikinger in dem Café in Bromley, dieweilen diese immer noch singenderweise Spam würdigen. Vor dem Abspann wird uns mitgeteilt, dass 1970 auch MONTY PYTHON'S FLYING CIRCUS in Trümmern lag – die logische Konsequenz daraus ist das »Ende« der Folge. Nach den Credits sehen wir Karl Marx und Che Guevara entspannt im Bett liegen, ehe Karl das Licht abdreht.

»Spam« ist eine Art Presskopf, eine klassische Arme-Leute-Speise, die noch Jahre nach dem Zweiten Weltkrieg in Konservendosen verkauft wurde und als Beilage zu allerhand Gemüse – mitunter aber auch als Hauptgang – verwendet wurde. Mit der Zeit kam diese Kost zunehmend aus der Mode. Schon 1970 war sie wohl ein Minderheitenprogramm. Heute ist sie selbst in Britannien kaum noch zu bekommen.

Der »piratenhafte« Beginn entsprach einer Strategie der Pythons, ihr Publikum bewusst zu verwirren. Unwillkürlich musste man bei den Filmsequenzen und dem dazugehörigen Vorspann glauben, sich im Kanal geirrt zu haben oder mit einer Programmänderung konfrontiert zu sein. Der eigentliche FLYING CIRCUS-Vorspann rückte im Laufe der Folgen immer mehr in die Sendemitte, einmal wurde gar zur Gänze auf den Vorspann verzichtet. Chapman: »Alles, um zu verwirren und irrezuführen, mit der Absicht, dass es die Dinge interessanter machte und man nicht immer auf dieselbe Art und Weise begann. Ich hatte sogar einen oder zwei Freunde, die die Kanäle wechselten, um zu sehen, ob sie auf dem richtigen Kanal waren, sehr nett. Natürlich war dann alles klar, wenn sie John (als der »And now …«-Mann) am Schreibtisch sahen.«

Das Quiz »World Forum«, hier in der Filmversion ›Monty Python Live at the Hollywood Bowl‹

FOLGE 13, AUSGESTRAHLT AM 22. DEZEMBER 1970
Der »And now …«-Mann erklärt, dass er seinen ursprünglichen Spruch in dieser Folge nicht bringen werde, weil die Königin im Laufe der Folge auftreten werde. Im Vorspann wird eine Vielzahl royaler Insignien verwendet – und statt der üblichen Titelmusik erklingt »God save the Queen«.

In einer walisischen Kohlengrube bekommen sich die Bergarbeiter in die Haare, weil sie sich über das Datum der Ratifizierung des Utrechter Vertrages nicht einigen können. In einer Show sitzen Gäste mit etwas ausgefallener Artikulation. Spricht der erste nur das Ende von Worten, so der andere nur deren Anfang, der dritte hingegen die mittleren Buchstaben. Gemeinsam schaffen sie es aber immerhin, »Guten Abend« zu sagen.

Auf eine Animationswerbung für »Crelm-Zahnpasta« folgen neuartige Ernährungsvorschläge für Goldfische. Ein Mann, der eine Lebensversicherung abschließen will, bringt eine ganze Menge Urin mit, was allerdings den Versicherungsmann nicht wirklich beeindruckt. Endlich tritt die Königin auf, doch noch ehe sie etwas sagen kann, wird zu den Nachrichten umgeschaltet.

In einem Lazarett ist der Feldwebel der Ansicht, verletzte Glieder solle man nicht schonen, weshalb er die schwerst verletzten und nahezu vollkommen bandagierten Patienten zu einem Crosscountrylauf vergattert. Die Heilmethoden des Feldwebels geben Anlass zu weiteren Erörterungen der Thematik. Eine wahrlich explosive Version des Donauwalzers folgt, ehe ein junger Liebhaber im Schlafsaal eines Mädcheninternats seine Agnes sucht, dabei jedoch feststellen muss, dass sich im Raum nur Männer befinden.

Verschiedene Aspekte der maritimen Kriegsführung leiten über zum Speiseplan von Schiffbrüchigen in einem Rettungsboot, den sie sogleich an die vorbeikommende Kellnerin weitergeben. Zum Schluss empfiehlt ein Bestattungsunternehmer einem Mann, seine eben verblichene Mutter zu verzehren. Nicht roh natürlich, nein, gekocht, mit Pommes frites und Brokkoli. Das Publikum findet derlei geschmacklos und beginnt zu meutern. Doch alle verstummen und stehen stramm, als zum beginnenden Abspann erneut die Hymne erklingt.

Wieder einmal stellten die Pythons ihren explosiven Humor unter Beweis. Im Laufe der Jahre hatte die Gruppe so ziemlich alles in die Luft gejagt, was nur irgendwie zu sprengen war. Beim »Donauwalzer«-Sketch stellte sich die Sache jedoch komplizierter dar. Das Team musste die Sequenz aus Kostengründen in einem Take in den Kasten bekommen, was eine ausgetüftelte Choreografie erforderte, wie sich Idle später erinnerte: »Wir mussten es unbedingt live machen, und es war ›Licht an‹ und brillant. Ich mochte das sehr.«

Zu Weihnachten 1970 war die zweite Staffel des »Fliegenden Circus« ausgelaufen. Die Pythons hatten in knapp 15 Monaten Kultstatus erreicht. Von einem kleinen Nachtprogramm für eine Randgruppe avancierten die Pythons zu international gefragten Stars. Zahlreiche TV-Stationen übernahmen die Sendungen, Britannien reichte ein Kompilat der Serie zum Festival in Montreux ein – wo die Pythons im April 1971 immerhin die Silberne Rose gewannen –, und der erste Kinofilm war eben abgedreht.

Die Gruppenmitglieder waren gefragte Gäste bei Talkshows, und sie verfolgten nebenher eine unüberschaubare Vielzahl von weiteren Projekten. Graham Chapman und John Cleese schrieben Skripts für die Komödienserie DOCTOR IN THE HOUSE und wirkten in dem Spielfilm THE STATUE (mit David Niven und Virna Lisi) mit, Cleese widmete sich überdies seinen Aufgaben als Rektor der Universität von St. Andrews. Terry Gilliam arbeitete mit Marty Feldman, Eric Idle publizierte ein Buch mit den besten Texten des CIRCUS, und Terry Jones nahm gemeinsam mit Michael Palin eine weitere Schallplatte auf, auf der Höhepunkte der zweiten Staffel zu hören waren. Schon erschienen gar die ersten Bücher über die Gruppe, die zu einem fixen Bestandteil der englischen TV-Kultur geworden war.

Pythons Popularität wollte auch die mittlerweile in die Opposition geschickte Labour Party ausnutzen, die sich daher im Frühjahr 1971 an ihr Parteimitglied Cleese mit der Frage wandte, ob die Pythons der krisengeschüttelten Arbeiterpartei nicht ein we-

Kultstatus erreicht: die Pythons, very british

nig unter die Arme greifen könnten. Die Gruppe erklärte sich dazu bereit und nahm einen Kurzfilm auf, WHO'S THERE, in dem die Pythons nutzbringende Tips für Labour-Funktionäre auf Stimmenfang geben. Cleese, Chapman, Palin und Jones sowie Carol Cleveland wirkten in dem Film mit, der im Oktober 1971 beim Labour-Parteitag in Brighton Premiere hatte.

Vor allem Cleese sollte die Politik in der Folgezeit nicht mehr loslassen. Als er mit seiner Frau 1974 die Serie FAWLTY TOWERS aus der Taufe hob, wählte er die Vornamen der Fawltys, »Basil« und »Sybil«, nicht ohne Hintergrund. Julian Doyle, der in der Firma der Pythons die Fäden zog, war Mitglied der Kommunistischen Partei Großbritanniens und mit Cleese eng befreundet. Er erzählte Cleese von einem merkwürdigen alten Pärchen, dem die Mitgliederverwaltung der KP für Camden Town oblag, und das absolut nicht »revolutionär«, sondern vielmehr zutiefst bürgerlich und royalistisch wirkte. Die beiden erweckten Cleeses Interesse, und – sie hießen Basil und Sybil! Basil Fawlty sollte für Cleese ebenso bedeutsam werden wie der Minister für alberne Gangarten. Fällt der Name Cleese, dann sind es stets diese beiden Assoziationen, die einem sofort kommen.

Basil Fawlty wurde zum Helden. Zumindest für einen kleinen Hotelier namens Stuart Hughes. Er benannte nicht nur sein Guest House in »Fawlty Towers« um, er ließ auch seinen eigenen Namen behördlich in »Basil Fawlty« ändern. Damit nicht genug, trat Hughes/Fawlty bei den Kommunalwahlen 1991 in East Devon für die »Rasend verrückte Volkspartei grüner Riesen« als Gemeinderatskandidat an – und wurde gewählt! Für den Schöpfer des Basil Fawlty wären freilich höhere Weihen möglich gewesen. Marvin Kitman, bekannter Kolumnist des *New York Newsday*, gründete nicht nur eine »Basil Fawlty Brigade«, er startete 1986 auch eine Kampagne »Basil Fawlty for Prime Minister«. Tausende Fans schrieben daraufhin im Vorfeld der Parlamentswahlen 1987, sie wollten in der Tat Cleese als Premier. Cleese antwortete ihnen auf seine Weise. Via Kitman ließ er sie wissen: »Ich bin glücklich, bestätigen zu können, nicht zur Wahl zu stehen. Sollte ich als Kandidat aufgestellt werden, werde ich nicht akzeptieren, sollte ich gewählt werden, werde ich mein Amt nicht antreten, sollte ich mein Amt antreten, werde ich vorgeben, dies nicht getan zu haben.«

Cleese for President? Alles richtig gemacht?

Kitman ließ sich durch die mangelnden Ambitionen seines Idols nicht entmutigen und lancierte 1988 eine »Cleese for President«-Kampagne in den Staaten. Er startete eine Umfrage, wen seine Leser als Nachfolger von Ronald Reagan sehen wollten. Glaubt man den veröffentlichten Resultaten, dann hätte Cleese George Bush und Michael Dukakis um Längen geschlagen.

Mit den Jahren allerdings wurde Cleeses Connection mit der Labour Party immer lockerer. In den 80-ern begann er mit einzelnen Programmpunkten der Grünen-Bewegung zu liebäugeln und siedelte sich am moderaten Flügel von Labour an. Die Partei befand sich zu diesem Zeitpunkt unter der erniedrigenden Knute der »Eisernen Lady«, hatte 1979 und 1983 harsche Niederlagen eingefahren; die Linke begann, die Partei zu dominieren, ein Reflex auf die äußerst rechte Politik der Konservativen. Leute wie Parteichef Michael Foot, Herausgeber der linkslinken

Zeitschrift *Tribune*, der walisische Heißsporn Neil Kinnock, der Bergarbeiterführer Arthur Scargill, der »rote Baron« Anthony Wedgewood-Benn, der – um Unterhauspolitik machen zu können – auf seinen Adelstitel verzichtet hatte, und Ken Livingstone, Londoner Oberbürgermeister, drängten die Pragmatiker innerhalb von Labour zunächst an den Rand und schließlich aus der Partei. Als diese Dissidenten die SDP (Social Democratic Party) gründeten, wechselte auch Cleese in die neu formierte Bewegung.

1985 machte Cleese für die SDP eine politische Werbesendung, die der SDP die höchste Zuschauerrate in ihrer gesamten Geschichte garantierte. Er unterhielt sein Publikum zehn Minuten lang mit diversen Scherzen, um am Schluss ins Off zu fragen, ob er alles richtig gemacht habe. Die Kamera schwenkt auf Parteichef David Owen – der später mit dem amerikanischen Exaußenminister Cyrus Vance als Jugoslawien-Verhandler bekannt werden sollte –, der Cleese bestätigt, es sei »o.k.« gewesen. Am nächsten Tag bekam die SDP einige tausend Telefonanrufe und eine ganze Menge an Beitrittsgesuchen. Doch von solchen einzelnen Höhepunkten kann sich auf Dauer keine Partei am Leben erhalten. Mangels Erfolgen fusionierte die SDP mit den Liberalen, denen es kaum besser ging. Die entstandene Gruppierung nannte sich nun Liberal Democrats. An ihrer Spitze standen zwei Davids, Owen und Steel. Sie wurden zum Ziel des beißenden Spotts des Labour-Abgeordneten Dennis Skinner. Immer wenn Owen das Rednerpult in Westminster erklomm, munterte ihn Skinner unter Anspielung auf den populärsten Parteiunterstützer mit »Come on, Basil« auf, um Steel mit »Ay oop, Manuel« (der Name des spanischen Dieners in Fawlty Towers) anzufeuern.

Cleese nahm an der Vereinigungskonferenz von Liberalen und SDP 1990 in Blackpool teil und hielt dort eine von Optimismus getragene Rede. Diese positive Grundeinstellung freilich vermochten die anderen Parteien nicht zu teilen. Maggie Thatcher nahm am Parteitag der Konservativen auf die neue Partei Bezug, deren Symbol ein Vogel war: »Ich will über das liberaldemokratische Symbol und die Partei, welches es symbolisiert, nur Folgendes sagen: Dies ist ein Expapagei, er hat aufgehört, zu sein, hat sein Leben ausgehaucht, hat sich angeschickt, seinem

Schöpfer gegenüberzutreten.« Thatcher ahnte wohl noch nicht, dass diese Sätze bald auch auf sie selbst zutreffen würden. Im November 1990 wurde sie durch John Major abgelöst, oder, anders formuliert, sie fiel von ihrer Stange, um sich politisch dem unsichtbaren Kabinett im Himmel anzuschließen.

Gemeinsam war den Pythons das Engagement für die Menschenrechtsorganisation »Amnesty International«, die 1961 vom ehemaligen irischen Außenminister Séan MacBride, der dafür 1974 mit dem Friedensnobelpreis ausgezeichnet wurde, gegründet worden war. AI veranstaltete eine jährliche Benefizgala, um einerseits auf ihr Anliegen hinzuweisen und andererseits Spenden einnehmen zu können. Ab 1976 traten bei diesen Gelegenheiten auch die Pythons auf. 1979 wurde aus dem Kabarettabend eine bunte Revue, der »Geheimpolizistenball«. Immer mehr trat nun der musikalische Aspekt in den Vordergrund. Die Pythons stellten aber mit ihren Sketchen immer noch einen Fixpunkt des Programms dar. 1981 erlebte diese Kampa-

Der Lumberjack-Song im Kinofilm ›And Now For Something Completely Different‹

gne von AI einen unumstrittenen Höhepunkt. Neben dem »Ball« gab es ein großes Konzert. Den Comedypart bestritt neben Cleese, Chapman, Jones, Palin, Neil Innes und Carol Cleveland unter anderen Rowan Atkinson, der später mit der BLACKADDER- und der MR. BEAN-Serie bekannt werden sollte; für die Musik sorgten Rockstars wie Sting, Phil Collins, Donovan, Eric Clapton und Bob Geldof. Das ganze Spektakel organisierte John Cleese. LPs, Videos und Bücher sorgten dafür, dass die Veranstaltung entsprechende Nachbereitung erfuhr. Auch beim dritten Ball 1983 nahm Cleese noch teil, ehe sich die Veranstaltung zu einem reinen Pop-Konzert ohne Kabarett-Teil entwickelte, was dazu führte, dass sich die Pythons von dem Projekt zurückzogen.

1971 freilich sonnten sich die Pythons noch im Licht des Erfolges der zweiten Staffel des FLYING CIRCUS. Dennoch konnte es kaum unbemerkt bleiben, dass der ursprüngliche Enthusiasmus allmählich verflog. Die Arbeiten an der Serie begannen zur Routine zu werden, worunter vor allem Cleese litt, der schon während des Drehs zur zweiten Staffel Motivationsprobleme bekam. Eine längere Pause, so meinten alle in der Gruppe, sei nötig, um wieder neuen Biss zu bekommen. Die ursprüngliche Intention, im Sommer an neuen Folgen zu arbeiten, die dann im Herbst 1971 ausgestrahlt werden sollten, wurde also fallengelassen, zumal im September ohnehin AND NOW FOR SOMETHING COMPLETELY DIFFERENT in die Kinos kam.

Erst im Dezember 1971 fand die Truppe wieder zu Dreharbeiten an der dritten Staffel zusammen, nachdem man sich zuvor auf ein bemerkenswertes Abenteuer eingelassen hatte. Für die Bavaria nahm man in Deutschland ein deutschsprachiges Python-Programm auf. *Monty Python in Deutschland*, 1972 in der BRD ausgestrahlt, enthielt einiges Material, auf das die Pythons bei späteren Liveshows gerne zurückgriffen, so die »verrückten Olympischen Spiele« mit dem Kraulfinale der Nichtschwimmer, dem Marathon der Blasenkranken und dem Sprint der Orientierungslosen. Auch Chapmans Glanzauftritt als Colin »Bomber« Harris, der gegen sich selbst ringt, entstammt diesem Programm. Nicht minder berühmt wurden das Fußballmatch der Philosophen Deutschlands und Griechenlands sowie Palins deutschsprachige Version des »Lumberjack-Song«.

Als größtes Problem erwies sich freilich die Sprache an sich. Cleese und Palin hatten geringe Kenntnisse der deutschen Sprache, der Rest wies nicht einmal diese auf. Die Pythons waren also darauf angewiesen, ihr Material auf Englisch zu schreiben, es von Bavaria-Leuten übersetzen zu lassen und diese Dialoge dann auswendig zu lernen. Positiv formuliert könnte man sagen, die eigene Art, mit der Chapman, Idle und Jones deutsche Texte sprechen, hat auch ihren Reiz und bringt eine zusätzliche heitere Komponente ein. Auf ein großes Publikum stieß *Monty Python in Deutschland* dennoch nicht, da am Tag der Erstausstrahlung auf einem anderen Kanal das Fußballmatch England gegen Deutschland übertragen wurde. Die Rückmeldungen waren jedoch für eine zweite Show ermutigend genug, sodass *Monty Python: Blödeln* (sic!) *für Deutschland* aufgenommen wurde. Man hatte aus dem Sprachproblem gelernt und arbeitete nun in Englisch, um sodann zu synchronisieren. Diese Show wurde im Oktober 1973 in der Originalversion auch von BBC ausgestrahlt.

Im Oktober 1972 lief nach fast zwei Jahren Pause schließlich doch die dritte Staffel des FLYING CIRCUS an – weitere 13 Folgen. Der Vorspann wurde dabei abermals erweitert. War dieser in der ersten Staffel vom »It's«-Mann dominiert und in der zweiten um den »And now …«-Mann erweitert worden, so kam nun der von Terry Jones gespielte nackte Organist hinzu. Auch die Folgen selbst bekamen zusehends ein anderes Gesicht. Die Sketche wurden länger, glichen fast schon Kurzfilmen mit einer systematisch sich entwickelnden Handlung. Aus einer rasenden Aufeinanderfolge von Gags wurde nun immer mehr eine Art TV-Serie mit abgeschlossenen Episoden.

Noch einmal gelang den Pythons dabei eine Reihe von unvergesslichen Höhepunkten wie etwa die Geschichte von »Dennis Moore«. Doch intern ließen sich die Spannungen kaum mehr überwinden. Cleese wurde immer uninteressierter, Chapman kämpfte mit seinem Alkoholproblem, Gilliam begann sich noch mehr zu absentieren. Am Ende der Arbeiten an der dritten Staffel schien der Zerfall der Gruppe nicht mehr vermeidbar zu sein. Den Fans und Zuschauern blieb dies freilich verborgen. Sie genossen 13 weitere Highlights – **die dritte Staffel (1972 bis 1973).**

Höhepunkt der dritten Staffel: die Geschichten um Dennis Moore
(John Cleese, unten, mit Maske)

Die Show beginnt in einer wüsten Landschaft und mit dem Hinweis, es handle sich um Island im Jahre 1126. Als ein Wikinger aus seiner Hütte tritt und sich anschickt, sein Pferd zu besteigen, schwenkt die Kamera um auf den nackten Organisten, dem der »And now ...«-Mann und der »It's«-Mann samt Vorspann folgen. Ein Mann steht vor Gericht unter der Anklage, an einem einzigen Morgen 20 Menschen ermordet zu haben. Er nutzt sein Schlusswort nicht nur dazu, klarzulegen, wie »sehr, sehr, SEHR leid« ihm das alles tue, sondern auch, um sich bei allen Beteiligten zu entschuldigen, ihnen mit diesem Prozess so wertvolle Zeit gestohlen zu haben. Er verteilt großzügig Komplimente an den Staatsanwalt, die Geschworenen, die Polizei und den Richter, die davon alle reichlich gerührt sind. Als er für sich selbst »lebenslänglich« fordert, um ein Exempel an einem Massenmörder zu statuieren, ist dementsprechend der ganze Gerichtssaal empört. Nach einigem Feilschen einigt man sich auf sechs Monate auf Bewährung, und alle, glücklich über diesen Sieg der Gerechtigkeit, lassen den Angeklagten hochleben.

Die Szene schwenkt zurück ins Island des Jahres 1126, wo der Wikinger weiterhin auf seinen Einsatz wartet. Wie in den isländischen Sagas üblich, wird der Held unter Nennung der gesamten Genealogie vorgestellt. Verzweifelt wartet Njorl darauf, endlich sein Pferd besteigen zu dürfen, doch der Off-Sprecher nennt immer noch Namen über Namen. Endlich wird er durch den Hinweis unterbrochen, die Sendeleitung wisse nicht, wie die Saga beginnen solle. Die Zuschauer sollten mit Vorschlägen an den Sender herantreten.

Die »North Malden Icelandic Saga Society« liefert ein Drehbuch, das Njorl in das North Malden des 20. Jahrhunderts reiten lässt, wo er vom Bürgermeister empfangen wird, der mit einer Rede über die Vorzüge des prosperierenden Städtchens beginnt. Die Saga wird daraufhin unterbrochen, und der Off-Sprecher verspricht, dass Bezüge auf North Malden unterlassen werden. Doch auch nach dem Neubeginn grinst North Malden aus jedem Detail.

Njorl landet schließlich total bandagiert vor Gericht, wo er ein Alibi für die Nacht von 1126 nennen soll, was ihm ob seines Zustands einigermaßen schwerzufallen scheint. Als auf richterliche

Anordnung die Bandagen gelöst werden, befindet sich niemand in ihnen.

Eine Gilliam-Animation leitet zum Moderator der Börsennachrichten über, dessen Gerede zusehends alberner wird, woraufhin er mit einem Kübel Wasser übergossen wird. Dies führt zu drei Schreckschrauben im Waschsalon, die sich über Sartres Werk unterhalten. Da sie sich nicht einigen können, beschließen sie, die Sartres aufzusuchen – und landen in North Malden. Sie machen sich nach Paris auf, wo sie auf »Frau Sartre« treffen. Jean-Paul Sartre hustet im Nebenzimmer und gibt auf die Frage der Schreckschrauben, ob es in seinem Werk um die Suche des Menschen nach Herausforderung geht, die Antwort: »Ja.«

Die Folge endet mit einem Ausflug auf die Karibikinsel Whicker; im Abspann kommt das Wort »Whicker« dementsprechend in jeder Zeile vor.

Die Pythons nahmen die »Njorl«-Sequenzen im schottischen Glencoe auf. Jones spielte Njorl. Er ahnte nicht, worauf er sich eingelassen hatte: »Als ich mich für den Part meldete, wusste ich nicht, was das bedeutete. Ich hatte diese ganzen Pelze an, und ich war allergisch gegen Pferde. Es war ein sehr unvergnüglicher Filmtag.«

FOLGE 2, AUSGESTRAHLT AM 26. OKTOBER 1972

Brian Norris und seine Frau rüsten zu einer großen Expedition, welche die beiden Forscher gleichbedeutend neben Thor Heyerdahl stellen könnte. Die Norrises vertreten die Ansicht, die Bewohner Hounslows könnten Nachfahren der Bewohner Surbitons (zwei Kleinstädte in Südengland) sein, was sie anhand zahlreicher Ähnlichkeiten in den Lebensgewohnheiten herausgefunden zu haben meinen. Mit ihrem Ford Popular wollen sie diese große Reise nachvollziehen, um neue Erkenntnisse zur Bekräftigung ihrer Theorie zu finden. Am Ende ihrer Expedition müssen sie sich jedoch eingestehen, dass es die Hounslower waren, die nach Surbiton zogen, und nicht umgekehrt. Organist, »And now …«- und »It's«-Mann leiten den Vorspann ein.

Zwei Schreckschrauben sehen sich ein Fotoalbum an und erfreuen sich am wonneproppigen Sohnemann. Als dieser nach Hause kommt, entpuppt er sich als stattlicher Mann im besten Alter. Die Frauen behandeln ihn dennoch wie einen Säugling im

Die Stars des »Fish Slapping Dance«: Cleese und Palin

Kinderwagen. Die Freundin der Mutter fragt den »Kleinen«, während sie ihn knufft und die Bäckchen streichelt, ob er denn sprechen könne. Natürlich, antwortet dieser, er sei Minister für Entwicklungsfragen der Überseegebiete. Wenig später hat es sich allerdings ausgeknufft, als die Freundin der Mutter plötzlich explodiert. Die Trauer über diesen Verlust hält bei der Mutter nicht lange vor, als sie von einem Vikar abgelenkt wird, der ihr eine Enzyklopädie verkaufen will. Daran ist sie jedoch ebensowenig interessiert wie an Truthähnen, Bürsten oder Fußballtickets. Die Explosion ihrer Freundin beschäftigt sie doch noch. Ein Mediziner hält dieses Explodieren für ein normales Phäno-

men. Doch auch der Arzt wird vom Vikar in Sachen Handlungs-
reisen unterbrochen.

Der »Farming Club«, eine Landwirtschaftssendung, befasst sich
mit Tschaikowsky, wobei einige »Experten«, ein Friseur und
zwei Sportreporter, die Anatomie des Komponisten besprechen.
Nach einer Terry-Gilliam-Animation folgt der »Fish-Slapping
Dance«, in dem ein Soldat einen anderen Uniformierten zu mu-
sikalischer Begleitung mit zwei kleinen Fischen ins Gesicht
schlägt, ehe dieser den ersteren mit einem großen Fisch ins
Meer befördert.

Und wieder eine Animation, die übergeht in Aufnahmen einer
sinkenden »Titanic«. Als der Ruf »Frauen und Kinder zuerst!«
ertönt, beginnt die Mannschaft, sich hektisch umzukleiden. Da
nicht genug Frauen- und Kinderkostüme vorhanden sind, wird
die Botschaft in »Frauen, Kinder, Indianer und Astronauten zuerst« abgeändert. Die Überlebenden landen auf einem heruntergekommenen Polizeirevier in irgendeiner südamerikanischen Diktatur, wo sie von fiesen Polizisten verhört werden. Die
Sequenz wird von einer BBC-Ansage unterbrochen, die mitteilt,
der Sender sei soeben Bankrott gegangen, doch gestatte es Mrs.
Kelly dankenswerterweise, dass die BBC bis Monatsende ihre
Wohnung benützen dürfe. Die Sendung verläuft jedoch nicht
mehr so, wie es sich die Beteiligten vorgestellt haben. Auch har-
monieren BBC und Frau Kelly nicht wirklich, sodass die Kelly
die TV-Leute vor die Tür setzt.

Nach dem Abspann tritt der »It's«-Mann als Gastgeber einer
Show auf, zu der Ex-Beatle Ringo Starr eingeladen ist. Doch das
Ende der Folge ist unaufhaltsam. Ringo geht, der »It's«-Mann
hat doch keinen großen Auftritt. Und das Licht geht aus.

Die Sehnsucht nach einer Beatles-Reunion hatte zu dieser Zeit
einen neuen Höhepunkt erreicht, ein Faktum, an dem auch die
Pythons nicht vorbei wollten oder konnten. Chapman, der mit
Starr befreundet war, fragte diesen, ob er nicht in einer Show
des FLYING CIRCUS auftreten wolle. Starr sagte ohne Umschwei-
fe zu, wie sich Palin später erinnerte: »Ringo war der Extrover-
tierteste der Beatles, er macht alles, was ein wenig dumm und
verrückt ist. Er ist sehr nett, unkompliziert und unbekümmert.
Wir wollten jemand unglaublich Berühmten, und zu dieser Zeit
einen Beatle zu kriegen, mehr konnte man nicht erreichen.«

Zu Palins Lieblingsszenen im FLYING CIRCUS zählt der »Fish-Slapping Dance«, eine 20-Sekunden-Sequenz. »Das ist eine sehr spontane und instinktive Reaktion, die ursprünglichste Form eines Lachers, die man bekommen kann. Ich bin glücklich, dass es so gut rüberkam, denn es war einigermaßen anstrengend, die Szene zu drehen. Wir kamen zu dem Kanal, und der führte wesentlich weniger Wasser, als ich erwartet hatte, sodass es ein ziemlich langer Fall war. Ich musste einen freien Fall machen, und ich muss sagen, ich machte es gut. Ich war ziemlich zufrieden, ich fiel geradewegs hinunter und ins Wasser, das ungemütlich kalt war. Zum Glück funktionierte die Sache so gut.« Als die Pythons von dem Erfolg ihres Songs ALWAYS LOOK ON THE BRIGHT SIDE OF LIFE überrascht wurden, galt es, schnell ein Video nachzuschieben, das den Hit für die diversen TV-Sendungen illustrierte. Der »Fish-Slapping Dance« ist darin enthalten.

FOLGE 3, AUSGESTRAHLT AM 2. NOVEMBER 1972
Die Sendung *Geld-Programm* hat einen Moderator, der seine Liebe zu Geld nicht verhehlen kann. In seiner Begeisterung schwingt er sich zu einer hingeschmetterten Liebeserklärung auf, zu der einige Männer in walisischen Trachten als Chor einfallen. Organist, »And now ...«- und »It's«-Mann leiten den Vorspann ein. Ein Historienfilm über Königin Elizabeth I. folgt. Die Akteure leiden allesamt an dem Sprachfehler, die Buchstaben »l« und »r« zu verwechseln, sodass »Sil Flancis Dlake« von »Prymouth« in See sticht, um die »Almada« zu »Blitanniens Luhm« zu besiegen. Mit von der Partie ist auch »Sil Wartel Lareigh«. Der Sprachfehler entpuppt sich als die persönliche Macke des Regisseurs, der von einem Inspektor als Japaner entlarvt wird, der vorgibt, Luchino Visconti zu sein.
In einer Küche lauschen ein Mann und eine Frau einem Radioprogramm, während die Frau das Essen serviert. Es weist einen nennenswert hohen Anteil an Ratte auf. Der Sohn kommt und berichtet von einem toten Bischof auf der Treppe. Nach kurzem Überlegen ruft die Familie die »Kirchenpolizei«, die sogleich am Tatort eintrifft. Sie kniet nieder und fleht Gott an, ihr den Täter zu nennen, was auch geschieht. Es war der Ehemann, der aber meint, an seiner Tat sei die Gesellschaft schuld.
In der Zwischenzeit kämpft sich »im Dschungel nebenan« eine

Gruppe von Forschern zu einem Restaurant durch. Dort werden sie, während sie auf ein veritables Dinner warten, von einigen wilden Tieren belästigt; ehe die Szene jedoch zu drastisch ausartet, werden harmonische Impressionen zwischengeschnitten. Nach einigen Zwischenfällen entpuppt sich auch der Regisseur des Dschungelabenteuers als Hochstapler. Er hat sich als Michelangelo Antonioni ausgegeben. Doch der Inspektor schlägt wieder zu und macht auch diesen Regisseur dingfest.

Der Abspann beginnt zu laufen, doch die BBC gibt bekannt, dass noch ein Extra-Bonus erfolgt. Ein Mann sucht in einer darauf spezialisierten Institution um ein Streitgespräch nach. Er irrt sich zunächst in der Tür und landet bei »Beschimpfung«. Nachdem dieser Irrtum geklärt und der Mann bei der richtigen Abteilung gelandet ist, stellt er enttäuscht fest, dass sein Diskussionspartner einfach nur widerspricht, während ein echtes Streitgespräch aus Argumenten und deren Widerlegung bestehen sollte. Doch der andere antwortet nicht mehr. Die Zeit sei um. Wolle er weiterstreiten, müsse er erneut bezahlen. Zähneknirschend tut der Mann, wie ihm geheißen. Doch der Streit wird nicht fortgesetzt, da der andere behauptet, der Mann habe noch nicht gezahlt. Darüber entspinnt sich ein Streit, worauf der Mann den anderen festnagelt. Er würde kaum abstreiten, Geld erhalten zu haben, wenn er nicht bezahlt worden wäre, handle es sich doch dadurch bereits um die nachgesuchte Dienstleistung. Der Sketch wird vom Inspektor unterbrochen, der nunmehr das gesamte Team hopsnehmen will.

FOLGE 4, AUSGESTRAHLT AM 9. NOVEMBER 1972

In der Show BLOOD, DEVASTATION, DEATH, WAR AND HORROR ist ein Mann zu Gast, der in Anagrammen über das Werk von Shakespeare spricht. Als ihm der Moderator bei »Richard III.« einen Stabreim statt eines Anagramms nachweist, verlässt der Mann zornig das Studio. Nach dem üblichen Vorspann muss eine Frau ein Wortpuzzle lösen, doch als ihr dies gelingt, wird sie mit einem Hammer auf den Kopf geschlagen. Ein Bankier wird von einem Mann besucht, der Spenden für ein Waisenhaus sammelt. Dieser kann den Banker davon überzeugen, dass Spenden eine gute Sache sind, worauf der Banker beschließt, diese selbst einzutreiben. Den Mann lässt er durch eine Falltür verschwinden. Er zwingt sodann zwei Pferdeattrappen zu einem Kampf auf Leben und Tod, weil er nur eine behalten will. Einige weitere Kämpfe folgen.

Ein Mann bewirbt sich bei der Armee mit dem Ziel, in eine Frauenbrigade zu kommen. Als sich dies als unmachbar erweist, optiert er für die Leichte Durham-Infanterie, wo man sich mit netten Sachen wie Interieurgestaltung auseinandersetzen kann. Dem Mann wird die Sache jedoch langweilig, und er beschwert sich darüber, dass seine Zeilen in diesem Sketch eher ärmlich sind. Der Rekrutierungsoffizier schlägt ihm daraufhin vor, er könne ein Busschaffner sein, der Mann könne dann einen wirklich witzigen Fahrgast spielen. So geschieht es auch. Witziger werden die Passagen des Mannes deswegen aber nicht. Auch nicht, als der Rekrutierungssergeant in ein lustiges Kostüm schlüpft und dem Mann einen Fisch in die Hose steckt. Dazwischen ist ein fader Mensch damit konfrontiert, dass alle Welt in berstendes Gelächter über seine Worte ausbricht. Als er von seinem Boss entlassen wird und diesem seine traurige Geschichte erzählt, bricht der Boss pausenlos in Lachanfälle aus.

Das Programm wird von einer BBC-Ankündigung unterbrochen, die dazu dient, das Publikum zu ärgern und zu verwirren; in einer Show wird über »Bols« diskutiert, »Hollands bekanntesten Aperitif«; ein verunsicherter Anchorman soll die Nachrichten bringen, spricht aber stattdessen über die tristen Seiten der menschlichen Existenz.

Nach einigen befremdlichen Animationssequenzen tritt das »Pantomime Horse« im Stil der James-Bond-Filme als Geheimagent auf, in einem Thriller nach einem Drehbuch von Mireille Mathieu, basierend auf einer Idee von König Edward VII., unter der Regie von Königin Juliana der Niederlande, produziert von Sir Alec Douglas-Home (ehemaliger britischer Premier) und König Haakon von Norwegen. In der von ständig neuen Höhepunkten dahingepeitschten Handlung tauchen auch der Rekrutierungssergeant und der Banker wieder auf, ehe im Abspann alle Namen in Anagrammform durchlaufen.

Die Pythons liebten Wortspiele. Während der Dreharbeiten zu *Das Leben des Brian* vertrieben sie sich die Zeit oft mit Gehirnakrobatik. Eric Idle war in dieser Hinsicht der Talentierteste. Er sah Wörter wie »Lager« oder »Evian« und las sie sofort als »Regal« oder »Naive«: »Ich vermute, das kommt von der englischen Literatur. Die meisten Menschen in England beginnen den Tag mit dem Kreuzworträtsel in der Zeitung – das ist ein Teil des Zur-Arbeit-Pendelns. Manche lösen das Rätsel der *Times* in 18 Minuten, sehr englisch.«

FOLGE 5, AUSGESTRAHLT AM 16. NOVEMBER 1972

Der gesamtenglische Proust-Zusammenfassungs-Wettbewerb steht an. Die Kandidaten sollen Prousts »Auf der Suche nach der verlorenen Zeit« in wenigen Sekunden zusammenfassen. Da sie alle dabei scheitern, beschließt die Jury, den Preis an das Mädchen mit den größten Titten zu vergeben. Die Gewinnerin wird vor den Vorhang gebeten und geehrt, während der übliche Python-Abspann läuft.

Kurze Pause. Die Sendung scheint in der Tat nach wenigen Minuten geendet zu haben. Ein Film über den Mount Everest beginnt, den eine internationale Friseurexpedition bezwingen will. Konfrontiert mit 14 rivalisierenden Expeditionskorps, beschließen die Friseure, statt der Bergtour einen Coiffeursalon am Fuße des Mount Everest zu eröffnen.

Mrs. Little versucht, die Feuerwehr zu erreichen, doch die Männer sind zu sehr mit Hausarbeit beschäftigt, um Aufträge entgegenzunehmen. Mrs. Littles Sohn Eamonn, gekleidet als »Wilder« und mit einem Speer bewaffnet, kehrt aus Dublin zurück, die Feuerwehr kommt schließlich doch – am nächsten Freitag, und Mrs. Little lässt eine Party steigen, in deren Verlauf sie den Feuerwehrmännern von ihren Lieblingssendungen im Fernsehen erzählt.

Es folgen Partytips von Veronica Smalls, die erklärt, wie man sich gegen kommunistische Aufstandsversuche während einer Party wappnet. Animierte Kommunisten gehen von Tür zu Tür, um Revolutionen zu verkaufen.

Ein Tourist will in einem Reisebüro einen Urlaub buchen und verfällt in eine schier endlose Tirade über die Nachteile von organisierten Gruppenreisen. Da er nicht zu stoppen ist, wandert die Kamera in ein anderes Studio, wo Frau Elk in einer Fernsehshow ihre Theorie über den Brontosaurier referiert. In der Zwischenzeit schwadroniert der Tourist immer noch, die Feuerwehr trifft ein und beginnt mit einem Liedlein über Proust – nur we-

Eamonn (Graham Chapman) als Wilder (oben links) und Frau Elk (John Cleese, unten rechts)

nige Augenblicke nach einer Erklärung von Frau Elk, ihre zweite Theorie sei, dass Feuerwehrmänner niemals ein Lied über Proust beginnen würden.

In dieser Folge wurden die Pythons wieder einmal mit der Zensur konfrontiert. Einer der Proust-Kandidaten gibt seine Hobbies mit »Golf, Tiere erwürgen und masturbieren« an. Die Masturbation musste tonlos bleiben – während man gegen das Erwürgen von Tieren offensichtlich von Amts wegen nichts einzuwenden hatte. Der ursprüngliche Text offenbarte sich mithin nur jenen Zusehern, die des Lippenlesens kundig sind. In Amerika durfte der Sketch übrigens unzensiert gezeigt werden.

Der »Reisebüro«-Sketch entwickelte sich im Laufe der Jahre zu einem Höhepunkt der Liveshows, wie auch im Kinofilm LIVE AT THE HOLLYWOOD BOWL zu sehen ist. Idle wird während seiner Tirade von der Bühne geführt, um wenig später quer durch das Auditorium zurückzukehren, immer noch wortreich Klage führend. Bei manchen Shows wiederholte sich diese Zeremonie mehrere Male – zur Freude des Publikums. Ursprünglich stammt der Sketch aus der Feder von Cleese und Chapman. Die Idee war witzig, doch die Ausführung erwies sich als zu kurz, weshalb Idle die Szene mit einem eigenen Text streckte: »Es war nicht lang genug, so übernahm ich es und schrieb mehr im selben Stil. Ich schrieb einige Extraseiten für die Bühnenshow. Ursprünglich war es ihr Sketch, aber niemand anderer wollte den Text lernen.«

FOLGE 6, AUSGESTRAHLT AM 23. NOVEMBER 1972

Eine entschlossene Gruppe von Hausfrauen führt einen konsequenten Kampf gegen die negativen Erscheinungen in der Gesellschaft – gegen soziale Rechte, moderne Literatur, freie Lebensführung, Skulpturen nackter Menschen. Nach dem Vorspann beklagt ein Gumby seine Hirnschmerzen, worauf ein Spezialist beschließt, ihm das Hirn zu entfernen. Nach und nach verlangt der Operateur Brille, Schnurrbart und Taschentuch, sodass er schließlich aussieht wie ein echter Gumby.

Die Neun-Uhr-Nachrichten fallen wegen des Badminton-Finales aus, sodass sich ein Ehepaar eine Doku über Mollusken reinzieht, präsentiert von einem Mann in ihrem Wohnzimmer, der in einem Kasten mit fernsehschirmähnlicher Öffnung steht. Da das Pärchen sich ob des Vortrags langweilt, will es das Programm abschalten, und der Präsentator, der dies verhindern will, rettet sich, indem er beginnt, über die sexuellen Perversionen einzelner Mollusken zu reden.

Es folgen Parlamentsberichte über Minister mit befremdlichen Ressorts, etwa den Minister für das Nichthören auf die Bevölkerung oder den Schattenminister für das Beurteilen von Menschen auf den ersten Blick. Die Nachrichtensendung mutiert zu einer TV-Serie und kurz darauf zu einem Dokumentarfilm. Sie wird zur Kinder- und zur Partei-Werbe-Sendung, ja sogar zum Religionsprogramm, ehe sich ein Off-Sprecher für die Art und Weise entschuldigt, wie Politiker in diesem Programm präsentiert werden.

Ein Interviewer, der allmählich zu einer Personifizierung von Long John Silver wird, unterhält sich mit den Leitern der Lake-Pahoe-Expedition, Rear-Admiral Sir Jane Russell und Lieutenant-Commander Dorothy Lamour, ehe sich ein zweiter Interviewer für den ersten entschuldigt und die richtigen Expeditionsleiter interviewt. Diese lokalisieren den Lake Pahoe im Kellergeschoss eines Reihenhauses, wo sie auf ein Ehepaar treffen, das sich über die feuchten Wände beklagt.

In einer Sendung über die Magna Charta wird die Frage aufgeworfen, ob diese nicht vielleicht nur ein Kaugummi auf einem Bettgestell in Dorset war. Der Interviewer und der Urheber der genannten These kommen schließlich zu dem Schluss, dies sei der dämlichste Sketch, in dem sie je mitgewirkt haben, und brechen ihn ab, während der Abspann beginnt.

Die Gumbys waren den Pythons mit der Zeit ans Herz gewachsen. Vor allem Palin liebte es, ein Gumby zu sein: »Es ist eine meiner Lieblingszeilen, wenn ich sage: ›Mein Hirn, mein Hirn tut mir weh‹, und John, auch ein Gumby, kommt zu mir und beginnt mir die Hosen zu lockern, worauf ich sage: ›Nein, nein, mein Hirn im Kopf.‹ Ich liebe dieses ›Mein Hirn im Kopf‹, damit suggerierend, es könnte zwei geben.«

FOLGE 7, AUSGESTRAHLT AM 30. NOVEMBER 1972
Captain Biggles diktiert seiner Sekretärin einen Brief an König Haakon von Norwegen, und um zu vermeiden, dass sie eventuelle andere Bemerkungen ebenso zu Papier bringt, setzt er je-

desmal, wenn sie mitschreiben soll, ein Geweih auf. Er will dem König für die übersandten Aale danken, um sodann mit der Post fortzufahren. In der Zwischenzeit erfahren wir Neues von der Montanistik – ein wagemutiger Mann will die Nordwand der Uxbrigde Road erklimmen. Das Projekt scheitert tragisch.

Eine Hausfrau füllt gerade einen Truthahn, als sie mit der Erkenntnis konfrontiert wird, ihr Haus sei ein Boot. In der Sendung »Einmachgläser« berichtet der Bolivien-Korrespondent von den neuesten Entwicklungen auf dem Gebiet der Einmachgläser – inmitten von pfeifenden Kugeln und hochgehenden Bomben. Ein Mann schildert, was sich bislang in der Folge alles zutrug, und kann sich nicht erinnern, dass einem Mann, der schilderte, was sich bislang in der Folge alles zutrug, ein Hammer auf den Schädel donnerte. Es bleibt offen, ob er sich, so er sich von dem Hieb erholt, wenigstens danach daran erinnern kann.

Ein Mann betritt einen Käseladen und muss zu der niederschmetternden Erkenntnis gelangen, dass in diesem Geschäft nicht ein einziges Gramm auch nur irgendeines Käses vorhanden ist. Er ist nicht gewillt, dies hinzunehmen, und erschießt den Verkäufer. Wir erfahren, dass es sich bei dem soeben Gesehenen um einen der berühmtesten Käse-Western handelte. Und da Sam Peckinpah ebenfalls Western drehte, wird sein neuer Film »Salad Days« vorgestellt. Was ganz idyllisch beginnt, endet in einer ausufernden Orgie von Blut, Tod und Verwüstung. Es folgt eine Entschuldigung der BBC für die geschmacklose Szene; das Publikum solle jedoch Verständnis haben, da die Jungs eine schwere Jugend hatten, vor allem Eric. Eric dementiert. Der Off-Sprecher ist ratlos. Ein Mann im Kostüm eines Konquistadors gibt zwar zu, die Show sei diesmal etwas kürzer geraten, gibt aber zu verstehen, es gebe dennoch nichts mehr zu sehen, und schickt das Publikum weg.

Der Fliegerkapitän Biggles war eine in Britannien einst sehr populäre Figur in der Kinder- und Jugendliteratur. Er verkörpert den archetypischen Briten, sehr aristokratisch, kaltblütig, entschlossen, doch dabei immer fair und ganz Gentleman. Ihm zur Seite stehen Algy und Ginger, die im Original eine tiefe Männerfreundschaft verbindet, wie sie eben nur in der Armee entstehen kann. Bei Python wird der eine von Biggles erschossen, weil er sich dazu bekennt, schwul zu sein, während der andere diesem Schicksal nur entgeht, weil er seine sexuelle Ausrichtung verleugnet.

Der »Käsegeschäft«-Sketch wurde zu einem Klassiker des Python-Programms und bot Palin und Cleese einmal mehr die Gelegenheit, als Kunde versus Verkäufer aufzutreten. Palin schätzte Cleese als hervorragenden Partner: »Ich liebte es, die Verkäufer mit John zu spielen, denn es waren meistens Klasse-Sketche, und es war toll, gegen John zu spielen.« Allerdings schafften es die beiden nach dem Originaldreh nie wieder, die Szene zu spielen, ohne dabei irgendwann in Gelächter auszubrechen. Der Sketch hatte seine Eigendynamik entwickelt.

»Salad Days« wiederum, eine Satire auf die Blutopern des »neuen Kinos in Hollywood«, ist wohl der »blutigste« aller Python-Scherze. Die Pythons hatten sich allerdings beim Shooting dieser Sequenz gehörig verschätzt. Um alle Details aufeinander abzustimmen und die Szene stringent in den Kasten zu bekom-

Die Idylle endet im Blutbad: ›Salad Days‹

men, benötigten sie wesentlich mehr Zeit als ursprünglich veranschlagt. »Es musste an einem Tag gedreht werden. Und wer ›Salad Days‹ sieht, der merkt, dass es mit einemmal ziemlich dunkel wird. Wir mussten mit künstlichem Licht weiterdrehen. Es begann als nette Konzertparty auf dem Rasen, und es endete mitten in der Nacht«, erinnerte sich Palin später.

FOLGE 8, AUSGESTRAHLT AM 7. DEZEMBER 1972

Ein Mann befindet sich auf einer Radtour. Er hat einen Unfall, und während er in ein Geschäft geht, um ein Sandwich zu kaufen, resümiert er seine Tour durch Nord-Cornwall. Nach einem neuerlichen Unfall kommt er zu dem Schluss, er sollte sein Rad in einem »Bicycle Pump Center« nachjustieren lassen. Nach einer Weile wird er von einem Autofahrer mitgenommen, doch erleben beide einen Autounfall. Der Autofahrer verliert sein Gedächtnis und hält sich für Clodagh Rogers, einen Schlagerstern der 60-er Jahre. Wenig später macht der Autofahrer eine erneute Persönlichkeitstransformation durch und hält sich für Leo Trotzki, den russischen Revolutionär. Der Radfahrer und »Trotzki« machen sich auf den Weg nach Russland, und »Trotzki« schickt sich an, in Moskau das Zentralkomitee wieder auf Linie zu bringen. Mitten in seiner großen Rede allerdings verwandelt sich »Trotzki« in Eartha Kitt, die Soulsängerin, und trällert, umgeben von einer Federboa, »I'm Just an Oldfashioned Girl«. Der Radfahrer befindet sich inzwischen in einer russischen Gefängniszelle und soll erschossen werden. Das Hinrichtungskommando verfehlt ihn jedoch. In Moskau kündigt man ein Konzert von Eartha Kitt an, doch erscheint diese mit einemmal als Edward Heath, der britische Premier. Er wird von einer Tomate getroffen, woraufhin der Autofahrer wieder er selbst ist. Er flüchtet durch die Straßen Moskaus, findet den Radfahrer vor dem Erschießungspeloton, und gemeinsam entkommen sie durch eine »Scene Missing«-Karte (»Szene fehlt«) aus Russland. Sie befinden sich wieder in Cornwall, schütteln einander herzlich die Hände und freuen sich über die gelungene Flucht. Der Radfahrer setzt seine Cornwall-Tour fort, während der Abspann zu laufen beginnt.

THE CYCLING TOUR ist, wiewohl wie bei allen CIRCUS-Folgen alle Gruppenmitglieder als Autoren angegeben sind, ein Kind von

Palin und Jones: ›Die Fahrradtour‹

Michael Palin und Terry Jones. Die anderen beschränkten sich darauf, ein paar Details zu ergänzen und das Ende der Show ein wenig umzuschreiben. THE CYCLING TOUR ist nicht nur die einzige Folge des CIRCUS, die als solche gar nicht kenntlich gemacht wurde – es gibt keinen Vorspann –, sondern auch der einzige 30-Minuten-Sketch. Eine Geschichte wird während der Sendezeit komplett erzählt, mit Beginn, Mitte und Anfang, wie sich Eric Idle später ausdrückte. Tatsächlich ist die TOUR eine Art Kurzspielfilm mit einer sich konsequent entwickelnden Handlung.

In gewisser Weise stellt diese »Sondernummer« des FLYING CIRCUS auch eine Generalprobe für THE HOLY GRAIL dar, den ersten Fulltime-Kinofilm, den die Pythons 1974 drehten. Interessanterweise unterließen sie es jedoch, weitere Experimente dieser Art im FLYING CIRCUS zu bringen – wenn auch die MICHAEL ELLIS- und die MR. NEUTRON-Folgen längere Sequenzen dieser Art beinhalteten. Die CYCLING TOUR blieb in der Geschichte der Pythons wirklich einzigartig.

FOLGE 9, AUSGESTRAHLT AM 14. DEZEMBER 1972

Ein Hijacker verlangt vom Piloten eines Flugzeugs 1000 Pfund, damit er verrät, wo er die Bombe versteckt hat. Letztlich wird er aus dem Sketch verwiesen, weil er sich noch dämlicher angestellt hat, als es selbst im FLYING CIRCUS erlaubt ist. Der nackte Organist leitet den Vorspann ein. An einem besonderen Bauprojekt wirken nur Figuren aus der britischen Literatur des 19. Jahrhunderts mit. Andere literarische Charaktere widmen sich dem Straßenbau. Ein Magier errichtet Wohnhäuser durch Hypnose, ein Experte erklärt, diese Gebäude seien sicher, solange die Bewohner daran glauben würden. Es folgt die Lebensgeschichte der Assistentin des Magiers. Zwischendurch taucht der Hijacker wieder auf und bietet an, für ein Pfund den Sketch nicht zu unterbrechen. Live wird vom Finale des olympischen Versteckspiels zwischen einem Briten und einem Paraguayer berichtet. Die beiden finden einander in einer Zeit von knapp über elf Jahren, sodass ein Wiederholungsmatch entscheiden muss. Dann will ein Mann einen Sketch in einem Wohnzimmer ankündigen, wird jedoch von einem anderen Mann mit einem Gummihuhn aufs Haupt geschlagen; das Huhn gibt Letzterer sodann dem Ritter zurück. Ein Ehepaar macht eine veritable

Krise durch, weil die Frau sich nicht mehr an den – selten dämlichen – Nachbarn orientieren will. Als sich Mann und Frau im Bett versöhnen wollen, klappt dieses hoch, und wo eben noch das Bett stand, taucht der Präsentator einer Fernsehshow auf. Er diskutiert mit dem Vorsitzenden des »Well, basically-Club«, wie man Stierkampf sicherer machen könne, als plötzlich das Licht ausgeht. Für ein Pfund würde er es wieder anmachen, erklärt der Hijacker.

Wir befinden uns auf dem Planeten Algon. Dort ist alles ziemlich teuer, so kostet eine normale Tasse heiße Schokolade vier Millionen Pfund. Ein Professor macht sich Gedanken über die Zustände auf Algon, sich dabei in Details über Reizwäsche verlierend, als es der Livekamera gelingt, Bilder vom Planeten zu übertragen. Die Verbindung reißt jedoch nur allzu rasch wieder ab. Der Hijacker liest die Credits des Abspanns vor, da die BBC ihn dafür bezahlt.

Das 16-Tonnen-Gewicht gehört zu den Standards des FLYING CIRCUS wie die Vorspannfiguren, der Ritter mit dem Gummihuhn (der übrigens in dieser Folge eine Auferstehung feierte), der große Fuß (ebenfalls im Vorspann, eine Gilliam-Animation) und die periodischen Explosionen. Ritter, Gewicht und Explosionen entstanden, als sich die Pythons überlegten, wie sie einen Sketch beenden oder eine Figur verschwinden lassen konnten, ohne eine passende Pointe gefunden zu haben, erinnerte sich Chapman später. »Es war eine bequeme Methode, Charaktere loszuwerden«, meinte auch Palin. »Es war die etwas destruktive Ader von Python, die Charaktere wie in einem Cartoon zu eliminieren, nur, dass wir es live taten. Ein Gewicht von 16 Tonnen fällt auf die Menschen – Splosh!«

Der »Algon«-Sketch war eine Satire auf die Weltraumhysterie, die 1969 mit Armstrongs Mondspaziergang begonnen hatte. Die Bilder, welche die NASA zur Erde funkte, waren faszinierend, und doch musste man sich die Frage stellen, wie es um die menschliche Seite solcher Unternehmungen bestellt war, oder, wie es Palin formuliert: »Die Technologie hebt ab in die Zukunft, aber sie wird von Menschen bedient. Und solange es sich um Menschen handelt, gibt es auch menschliche Trivialitäten. Es ist herrlich reduziert auf die menschliche Banalität, den wundervollen Planeten auf das Alltagsleben beschränkend.«

FOLGE 10, AUSGESTRAHLT AM 21. DEZEMBER 1972

Ein Mann kommt in eine Stellenagentur für Jobs aus der Tudor-Zeit, doch das ist nur Tarnung. In Wirklichkeit handelt es sich um einen Pornoladen, die Tudor-Masche ist nur Fassade. Ein Inspektor macht eine Razzia, verlässt den Laden durch die Hintertür und wird zu Sir Phillip Sydney, der in Tudor-Zeiten gegen spanische Pornohändler kämpft und 6000 Kopien von »Titten und Ärsche« aus dem Verkehr ziehen kann.

Zu Hause liest er mit seiner Frau Shakespeares »Schwule Jungs in Fesseln«, ehe er von einem Polizisten der Jetztzeit verhaftet wird.

Nach einer Einführung in die Riten der Kirche vom Heiligen Verrückten vom Sahnehäubchen kündigen der Organist und seine beiden Mitarbeiter (der »And now ...«- und der »It's«-Mann) den Vorspann an. Es folgen einige Animationen, ehe sich in »Freie Wiederholung fragwürdiger Worte« ein Mann nach einem Telegramm seiner Frau erkundigt. In »Ist da?« unterhält sich ein Moderator mit drei Leichen über die Frage eines Lebens nach dem Tod, doch die Unterhaltung bleibt höchst einseitig.

Ein Mann kommt zu Dr. Henry Tripshaw, der dessen Symptome einer neuen Krankheit zuschreibt, die er nach sich selbst benennt. Eine Hollywood-Verfilmung der »Tripshaw-Krankheit« folgt. In einem Interview nach der Premiere kündigt Tripshaw auch ein Musical zum Thema an. Ein Vikar mit einem großen Hang zu Sherry wird von einem Vertreter der britischen Sherry-Korporation besucht, doch plötzlich tauchen spanische Tänzer und Sänger auf, die Amontillado und Pornos anpreisen. Nach dem Abspann weist ein Off-Sprecher darauf hin, dass es nun auch Tripshaw-T-Shirts zu erwerben gebe.

Henry Tripshaw, nach dem die Folge schließlich benannt wurde, hätte in dieser Show gar nicht auftauchen sollen. Er war für die vorletzte Show der dritten Staffel gedacht und wurde dann kurzfristig vorgezogen. Am Originalskript für diese Folge haben sich die Pythons wieder einmal ausgetobt. Sie erfanden Auszüge aus Rezensionen, wie sie bei Bestsellern auf der Buchrückseite abgedruckt werden. Begeistert über die Show äußerten sich dementsprechend unter anderem Shakespeare-Mime Ian McKellen und Schlagersternchen Connie Francis.

Der britische Meister im Schwergewichtsboxen tritt gegen einen Universitätsprofessor an, der über die englische Renaissance philosophiert, ehe ihn der Champ auf die Bretter schickt. Nach dem Vorspann erleben wir den ersten Teil der Legende von Dennis Moore, dem gefürchteten Highwayman. Er überfällt reiche Leute, um das Beutegut an die Armen zu verteilen, ein Robin Hood des 18. Jahrhunderts. Konkret überhäuft er eine Bauernfamilie mit dem Geraubten – Lupinen en masse, eine Futterpflanze.

Zwei Frauen befassen sich mit Astrologie, ein Doktor macht Visite und erleichtert die Damen – natürlich nur, um ihre Reflexe zu testen – um ihr Erspartes. Die »Große Diskussion« endet abrupt, da alle Diskutanten einsilbig mit »Ja« oder »Nein« auf die gestellte Frage antworten.

Beim Astrologiestudium: Graham Chapman liest sein Horoskop

Als Moore wieder mit einem Haufen Lupinen bei seinen Bauersleuten auftaucht, platzt dem Ackermann der Kragen: Moore solle doch endlich einmal etwas Nützliches mitbringen: Gold, Silber, Decken, Kleider, Medizin! Moore geht ein Licht auf. Er reitet wieder zu den Palästen und räubert nun nach der mitgegebenen Liste. Mit einem großen Sack voll brauchbarer Güter kehrt er zu den Bauern zurück.

Nach den Highlights der 15. alljährlichen Verrücktenausstellung kommt ein Spirituosengeschäft ins Bild, dessen Verkäufer uns flugs wieder zur Story von Dennis Moore zurückführt. Die Reichen sind mittlerweile arm wie Kirchenmäuse geworden, und bei den Bauern macht sich eine gewisse Saturiertheit breit. Silberlöffel erscheinen ihnen nun nur noch als wertloser Tand. Moore muss sich eingestehen, dass das Problem der Umverteilung doch diffiziler ist, als er angenommen hatte.

Eine TV-Show heißt »Vorurteil« und widmet sich der Beschimpfung anderer Nationen, der Diskriminierung von Minderheiten und ähnlichen Garstigkeiten. Es gibt Preise für größtmögliche Geschmacklosigkeiten und – als Höhepunkt – die »Erschieß den Schwulen«-Sequenz. Während der Abspann abrollt, sehen wir Dennis Moore, der noch immer Postkutschen ausraubt. Er zieht Bilanz über die Habseligkeiten seiner Opfer und versucht, diese zu gleichen Teilen auf die Beraubten aufzuteilen.

Bei DENNIS MOORE spielt John Cleese eine Art Robin Hood. Vier Jahre später sollte er bei TIME BANDITS Gelegenheit haben, den »hooded man« selbst zu geben. Cleese war aber immer noch kein guter Reiter, und so musste er für jene Sequenzen, in denen Moore zur Musik des Liedes »Dennis Moore Riding Through the Land« dahingaloppiert, gedoubelt werden. Erst über ein Jahrzehnt später ging Cleese daran, sich mit der hohen Kunst des Reitens ein wenig vertrauter zu machen, um bei SILVERADO mitwirken zu können.

FOLGE 12, AUSGESTRAHLT AM 11. JANUAR 1973

Eine politische Werbesendung der Konservativen wird angekündigt. Der Sprecher verweist darauf, dass die Zahlen für sich sprächen, und beginnt während der Rede Tanzfiguren zu machen. Er wird von einem Choreographen unterbrochen, der ihm die Bewegungen noch einmal zeigt. Auch zwei Labour-

Abgeordnete üben sich im Ballett. In einer Gilliam-Animation sehen wir Premier Heath und Oppositionsführer Wilson à la Nurejew und Baryschnikow. Sodann folgt eine Art Literaturlesung, doch der Präsentator hat Mühe, aus Walter Scotts »Red Gauntlet« vorzutragen. Der Regisseur und diverse Techniker versuchen, ihm zu helfen – allerdings vergeblich. Auch sie verheddern sich rettungslos.

Schnitt zu einem einsamen Dudelsackspieler auf den Zinnen von Edinburgh Castle. Dort trainiert das königliche McKamikaze-Highlander-Korps. So tüchtig, dass nach drei Wochen von 30.000 Soldaten gerade mal ein Dutzend übrig geblieben ist. Nach der nächsten Trainingseinheit ist nur noch ein Mann namens MacDonald am Leben, der verzweifelt versucht, dem Rest der Truppe nachzufolgen, während der Hauptmann und der Sergeant über die Phrase »No time to lose« (»Keine Zeit zu verlieren«) philosophieren, wozu ihnen Assoziationen wie die Stadt Toulouse und der Maler Toulouse-Lautrec einfallen. MacDonald übt sich derweilen immer noch in der hehren Kunst des Sich-selbst-Entleibens.

MacDonald soll es im Alleingang mit den Russen aufnehmen, während im Studio die ganze Crew Zunge und Zähne in Gefahr bringt beim Versuch, endlich einen Satz aus Scotts »Gauntlet« rauszubekommen. Andernorts beschäftigen sich Wissenschaftler mit den intellektuellen Fähigkeiten von Pinguinen, während MacDonald sich derweil im Kreml rumprügelt. Er tickt wie eine Bombe, und der Major der Russen verlangt daher nach der Spezialtruppe zur Beseitigung nichtexplodierter Schotten. Den Experten gelingt es in nervenaufreibender Kleinarbeit, MacDonalds Kopf abzuschrauben und in einem Behälter mit der Aufschrift »Wodka« – konterkariert durch den Untertitel »Whisky« – zu versenken.

Bei »Finde den Verrückten« präsentiert ein Moderator nicht nur einen Haufen Idioten, er macht auch einen Rückblick in die Vergangenheit, hin zu einer wahrlich vertrottelten Version von »Ivanhoe«, dem Helden von Walter Scott. In einer idyllischen Heidelandschaft beginnt ein Reporter mit einer Einführung in Leben und Werk des schottischen Schriftstellers, ehe ihm von einem anderen Mann das Mikro entrissen wird, der über Aufforstungsprojekte zu sprechen beginnt. Die beiden kämpfen immer energischer um das Mikro, ein wahrer Kampf entbrennt. Nach dem Abspann wird angekündigt, die BBC präsentiere als nächste Literaturlesung »Black Beauty«, doch der Ansager scheitert an dem Wort Beauty. Schließlich folgen noch einige Previews auf Sendungen unanständigen Inhalts.

In den Szenen, in denen MacDonald versucht, seinem Auftrag als Kamikaze gerecht zu werden, ist Chapman erstaunlich unruhig. Deutlich ist zu erkennen, dass er zittert. Sein Alkoholismus war bereits zu weit fortgeschritten, um noch länger verborgen zu bleiben. Chapman meinte später, die Aufnahmen seien enorm schwierig für ihn gewesen: »Meine Romanze mit dem Alkohol befand sich damals ziemlich am Höhepunkt. Ich erinnere mich, das Schwierigste war es, meine Glieder steif zu halten, als ich vorgeben musste, tot zu sein, flach auf dem Rücken liegend mit den Knien in der Luft. Ich hatte enorme Schwierigkeiten ob meines Zitterns. Heute ist das alles sehr einfach für mich, aber damals konnte ich es nicht. Ein großes Problem. Jeder geübte Mediziner, der die Show sieht, würde ›Ah!‹ sagen. Jedenfalls ist es nett, sich besser zu fühlen, wenn ich das heute sehe, als ich es damals tat.«

FOLGE 13, AUSGESTRAHLT AM 18. JANUAR 1973

Die Verleihung der britischen Showbiz-Preise. Ein Präsentator hält eine Laudatio auf den verstorbenen Filmpionier Alan Waddle, dessen Urne – mit umgebundener schwarzer Krawatte – hereingetragen wird, um die Kandidaten für den ersten Preis vorzutragen. Nominiert sind der britische Premierminister Edward Heath für seine Auftritte in Brüssel, Richard Baker für seine Aussprache des Begriffs »Lemon Curry« und – der spätere Sieger, der Schöpfer des »Oscar-Wilde«-Sketches. 1895 tragen Oscar Wilde, George Bernard Shaw und James MacNeil Whistler einen erbarmungslosen Kampf um die Gunst des Thronfolgers aus, des späteren Edward VII., indem sie diesen wüst beschimpfen und sodann behaupten, das jeweilige Aperçu stamme von einem der beiden anderen. Der so Diskreditierte muss verzweifelt versuchen, sich aus der Malaise wieder herauszureden. David Nivens Kühlschrank – ebenfalls mit schwarzer Krawatte – gibt die Kandidaten für den besten Auslandsfilm bekannt: fünf Variationen des Namens Richard Attenborough und Pier Paolo

Gehörte zum Standard: der Ritter mit dem Gummihuhn

Pasolini. Pasolini wird letzter. Pasolini unterhält sich mit einem Kricket-Team, was von zwei Frauen namens Zambesi am Bildschirm mitverfolgt wird. Die beiden Damen überlegen, Blut zu spenden, entscheiden sich dann aber dazu, ein neues Gehirn zu erwerben. Sie erhalten ein solches, nachdem sie bei der Bestellung ihre Schuhnummer angegeben haben, und machen sich schließlich doch auf, um Blut zu spenden. Auf dem Weg zur Blutbank treffen sie auf einen Kamikaze-Schotten. In der Blutspendezentrale fragt ein Mann den Doktor, ob er statt Blut auch Urin spenden könne, was der Doktor verneint.

Schließlich noch ein Blick auf das »Ehefrauentauschen«. Boris Rogers, so berichtet der Reporter, konnte seine Ehefrau gegen einen Ford Popular und eine Werkausgabe von Charles Dickens eintauschen. Sodann werden die Wettquoten für den weiteren Verlauf des Bewerbes analysiert, ehe man zum Rugbymatch des Tages übergeht. Während des Abspanns folgen weitere Blitzlichter vom Ehefrauentausch.

Als Postskriptum kehrt die Show zu der Preisverleihung zurück. Die Mountbatten-Trophäe für den »Dirty-Vicar«-Sketch wird verliehen, der Sketch über einen auf Frauen versessenen Kirchendiener zur Aufführung gebracht. Dieser wird vom Präsentator abgebrochen, die dritte Staffel des MPFC endet mit einer Abblende.

In der letzten Folge der dritten Staffel greifen die Pythons auf Selbstzitate zurück, was in der Literatur nicht zuletzt durch Autoren wie James Joyce oder Samuel Beckett populär gemacht worden war. Der Kamikaze-Schotte oder die Bekanntgabe der Schuhnummer wurden bereits in früheren Folgen eingeführt. Auch die stetige Wiederverwendung von Namen wie Grimshaw oder Gumby war ein bereits seit geraumer Zeit immer wiederkehrender Running Gag des Programms.

Für das Skript wurden übrigens William und Thomas Palin sowie Cynthia Cleese als Autoren genannt, die Kids von Michael und John, die damals freilich kaum älter als ein paar Monate waren – Cynthia ist die älteste des Python-Nachwuchses. Sie kam im Februar 1971 zur Welt und ist mittlerweile in die Fußstapfen ihres Vaters getreten.

Zu Beginn des Jahres 1973 befanden sich die Pythons in einer merkwürdigen Situation. Zum einen wuchs ihr Erfolg in immer lichtere Höhen, zum anderen war das gruppeninterne Klima mehr als lausig. Waren zu Beginn des MPFC Python-Meetings eine freudvolle, joviale Zeremonie, so machten sich jetzt mehr und mehr die Schattenseiten des Ruhms bemerkbar, beziehungsweise, wie Chapman später in seiner Autobiographie schrieb, »Egotripping« wurde immer häufiger.

Cleese entwickelte sich zum Star der Truppe, was die innere Balance des Teams belastete. War man ursprünglich übereingekommen, einen Sketch nicht aufzunehmen, wenn ihn zwei Mitglieder ablehnten, so kam es nun immer öfter vor, dass ein einzelnes Mitglied in Streik trat, wenn ihm eine Sequenz nicht gefiel – oder dass ein Mitglied feststellen musste, dass sein Material im letzten Moment auf geheimnisvolle Art und Weise rausgeflogen war. Cleese stellte immer deutlicher seine Langeweile über den CIRCUS zur Schau, trug sich immer vernehmlicher mit dem Gedanken, die Truppe zu verlassen, und die Stimmen, die ihn baten zu bleiben, wurden zunehmend leiser. Chapman schrieb über jene Tage am Ende der dritten Staffel: »Die Wahrheit ist, die meiste Zeit konnten wir uns nicht ausstehen. Manchmal hassten wir uns richtig. Die Atmosphäre war katastrophal.« Zunächst hofften alle Pythons, durch die Pause bis zur nächsten Staffel genügend Abstand zu all dem Ärger zu finden, sich ir-

Cleese: »Und nun ...«

gendwie auf eine neue Saison, die für Herbst 1973 geplant war, einstimmen und neue Kreativität tanken zu können. Doch die Probleme waren grundlegender Natur. Chapman etwa, der sich durch sein Engagement in der von ihm mitbegründeten Zeitschrift *Gay News* abzulenken versuchte, war immer mehr von seinem Alkoholismus gezeichnet und befand sich in »real bad form« (in »wirklich schlechter Form«). Cleese bereitete heimlich mit seiner Frau Connie Booth eine neue TV-Serie vor, die ihm den Absprung vom MPFC erleichtern sollte, die anderen machten vorerst einmal Urlaub, verfolgten dennoch argwöhnisch, wie Cleese in Talkshows nachgerade herumgereicht wurde.

Für den Sommer 1973 stand seit längerem eine große Livetour durch Amerika auf dem Programm. Als sich die Pythons zu diesem Zweck wieder versammelten, war von der Spannung nichts gewichen. Vor einem Auftritt in Vancouver entlud sich das reinigende Gewitter. Cleese hatte die ganze Zeit dagegen argumentiert, in Hollywood bei der JOHNNY CARSON SHOW aufzutreten, weil er meinte, ein solcher Event passe nicht zur Ausrichtung der Gruppe. Der daraus resultierende Streit führte dazu, dass Cleese seine Koffer packte und nach England zurückkehrte, während sich der Rest der Truppe noch irgendwie durch die Tournee kämpfte, die ohne Cleese freilich nur eine halbe Sache sein konnte – vor allem in den Augen der Fans.

Auch wenn es zunächst niemand so richtig wahrhaben wollte, ab diesem Zeitpunkt begannen alle Pythons, sich Soloprojekten zuzuwenden. Noch im Sommer 1973 schrieben Palin und Jones ein Theaterstück mit dem Titel SECRETS, das von der BBC im August des gleichen Jahres gesendet wurde. Cleese drehte mit Booth den Kinofilm ROMANCE WITH A DOUBLE BASS, der auf einer Geschichte von Anton Tschechow basierte und im Oktober 1974 in die Kinos kam.

Zu diesem Zeitpunkt arbeiteten die anderen fünf Pythons mit mehr als einem Jahr Verspätung an der vierten Staffel des CIRCUS. Doch auch ihnen blieb nicht verborgen, dass die Luft aus diesem Projekt heraus war. Zuvor hatte sich das Klima zwischen »Cleese und dem Rest« während der Dreharbeiten zu HOLY GRAIL im Frühjahr 1974 wieder etwas gebessert, doch dessen ungeachtet lehnte Cleese es ab, wieder beim MPFC mitzumachen. Immerhin überließ er es der Truppe, über sein noch nicht gesendetes Material zu verfügen.

Um einen Trennstrich zu den ersten 39 Folgen zu ziehen, verzichteten die »Rest-Pythons« auf den vollen Titel der Serie. So hieß es im Vorspann nur noch MONTY PYTHON, auf FLYING CIRCUS wurde verzichtet. Es zeichnete sich überdies bald ab, dass es nicht möglich sein würde, weitere volle 13 Folgen von entsprechender Qualität zu drehen. Die vierte Staffel, ein Postskriptum zu diesem Kapitel der Arbeit der Truppe, blieb mithin mit sechs Folgen ein Torso. Abgedreht wurden die einzelnen Shows unter großem Zeitdruck, fast parallel zur Ausstrahlung im Fernsehen. Erst Mitte Oktober wurde die erste Folge produziert, die bereits zwei Wochen später auf Sendung ging. So begann **die vierte Staffel (1974).**

FOLGE 1, AUSGESTRAHLT AM 31. OKTOBER 1974

Die goldene Ära der Ballonfahrt. Die Brüder Montgolfier basteln an einem entsprechenden Fluggerät. Die erfolgreiche Produktion eines Ballons ist für sie ein Grund, angemessen zu feiern: Sie waschen sich das erste Mal seit langer Zeit. Und sie waschen sich ausführlich. Sehr ausführlich sogar. Glaisher und Coxwell, zwei britische Ballonpioniere, schreiben die Geschichte dieser Form der Luftfahrt fort. Sie erreichen als erste eine Höhe von rund zehn Kilometern – und das, ohne sich zu waschen! Doch zurück zu den Montgolfiers. Wenn sie nicht gerade Luftfahrzeuge bastelten oder sich wuschen, dann hatten sie Zeit für ihre Geliebten – und auch für den König Ludwig XIV., der sie in ihrer Werkstatt besucht. Die Montgolfiers sind ein wenig verwirrt: Ludwig XIV. starb 1715! Gut, verbessert sich der vermeintliche Monarch, er sei natürlich Ludwig XV. Doch der verblich 1774. Verdammt noch mal, dann eben der XVI.! Die Montgolfiers werden misstrauisch. Und das hat Folgen, die bis zum Hofe von Georg III. in England reichen. Dorthin flüchtet der enttarnte Ludwig, doch die Montgolfiers reisen ihm nach und klären Georg auf. Zur Ehre des englischen Königs wird ein Liedlein aufgeführt. Ein Off-Sprecher weist darauf hin, dass dieser Song bei der BBC zum Preis von vier Pfund oder ersatzweise acht Monaten Gefängnis zu beziehen ist. Es folgt eine Werbesendung der Norwegen-Partei, welche vor allem die Vorzüge

Flugversuche: Terry Jones (als Joseph Montgolfier) und Carol Cleveland

der jungen Norwegerinnen hervorhebt. Eine Diskussionsrunde mit illustren Gästen zu den Zielen der Partei wird avisiert. Doch weiter mit der Geschichte der Ballonfahrt. Wir erleben die

Bemühungen des Grafen Zeppelin, den Gästen der Jungfern-
fahrt seines Luftschiffs klarzumachen, dass ein Zeppelin kein
Ballon ist. Da sich seine Gäste uneinsichtig zeigen, setzt er sie
der Reihe nach an die Luft. Das hat weitreichende Konsequenzen, zumindest für den Film »Das goldene Zeitalter der Ballonfahrt«, denn sein Regisseur, so erfahren wir im Abspann, ist ein
Verwandter einer Frau in Nimwegen, die von einem der unfrei-
willigen Springer erschlagen wurde. Wir sehen die Protagonisten
einer Serie des Titels »The Mill on the Floss«, deren erste Folge
»Ballooning« heißt. Zu der entsprechenden Einblendung erhebt
sich das Pärchen langsam in die Lüfte.

FOLGE 2, AUSGESTRAHLT AM 7. NOVEMBER 1974
Ein Kaufhaus à la Harrod's. Ein Mann fährt mit seinem Fahrrad
vor und begibt sich in den Shoppingtempel. Während eine Kun-
din eine Beschwerde über einen fehlerhaften Flammenwerfer
vorbringt, was für einen anderen Kunden brenzlige Folgen hat,
wird der Mann vom Verkäufer für Michael Ellis gehalten. Nach
einiger Mühe gelingt es dem Mann, eine Ameise zu erwerben,
die er, versehen mit Ameisenspielzeug und einer properen
Ameisenbehausung, mit zu sich nach Hause nimmt. Seine Mutter führt Klage über all jene Haustiere, die er schon mitgebracht
hat, um wenig später das Interesse an ihnen zu verlieren – unter
anderem einen Tiger und einen Wal. Doch der Mann ist Feuer
und Flamme für seine Ameise und gibt sich mit dem Tierchen,
das er »Marcus« nennt, dem TV-Programm für Ameisen hin. Als
eben ein Michael Ellis erwähnt wird, schaltet seine Mutter das
Gerät ab. Der Mann stellt den Fernseher wieder an und lernt,
dass Marcus zwei Beine zu wenig hat, weshalb er beschließt, die
Ameise zurückzubringen. Im Kaufhaus verweist man ihn an die
Stelle für Ameisenreklamationen.
Auf dem Weg dorthin kommt er in einen Salon, in dem die Dich-
terfürsten Wordsworth, Keats und Shelley Poeme zum Besten
geben – »I Wandered Lonely as an Ant« etwa oder »Ozyman-
dias, King of Ants«. Die Präsentatorin hat gewisse Schwierigkeiten, sich die Namen der Literaten zu merken. Lord Tennyson
wird so zu »Tennisball« bzw. »Tenniscourt«, Shelley zu »Sherry«
bzw. »Amontillado« und Keats zu »Keat«. Königin Victoria tritt
mit ihrem verblichenen Gatten auf, der sich in einem Sarg be-

findet, und verfällt plötzlich in deutschen Akzent. Der Ameisenkäufer geht weiter.

Nach einigen Fehlversuchen findet er die Beschwerdestelle, wo abermals wegen fehlerhafter Flammenwerfer reklamiert wird, wodurch bald das halbe Büro in Flammen steht. Durch den Lautsprecher wird verkündet, die »Michael Ellis«-Woche sei nun vorüber. Der Mann kommt in die »Ende der Show«-Abteilung, wo er zwischen verschiedenen Schluss-Szenen wählen kann. Im Angebot befindet sich auch ein plötzliches Ende.

FOLGE 3, AUSGESTRAHLT AM 14. NOVEMBER 1974

Was als Sendung über Obdachlose zu beginnen scheint, blendet plötzlich zu einem playboyhaften Geheimagenten über, der aber an einer Krankheit leidet, sodass sein Arzt in den Mittelpunkt des Interesses rückt. Der Nachbar des Arztes ist Admiral de Vere, der wiederum eine Tochter hat. Die Szenen wechseln in immer schnellerer Folge, ehe sich ein Flieger des Zweiten Weltkriegs durchsetzt. Der Pilot kommt in den Unterstand und berichtet im Fliegerjargon von seinen Erlebnissen. Doch dort versteht ihn niemand. Er selbst wiederum versteht die Aussagen eines anderen Piloten nicht, der nach ihm in den Unterstand kommt. Die Deutschen, so ist wenig später zu erfahren, greifen mit Kohlgemüse an, was ihnen prompt den Vorwurf einträgt, den Krieg nicht ernst zu nehmen.

Ein Soldat muss sich vor dem Kriegsgericht verantworten. Der Ankläger weist darauf hin, dass sich der zu verhandelnde Vorfall in Basingstoke/Westfalen zugetragen habe, woran das Gericht gewisse Zweifel hegt, da Basingstoke nicht in Westfalen, sondern vielmehr in England liegt. Der Ankläger legt eine Generalstabskarte vor, die von Cole Porter, dem Komponisten des Liedes »Anything Goes«, gezeichnet wurde. Es ist aber nicht *das* »Anything Goes«, vor allem nicht *der* Cole Porter. Zur Klärung des Falles wird der Vikar auf Rollschuhen in den Gerichtssaal gerufen. Alle setzen dämliche Kappen auf und singen »Anything Goes«. Natürlich nicht *das* »Anything Goes«.

Weitere Kriegsfilme werden in Trailern angekündigt. Der Pilot Jennifer etwa muss sich zwischen dem heißblütigen bisexuellen Navigator Louie und dem Heckschützen Andy entscheiden. Der Halb-Mann-halb-Frau-Papagei Ginger ist ebenfalls mit von der

Anything goes, oder: Haarige Sachen waren für die Pythons nie ein Problem

Partie, und auch sonst gibt es genügend Gründe, so der Trailer, den Film nicht zu versäumen.

In einem Sender überlegen Programmplaner, was sie den Leuten als nächste Serie verhökern könnten, als ein Sicherheitsbeauftragter ziemlich lädiert in den Raum kommt, um die Planer davon in Kenntnis zu setzen, dass die Schauspieler der Kriegsserie ihren Film nicht mehr ernst nehmen. Via Monitor verfolgen die Planer die letzten Szenen des »Anything Goes«-Gesanges von vorhin.

Eine gelangweilte Landfamilie unterscheidet zwischen blechernen Wörtern, welche kaum geschätzt sind, und hölzernen, die ihnen schon mehr behagen. Der Herr des Hauses verliert sich in einer Aufzählung sexbezogener Ausdrücke, die ihm gänzlich hölzern erscheinen, ehe er erkennen muss, dass »Titten« wohl eine Ausnahme bildet. Der Zweite Weltkrieg hat mittlerweile ein sentimentales Stadium erreicht, die Deutschen poussieren, die Engländer blicken ihnen tief in die Augen, die Deutschen erweisen sich jedoch als zu schüchtern. Ein nettes kleines Liedlein fragt, wann ein Traum beginnt. Zunächst jedoch beginnt der Abspann.

FOLGE 4, AUSGESTRAHLT AM 21. NOVEMBER 1974

Hamlet hat es dicke. Das dauernde »To be or not to be« geht ihm gehörig auf den Geist. Er vertraut sich seinem Psychiater an. Der führt Hamlets Probleme auf Fragen der Sexualität zurück. Ein zweiter Psychiater tritt auf, der den ersten der Scharlatanerie bezichtigt; ein dritter, der mit Papieren auftritt, die seine Psychiatriepraxis belegen sollen, heißt den zweiten gleichfalls einen Schwindler. Ein vierter Psychiater taucht auf, woraufhin alle gemeinsam über Sex diskutieren. Ein Vertreter der Psychiatrischen Vereinigung versichert gegen Schwindelpsychiater und debattiert über Computerpsychiatrie.

Ein Reporter berichtet von der Westminster-Brücke, als er von einem Polizisten darauf aufmerksam gemacht wird, dass der Stuhl, auf dem er sitzt, gestohlen ist. Der Polizist klärt den verdatterten Journalisten auch gleich über Polizeihelme und Identifikationscodes auf. Ein Paar gibt sich auf dem Gehsteig der Liebe hin. Sie fragt ihn, ob er Einwände hätte, wenn ihr Vater zu ihnen zöge. Wenig später liegen sie zu dritt im Bett, ihr Vater liest im Pyjama ein Buch, während das Liebespaar offensichtlich ein wenig genervt ist, noch dazu, wo Vater, kaum dass die Lichter ausgegangen sind, an einem Schiffsmodell zu basteln beginnt.

Ein Boxer hat mächtig Prügel einstecken müssen. Mehrere Körperteile lösten sich im Laufe des Kampfes vom Rumpf, doch der Manager macht, während er den Kopf wieder anzuschrauben versucht, seinem Sportler Mut. Er sei echt gut gewesen. Die Presse fragt sich, ob der Boxer noch einmal in den Ring steigen wird. Immerhin sei sein Kopf in den letzten sechs Kämpfen stets abgegangen. In der folgenden Woche hören Ärzte und Patienten der Radioübertragung eines weiteren Boxkampfes zu und erfahren, dass der Kopf neuerlich vom Hals fliegt.

Nach einer netten kleinen Soap Opera geht's nach Epson, wo

das Queen Victoria Handicap ausgetragen wird. Acht Queen Victorias in einschlägiger Gewandung rasen über die Strecke, dabei eifrig Hindernisse überwindend. Nach weiteren Sportberichten kommt der letzte Akt, »Ein Schinken im Schloss«. Mit Ausnahme von Hamlet und Ophelia sind alle Schauspieler wie Queen Victoria verkleidet und verbeugen sich artig, während der Abspann – im Stile der Shakespeare'schen Dramen – zu laufen beginnt.

FOLGE 5, AUSGESTRAHLT AM 28. NOVEMBER 1974

Während nette Hausfrauen diverses Kriegsgerät – Boden-Luft-Raketen, Bazookas und andere Nettigkeiten – herbeischaffen, ist die britische Post damit beschäftigt, einen neuen Briefkasten einzuweihen. Doch was ist freilich schon die Eröffnung eines neuen Postkästchens, wenn Mr. Neutron, der gefährlichste und gefürchtetste Mann der Welt, plötzlich in einem kleinen Vorort auftaucht? Während Neutron bei einer Familie Tee trinkt, sind die Supermächte der Welt in höchstem Ausmaß alarmiert. Nur einer kann Neutron wieder dingfest machen: Teddy Salad. Aber der ist irgendwo am Yukon in Alaska verschollen. Ein mutiger Freiwilliger macht sich auf die Suche nach Salad. Während der Mann in den Weiten des Nordens den Spezialisten zu finden trachtet, beweist Neutron seine Gefährlichkeit: Er gibt harmlosen Staatsbürgern Kochtips.

Nach einigen Fehlversuchen findet der Freiwillige Salad, der als Hund verkleidet ist. Der Freiwillige setzt ihm das Problem auseinander, während sie »Gassi gehen«. Die Spitzenpolitiker tagen derweilen in Permanenz. Da Amerikaner und Briten nichts von Salad hören, entschließen sie sich dazu, Neutron wegzubomben, und informieren die anderen Großmächte von diesem Plan – die Sowjetunion, die Volksrepublik China und die Isle of Wight. Auf gut Glück werden einige Städte, in denen sich Neutron befinden könnte, vom Antlitz der Erde getilgt, Orte wie Kairo, Bangkok, Kapstadt oder Buenos Aires. Doch stets erweist sich die Aktion als Fehlschlag. Neutron ist immer noch in Freiheit. Seine Taten werden immer dreister. Er nimmt sogar schon an Preisausschreiben von Kellogg's Cornflakes teil!

Die Supermächte bomben weiter. Und gerade als Salad die Adresse, an der sich Neutron aufhält, herausgefunden hat, wird auch er in die Luft gejagt, da die Streitkräfte die Erde planquadratmäßig ausradieren. Schließlich bleiben nur ein gewisser kleiner Vorort und die Wüste Gobi – wo ein neuer Postkasten eingeweiht wird – übrig. Neutron hat mittlerweile eine Braut gefunden, und ein Off-Sprecher stellt die bange Frage, ob es Neutron gelingen wird, abermals zu entkommen. Der Sprecher verspricht atemberaubende Actionszenen, als das Licht ausgeht. Im Off hört man ihn noch eine Weile um eine weitere Minute Sendezeit betteln. Vergebens.

FOLGE 6, AUSGESTRAHLT AM 5. DEZEMBER 1974

Eine politische Werbesendung der Liberalen bringt das Finale des »Ekelerregendste-Familie-Britanniens-Wettbewerbes«. Die heißesten Kandidaten für diesen Titel sind die Garibaldis, die so ziemlich alle Voraussetzungen erfüllen, abstoßend zu sein. Der Sohn liegt derangiert auf der Couch und füllt sich mit Bohnen ab, die Mutter bügelt Radios, der Vater mampft undefinierbares Zeug, und die Tochter hat die zielsichere Gabe, die unmöglichste Frisur und das greulichste Make-up zu kreieren. Diese Familie wird vom Kandidaten der Liberalen besucht. Doch so sehr sich die Garibaldis auch abmühen, nicht nur den Kandidaten der Liberalen zu erschrecken, sie landen doch nur auf Platz drei. Gewinner des Wettbewerbs sind die Joddrells aus Durham, die aber aus Gründen des guten Geschmacks nicht gezeigt werden können.

Eine andere unmögliche Familie wird von einem Vertreter von isländischem Honig besucht, der gesteht, dass es in Island gar keinen Honig gibt und er überhaupt nur hier sei, um endlich mal aus Island herauszukommen.

Ein Schwerverletzter schleppt sich blutend in eine Arztpraxis, muss jedoch zuerst ein Formular ausfüllen, ehe der Doktor bereit ist, Hilfe zu leisten. Obwohl der Patient beim Literaturtest, der ihm vorgelegt wird, ziemlich schlecht abschneidet – er sorgt sich anscheinend mehr um das viele Blut, das aus seinem Körper quillt, als um den »Kaufmann von Venedig« –, gibt ihm der Arzt noch eine Chance: Während er zur Mittagspause geht, soll der Verletzte den Geschichtstest machen. Besteht er den, wird sich der Doc seiner annehmen.

Ein Offizier in reichlich absonderlicher Gewandung schreibt einen Brief, die »Besonders reichen Leute« bringen ihren Standpunkt vor. Mrs. Long Name hat Schwierigkeiten, ihre Sätze zu beenden, doch sie wendet sich mit diesem Problem offensichtlich an die falsche Adresse, denn sie kommt einfach nicht dazu, zu Ende zu sprechen. Long Name führt uns nach Stonehenge, von wo wir in ein Werk Sir Richard Attenboroughs eingeführt werden, der sich auf die Suche nach den berühmten wandernden Bäumen Dahomeys macht. Doch die sind einfach zu schnell für das Kamerateam, weshalb man mit den kleinen Obszönpflanzen der Türkei und den afrikanischen Kotzbäumen vorlieb nehmen muss. Man findet auch die Batsmen von Kalahoni, deren Bräuche wahrlich recht seltsam zu nennen sind. Sie sind furchterregende Krieger, und wir sehen sie, wie sie gegen die Jungs von Warwickshire antreten, was für die aus Warwick ziemlich üble Folgen hat. Während die Ergebnisse bekanntgegeben werden, beginnt der Abspann, der von einer ziemlich lausigen Gitarre begleitet wird, die das Python-Thema übt.

Der Großteil des Materials dieser sechs Folgen der letzten Staffel stammt von Chapman, Idle, Jones, Palin und Gilliam. Teilweise griffen sie aber noch auf Texte von John Cleese zurück, auf den in den Credits mehrmals Bezug genommen wird. In der vierten Folge (HAMLET) taucht die Zeile auf: »Ergänzende Blankverse: J. Cleese«. In der zweiten Folge (MICHAEL ELLIS) bekam er einen normalen Autorencredit, und das nicht ohne Grund. Die Filmsequenzen zu dieser Show waren während der Dreharbeiten zum Kinofilm HOLY GRAIL übrig geblieben, da die ursprüngliche Filmidee gewesen war, den Gral bei Harrod's zu finden, das damals mit dem Spruch warb, einfach alles zu führen. Später zogen die Pythons jedoch eine andere Variante vor – und die Kaufhaus-Szenen blieben vorerst außen vor. Für die vierte Staffel gruben die Rest-Pythons den Stoff wieder aus und bauten ihn zu einer eigenen Show aus.

Die sechste und allerletzte Folge weist erstmals auch einen anderen Autor als die Gruppenmitglieder und Neil Innes aus: Douglas Adams, der wenig später als Autor der Sciencefictiongeschichte A HITCHHIKER'S GUIDE THROUGH THE GALAXY (*Per Anhalter durch die Galaxis*) berühmt werden sollte. Er hatte sich schon lange im Umfeld der Pythons herumgetrieben und war im

Lauf der Zeit den Pythons ein guter Freund geworden, dessen Ideen die anderen durchaus zu würdigen wussten. Schließlich schrieb er mit Chapman den Sketch über den lehrerhaften Doktor. Chapman: »Das ist der eine Beitrag von Douglas Adams zum ganzen Python, diesen einen Sketch zu schreiben. John war gegangen, und ich arbeitete ohnehin mit Douglas, und so schrieben wir auch etwas für die Show.«

IV. Die Kinofilme (1971 bis 1983)

And now for something completely different …

And Now For Something Completely Different
(Monty Pythons wunderbare Welt der Schwerkraft)
GB 1971
Regie: Ian MacNaughton. *Produzentin:* Patricia Casey. *Produktion:* Kettledrum/Python Productions. *Verleih:* Columbia Pictures. *Buch:* Cleese, Chapman, Gilliam, Idle, Jones, Palin. *Kamera:* David Muir. *Animationen:* Terry Gilliam. *Länge:* 88 Minuten. *Uraufführung:* 28. September 1971.
Besetzung: John Cleese, Graham Chapman, Eric Idle, Terry Jones, Michael Palin, Carol Cleveland, Connie Booth.

INHALT: Der Film ist im Wesentlichen ein Kompilat der ersten beiden Staffeln der Fernsehserie FLYING CIRCUS. Er beginnt mit *Wie man nicht gesehen wird.* In einer Naturlandschaft können verschiedene Personen nicht gesehen werden. Als sie jeweils auf Aufforderung aus ihrer Deckung hervorkommen, werden sie erschossen, was zeigt, wie wichtig es ist, nicht gesehen zu werden. Ein Mann hat diese Lektion zwar gelernt, doch ist sein Versteck – der einzige Busch weit und breit – nicht gerade klug gewählt: Er wird in die Luft gesprengt. Nicht viel besser ergeht es einem anderen Mann, der zwar hinter einem von drei Büschen versteckt ist, aber ebenfalls das Zeitliche segnen muss, als alle drei Sträucher in die Luft fliegen.
Dann erleben wir einen Mann, der ein Tonbandgerät in der Nase hat, und einen Mann, dessen Bruder ein Tonbandgerät in der Nase hat, sodann beide in Stereo. Wir werden mit den Problemen von Ungarn konfrontiert, die einem Bösewicht aufgesessen sind, der einen ungarisch-englischen Sprachführer veröffentlicht hat, in dem Standardsätze in obszöner Weise verfremdet wurden. Mr. und Mrs. Arthur Pewtey beim Eheberater. Diesmal allerdings geht es für Arthur Pewtey nicht so glimpflich ab. Statt des Texaners spricht Gott zu ihm, und da er nicht entsprechend handelt, wird er vom Gewicht der 16 Tonnen erschlagen.
Es folgen die klassischen Sketche *Knuff, knuff, Selbstverteidigung gegen jemanden, der mit frischem Obst angreift* und *Hell's*

Grannies. Nach einer erheiternden Einlage beim Armee-Drill erleben wir die Vorbereitungen für die Bergexpedition, die von den zwei Dovers über die zwei Calais usw. bis zu den beiden Kilimandscharos vorstoßen will, um dort nach Überresten der vorjährigen Expedition zu suchen, die eine Brücke zwischen den beiden Bergen bauen wollte.

In einer Zeichentricksequenz wird auf die »gelbe Gefahr« hingewiesen, die Miss Sputny bedroht, jedoch durch »Crelm-Zahnpasta« in den Griff zu bekommen ist. In weiteren Animationen sehen wir den Twentieth Century Frog und die tanzenden Zähne von Conrad Poohs. In einem Nachtklub versucht Ken Ewing seinen Mäusen mit dem Holzhammer die Melodie von »The Bells of St. Mary's« zu entlocken, ehe bei *Die feinen Künste* Sir Edward Ross interviewt wird. Der Milchmann geht der verführerischen Hausfrau auf den Leim – wie zahllose Kollegen vor ihm, und Ernest Scribbler erdenkt den tödlichen Witz. Gilliam entführt uns in die Welt der Killerautos, und Herr Praline beschwert sich über den toten Papagei, den er eben erst erworben hat. Der Tierhändler gesteht ihm, dass er nie Tierhändler, sondern viel lieber Holzfäller geworden wäre, worauf er den »Lumberjack-Song« zum Besten gibt. Ein ganzes Restaurant wird ins Elend gestürzt, nachdem sich ein Gast über eine leicht beschmutzte Gabel beschwert hatte. Ein Bankräuber irrt sich im Geschäft und muss sich mit Miederwaren begnügen.

Nach weiteren Animationen muss Arthur Putey erkennen, dass die Löwenbändigerei doch nicht eine so einfache Sache ist – und er besser einen Umweg über das Bankwesen machen sollte. Die Sendung »Erpressung« liefert belastende Details über Mitbürger, die sich allerdings durch einen Anruf beim Sender und entsprechende Zahlungen Stillschweigen erkaufen können. Die Frauengilde Batley will sich einmal an einem modernen Werk versuchen und führt daher die Schlacht von Pearl Harbor auf. Ein Liebespaar sieht sich Filme an, ehe der Obertrottel der feinen Gesellschaft ermittelt wird, womit der Film sein Ende findet.

ZUM FILM: Der Erfolg des MPFC rief bald zahlreiche Produzenten auf den Plan, welche die Truppe auch in die Kinos bringen wollten, um derart ein größeres Publikum mit den Pythons

Mit dem Papagei stimmt was nicht ...

zu erfreuen. Zu diesen Unternehmern gehörte auch Victor
Lownes, der den Londoner *Playboy*-Club leitete. Er war überzeugt davon, dass die Pythons in den Staaten ganz groß heraus-
kommen könnten. Die beste Einführung wäre ein eigener Kinofilm mit den besten Jokes der Truppe – eine Art »Best of« zu
Werbezwecken. Er überzeugte die Pythons davon, einiges Material aus den ersten 13 Folgen für die große Leinwand neu aufzunehmen, was ihnen den amerikanischen Markt öffnen – und
nebenbei viel Geld einbringen sollte. Meinte jedenfalls Lownes.
In der Tat waren die Produktionskosten von 80.000 Pfund (damals rund 850.000 DM) rasch eingespielt, doch den Pythons
blieb nach der Endabrechnung erstaunlich wenig vom großen
Geld.

Der Bankräuber irrt sich in der Adresse ...

Unter der Regie von Ian MacNaughton, der auch bei den TV-Sendungen diese Funktion hatte, nahmen die Pythons im Herbst 1970 nördlich von London in einer ehemaligen Molkerei die alten Sketche auf – aber auch ein paar neue, die dann bei der zweiten Serie Verwendung finden sollten –, wobei sie sich mit Ausnahme von einigen extemporierten und verbindenden Elementen an die Originalskripts hielten. MacNaughton versuchte, seine Position auch dazu zu verwenden, auf die Abfolge der einzelnen Sequenzen Einfluss zu nehmen, was mehrmals zu heftigen Wortwechseln führte. Auch das Verhältnis von Lownes und Gilliam war gespannt, da Gilliam sich weigerte, Lownes' Ratschläge als verbindlich zu akzeptieren. Es ist daher auch nicht sonderlich verwunderlich, dass die Pythons mit dem Produkt ihrer Arbeit eher unzufrieden waren. In der Tat wirken die einzelnen Passagen immer noch wie TV-Unterhaltung, wenn auch aufgeblasen für die Kinoleinwand.

Als der Film im Dezember 1971 in den englischen Kinos anlief, bekam er gute Kritiken, und auch der Besuch war zufriedenstellend. Wegen zu geringer Werbung wurde AND NOW FOR SOMETHING ... aber gerade auf jenem Markt, für den der Film eigentlich konzipiert worden war, ein Fehlschlag. Der Film kam im Frühjahr 1972 in den US-Kinos zum Einsatz, wurde aber bald wieder abgesetzt. Erst als MPFC 1974 ins amerikanische Fernsehen kam, gruben findige Verleiher AND NOW FOR SOMETHING ... wieder aus, diesmal mit wesentlich beachtlicherem Erfolg. Seit 20 Jahren ist der Film nun ein Kultstreifen unter den Studenten und läuft immer wieder im Kabel-TV sowie in Programm-Kinos.

KRITIKEN: »Wo ist der Witz? Sicher nicht in einem schalen Joe-Miller-Sex-Gag über einen Eheberater oder einem anderen über einen Milchmann. Eine Szene über ein Vogelgeschäft ist so tot wie der fragliche Papagei. Verglichen damit sind die BEVERLY HILLBILLIES wahrlich shakespearehaft.« (Howard Thompson, *New York Times*, 23. August 1972)

»Ein wahnsinnig witziger Film. Nichts ist heilig, schon gar nicht Patriotismus und jede Form von Bigotterie.« (Penelope Gilliatt, *New Yorker*, 26. August 1972)

»Die beste Qualität in diesem Film ist seine jugendliche Frechheit. Jeder Film von hellen Leuten, der 100 Minuten lang versucht, dich zum Lachen zu bringen, sollte zeitweise Erfolg haben. Und der hat ihn.« (Stanley Kauffmann, *The New Republic*, 23. September 1972)

Monty Python and the Holy Grail
(Die Ritter der Kokosnuss)
GB 1974
Regie: Terry Gilliam, Terry Jones. *Buch:* John Cleese, Graham Chapman, Terry Gilliam, Eric Idle, Terry Jones, Michael Palin. *Kamera:* Howard Atherton. *Musik:* Neil Innes. *Animationen:* Terry Gilliam. *Produzenten:* Mark Forstater, John Goldstone. *Länge:* 90 Minuten. *Uraufführung:* 28. März 1975.
Besetzung: John Cleese, Graham Chapman, Terry Gilliam, Eric

Idle, Terry Jones, Michael Palin, Connie Booth, Carol Cleveland, Neil Innes, Rita Davies, John Young, Avril Stewart, Sally Kinghorn, Bee Duffell.

INHALT: England im frühen Mittelalter. König Arthur ist ausgezogen, den Heiligen Gral zu suchen. Und um diesen ollen Becher endlich zu finden, will er die tapfersten, kühnsten, herrlichsten – na usw. – Ritter um sich versammeln, auf dass Englands Adel auch einmal etwas anderes tut, als in kalten Schlössern in alten Rüstungen vor sich hin zu rosten. Doch das Interesse der Ritterschaft scheint sich in Grenzen zu halten. Vor dem ersten Schloss wird Arthur in eine heikle Diskussion über europäische und afrikanische Schwalben verwickelt, deren Eigendynamik ihn zwingt, unverrichteter Dinge wieder abzuziehen.

Im Dorf sterben derweil die Armen des Landes an einer der damals üblichen Seuchen, und der Karrenführer sammelt die Leichen ein. Gegen ein wenig Aufgeld auch jene, die eigentlich noch nicht so ganz das Zeitliche gesegnet haben. Arthur erkundigt sich bei einer alten Frau, die sich als junger Mann entpuppt, wer der Bewohner des nächstgelegenen Schlosses sei, und muss sich dabei belehren lassen, dass die ortsansässigen Bauern ein autonomes Kollektiv sind, die sich von jemandem, der sich hybriderweise König nennt, aber schon überhaupt nichts sagen lassen.

Immer noch allein zieht Arthur weiter. Und trifft auf den schwarzen Ritter, der aus seinen Gegnern Schaschlik macht. Diesen tapf'ren Kämpen will Arthur für sich gewinnen. Doch der schwarze Ritter erweist sich als Widerborst. Für ihn ist auch Arthur nur ein Gegner wie jeder andere. Und so kommt es zum Kampf, in dem Arthur den schwarzen Ritter stückweise filetiert. Erst als dieser all seiner Gliedmaßen ledig ist, zeigt er sich bereit, sich auf ein Unentschieden zu einigen. Doch Arthur hat ihm nichts mehr zu sagen und begibt sich wieder auf die Suche.

Im nächsten Dorf stößt er auf Sir Bedevere, der eben eine Hexe enttarnt. Hexen, so Bedeveres Logik, brennen, ebenso wie Holz. Holz wiederum schwimmt auf dem Wasser wie Enten. Wenn die der Hexerei angeklagte Frau also so schwer wie eine Ente ist, ist sie aus Holz und folglich eine Hexe. Bedeveres Klugheit überzeugt Arthur, der von Bedevere auch noch lernen kann, weshalb die Erde die Form einer Banane hat. Nach Bedevere schließen sich weiterhin der Tafelrunde an: Lancelot der Tapfere, Galahad der Reine und Robin der Nicht-ganz-so-Tapfere-wie-Lancelot, der fast gegen das Hühnchen von Bristol gekämpft und sich in der Schlacht von Badon Hill eigenhändig nass gemacht hat. Gemeinsam begibt sich der erlauchte Kreis nach Camelot, um dort ein wenig zu musizieren. Gott höchstpersönlich erscheint Arthur und seinen Leuten, um sie an ihren Auftrag zu erinnern, und daher brechen sie sogleich wieder auf, um den Pokal in ihren Besitz zu bringen.

Sie gelangen vor die Feste von Guy de Lombard. Dessen Soldaten sind nicht besonderes kooperativ, sie furzen ganz allgemein in die Richtung der Briten, denn es handelt sich bei den Burgbewohnern um Franzosen (»Wo'er 'ätte ich sonst diesen dämlichen Akzent?«). Deren Ver'öhnung lässt Arthurs Geduldsfaden endgültig reißen, als man ihn beschuldigt, seine Mutter sei ein 'amster gewesen, und sein Vater 'abe nach 'olunderbeeren gerochen. Arthur lässt die Festung berennen, doch müssen sich die Seinen zurückziehen, nachdem man sie mit allerhand Viehzeug bombardiert hat. Die Briten ersinnen daraufhin eine List. Sie

Die damischen ›Ritter der Kokosnuss‹

bauen ein großes Tier aus Holz, das sie vor die Mauern des Kastells rollen, auf dass es die Franzosen in ihr Lager holen. Dummerweise vergessen die Ritter aber, sich zuvor im Bauch des Tieres zu verstecken, um so in der Nacht ihren Kampfgefährten die Tore öffnen zu können. Doch dazu wäre es ohnehin nicht gekommen, denn die Franzosen schleudern auch das Holzviech über die Zinnen.

Diese Niederlage habe Arthur völlig unvorbereitet getroffen, kommentiert ein zeitgenössischer Historiker das damalige Geschehen. Unvorbereitet ist aber auch der Historiker auf den Ritter, der plötzlich ins Bild reitet und ihn zum Schrecken seiner Ehefrau entseelt.

Die Tafelrunde trennt sich, damit jeder Edle für sich die Suche aufnehme. Sir Robin stößt auf den schrecklichen dreiköpfigen Ritter, kann ihm jedoch entkommen, da sich die drei Köpfe nicht einigen können. Sir Galahad lernt in einem Schloss die Lust kennen, doch kann er sich nicht auf einen näheren Dialog mit ihr einlassen, weil er von Sir Lancelot vom Ort des Geschehens entführt wird, sehr zu seinem Missfallen.

Arthur und Bedevere lernen die Ritter kennen, die immer »Ni« sagen. Diese drohen ihnen Übles an, wenn sie ihnen nicht ein hübsches Gebüsch bringen. Die Polizei unserer Tage beginnt in der Zwischenzeit den Mord an dem Historiker zu untersuchen, derweilen Sir Lancelot eine halbe Hochzeitsgesellschaft massakriert, weil er irrtümlicherweise annimmt, eine holde Jungfrau aus den Händen fürchterlicher Häscher befreien zu müssen. Der geschäftstüchtige Vater des schwächlichen Jungen, der Lancelot in Wirklichkeit den Hilferuf zukommen ließ, versteht aber, das Beste aus der Situation zu machen. Arthur treibt ein Gebüsch auf, zieht aber weiter, als die Forderungen der Ritter vom »Ni« immer alberner werden.

Die Runde sucht weiter und stößt auf Tim, den Zauberer. Der kann ihnen behilflich sein und verweist sie an die Höhle von Caerbannog, die allerdings von einem schrecklichen Ungeheuer bewacht wird: einem Karnickel. Die Tafelrundler halten das für einen schlechten Witz, doch werden sie blutig eines Besseren belehrt. Erst die Heilige Handgranate von Antiochia schafft klare Verhältnisse. Nach weiteren unangenehmen Bekanntschaften mit einem Monster, diesmal dem von Arrrghhh, gelangen die

Der schröckliche dreiköpfige Ritter

Ritter zur Brücke des Todes, deren Wächter einen erst nach der Beantwortung von drei Fragen passieren lässt, was einigen aus der Runde doch beachtliche Probleme macht. Arthur aber kann den Wächter durch das Stellen einer Gegenfrage zur Strecke bringen.

So gelangt er mit dem Rest seiner Getreuen zur Burg von Arrrghhh, wo er abermals auf die Franzosen trifft, die ihn wieder verhöhnen. Diesmal aber hat Bedevere ein paar Freunde aufgetrieben, die ein mächtiges Heer bilden. Als die Truppen der Briten eben zum Angriff ansetzen, trifft die Polizei am Ort des Geschehens ein, nimmt Lancelot, Bedevere und Arthur wegen des Verdachtes des Mordes an dem Historiker fest – und beendet auch die Arbeit des Kameramannes.

ZUM FILM: Im März 1974 waren die dunkelsten Wolken über der Gruppe allmählich verflogen, die Mitglieder trafen sich sogar wieder zu einem gemeinsamen Bühnenauftritt an der Drury Lane. Bei dieser Gelegenheit versuchte Terry Jones Pläne für einen Kinofilm zu konkretisieren: »Das erste Skript war nichts als ein weiterer Python-Mischmasch, halb modern, halb mittelalterlich. Wir hatten einige Tage frei, und ich dachte mir: Ich würde es besser ganz mittelalterlich machen. Ich war damals in meiner Chaucer-Phase. Als wir uns wieder alle trafen, sagte ich: Lasst uns doch alles mittelalterlich machen. Ich erwartete, jeder würde widersprechen. Ich war sehr überrascht, als das alle akzeptierten.«

Die von Jones angesprochene ursprüngliche Drehbuchversion sah vor, dass Arthur und seine Jungs den Becher bei Harrod's finden würden, da ein Werbespruch der Kaufhausgruppe lautete, bei Harrod's gäbe es einfach alles. Als sich Jones mit seiner Ansicht durchsetzte, wurde das so zur Makulatur gewordene Material auf Eis gelegt. Es fand später Eingang in die MICHAEL ELLIS-Episode der vierten Staffel. Mit dem Entschluss, den Film vollständig zum Historienspektakel werden zu lassen, ergaben sich freilich Probleme ganz anderer Natur.

Ein echter Ritter braucht natürlich ein stattliches Streitross. Doch dafür war keinesfalls Geld da. Daher verfielen Jones und Palin auf die Idee, das Galoppieren der Pferde mit Kokosnuss-Schalen, die der Knappe jedes Ritters aneinanderschlagen sollte, zu imitieren. Die so aus finanzieller Not entstandene Tugend verlieh dem Film einen zusätzlichen Gag.

Generell hatten die Pythons etwas mehr Geld zur Verfügung als noch beim ersten Film. Etwa eine halbe Million Dollar – nach damaligem Kurs eine knappe Million Mark – konnten die Produzenten loseisen, und damit ließ sich schließlich doch so einiges anfangen.

Die Dreharbeiten begannen im April 1974 im schottischen Hochland. Das Wetter war zumeist grauenvoll, was sich entsprechend auf die Psyche des Teams auswirkte. Vor allem auf Graham Chapman, der den Arthur verkörperte. Er war schwerer Alkoholiker, und die zahlreichen Drehpausen boten noch mehr Gelegenheit, diesem Laster zu frönen. Als er in einer der Schluss-Szenen die Brücke der ewigen Verderbnis überqueren musste, da zitterte er dermaßen, dass die Crew den entsprechende Take nicht aufnehmen konnte. Und er zitterte nicht vor Angst! Erst als der nötige Sprit beigebracht war, beruhigte sich Chapman wieder. Aber immerhin war dieser Film sein Weg nach Damaskus. Am Abend des betreffenden Drehtages schwor er sich, dem Alkohol zu entsagen, und nicht einmal vier Jahre später war er in der Tat trocken. Größtenteils jedenfalls.

Während der Regenzeit hielten sich die Akteure mit Wortspielen über Wasser. Neil Innes, der im Film u. a. den Barden des Sir Robin spielt, erinnerte sich später, dass sie, alle im vollen Ritterkostüm, in einem Auto saßen und verrückte Wörter erfanden, die dann in eine entsprechende Grammatik gegossen wurden. Doch allen Widrigkeiten zum Trotz kam der Film fristgerecht in den Kasten. Als er in den britischen Kinos anlief, waren Publikum und Kritik gleichermaßen begeistert.

HOLY GRAIL entwickelte sich sofort zu einem veritablen Hit. Nicht minder erfolgreich verlief der Kinostart in den Staaten,

Im schottischen Hochland gedreht: ›Die Ritter der Kokosnuss‹

wo die Pythons erstmals ihr Image als Kultgruppe für eine kleine Menge interessierter Fans ablegen konnten. An der New Yorker Premierenfeier nahmen unter anderen Jimmy Page und Robert Plant von »Led Zeppelin« sowie Andy Warhol teil. Der Film läuft auch heute noch immer wieder in Programmkinos, ist mittlerweile als Video zu haben und wird regelmäßig im Fernsehen gegeben.

KRITIKEN: »Das mutwillige Versprechen ihres Titels wird unerwarteterweise erfüllt. Diese Python ist oftmals übermütig.« (John Coleman, *New Statesman*, 4. April 1975)

»Eine fröhlich versaute Bearbeitung der Legende von König Arthurs Jagd nach dem Gral. Der ganze Film, der oftmals rücksichtslos lustig und manchmal eine Angelegenheit komischen Genies ist, ist ein Triumph von Irrungen und Wirrungen.« (Penelope Gilliatt, *New Yorker*, 5. Mai 1975)

»Pferd beißt Python – Python beißt zurück.« (Larry Sloman, *Rolling Stone*, 8. Mai 1975)

Monty Python's The Life of Brian (Das Leben des Brian)
GB 1979
Regie: Terry Jones. *Buch:* John Cleese, Graham Chapman, Terry Gilliam, Eric Idle, Terry Jones, Michael Palin. *Kamera:* Peter Biziou. *Musik:* Geoffrey Burgon. *Produzenten:* George Harrison, Denis O'Brien. *Länge:* 90 Minuten. *Uraufführung:* 17. August 1979.
Besetzung: John Cleese, Graham Chapman, Terry Gilliam, Eric Idle, Terry Jones, Michael Palin, Ken Colley, Gwen Taylor, Terence Bayler, Carol Cleveland, Charles McKeown, Sue Jones-Davis, John Young, Bernard McKenna, Andrew MacLachlan, Neil Innes, Chris Langham, John Case, Charles Knode, Spike Milligan.

INHALT: Brian von Nazareth hat das Pech, zur gleichen Zeit wie Jesus geboren zu werden, gerade mal ein paar Ställe weiter, was auch die Weisen aus dem Morgenland zunächst verwirrt. Wie der große Nazarener wächst Brian in einer von den Römern unterdrückten Provinz auf, für welche die Besatzer rein gar nichts

Brian (Graham Chapman, rechts) bekommt Nachhilfeunterricht vom römischen Zenturio (John Cleese)

tun – einmal abgesehen vom Aquädukt, der Kanalisation, den Straßen, der Bewässerung, der Medizin, den Schulen, dem Gesundheitswesen und der öffentlichen Ordnung. Brian spürt, dass er zur Befreiung seines geknechteten Heimatlandes beitragen muss, und sucht demgemäß Anschluss an die Widerstandsbewegung.

Er trifft auf die Volksfront Judäas, die im Clinch mit den Abweichlern und Renegaten der Judäischen Volksfront liegt, denn schlimmer als die Judäische Volksfront ist nur – nein, natürlich nicht die römische Besatzungsmacht, sondern die Populäre Front, diese Ansammlung von Spaltern. Reg, der Oberkapo der Volksfront Judäas, hat für Brian einen kleinen Auftrag. Er soll »Römer, geht heim!« auf die Palastwand kritzeln.

Leider ist Brian des Lateinischen in etwa so mächtig wie ein durchschnittlicher Abiturient unserer Tage, sodass er »Romanes eunt domus« (»Romanes gehen das Haus«) auf die Mauer pinselt, was einen Zenturio, der ihn dabei ertappt, einigermaßen empört. Mit gezücktem Schwert zwingt der römische Offizier Brian, die einzelnen Wörter zu deklinieren bzw. zu konjugieren, auf dass die richtige Version, »Romani ite domum«, von ihm gefunden werde. In alter Tradition von Generationen von Lateinlehrern trägt der Zenturio Brian auf, den Satz hundertmal auf den Festungswall zu schreiben, und zwar bis zum Morgengrauen, widrigenfalls der Zenturio Brian eigenhändig um seine Zeugungsfähigkeit zu bringen droht. Für die daraus resultierende revolutionäre Tat – die ganze Mauer ist am Morgen voll von Brians Strafübung – wird Brian in die Organisation aufgenommen: »Von nun an sollst du genannt werden: Brian, was soviel heißt wie: Brian!«

Die Volksfront beabsichtigt, Pilatus' Frau zu entführen, um so Bedingungen stellen zu können. Dummerweise kommt ein revolutionäres Konkurrenzunternehmen auf dieselbe Idee, was dazu führt, dass sich die beiden Kampfkommandos gegenseitig vernichten, nur Brian überlebt das innerjüdische Massaker. Die Römer nehmen ihn gefangen und führen ihn vor Pilatus. Diesem gesteht Brian in höchster Not, dass er eigentlich halber Römer ist, denn seine Mutter hatte einst eine Affäre mit einem Soldaten der römischen Garnison mit Namen Schwerus Noetus, was der ihn vernehmende Zenturio für einen Scherznamen hält – wie Knallus Deppus, Stechus Cactus oder Schwancus Longus. Pilatus merkt auf: Was soll den an Schwancus Longus lustig sein? Er habe einen sehr guten Freund dieses Namens in Rom, der ein beliebter Redner und Schöngeist sei. Diese Offenbarung bringt einen Wachsoldaten, der sich vor Lachen nicht mehr halten kann, direkt in die Arena zu den Löwen. Dem Rest der Garde droht Ähnliches, vor allem, als Pilatus anmerkt, die Frau von Schwancus Longus hieße Incontinentia.

Im allgemeinen Tohuwabohu gelingt Brian die Flucht. Um sich maskieren zu können, will er bei einem Barthändler, der falsche Bärte für Frauen verkauft, damit diese als Männer verkleidet an den Steinigungen teilnehmen können, die für Frauen tabu sind, eine künstliche Manneszier erwerben. Der Händler beansprucht Brians Nerven in beachtlicher Manier, da er darauf besteht, Brian müsse mit ihm feilschen. Immer noch sitzen ihm die Römer im Nacken, und Brian eilt kurz entschlossen ins Hauptquartier der Volksfront, was Reg und die anderen Mitglieder des Zentralkomitees nicht gerade erfreut, zumal sich die Römer anschicken, eine Hausdurchsuchung vorzunehmen. Wundersamerweise finden sie nichts.

Brian, der sich auf dem Balkon versteckt hat, merkt bald, dass dieser nicht sonderlich stabil ist. Er stürzt ab und katapultiert einen langweiligen Endzeitprediger sauber in einen Korb, was ihm – Brian – die Aufmerksamkeit der Passanten einbringt. Gute Tricks kommen an. Doch Brian, der nun von gelangweilten Römerwachen, die ein Auge auf die zahllosen Propheten haben sollen, umgeben ist, muss sich Glaubwürdigkeit verschaffen. Also beginnt er zu predigen. »Richtet nicht, auf dass ihr nicht gerichtet werdet, sehet die Lilien auf dem Felde« und dergleichen mehr, was aber beim Publikum nicht besonders zieht. Erst als Brian seinen Spruch, wonach man seines Nächsten Rinder bekehren solle, denn dann werde man schwerreich, mitten in dem Satz enden lässt, »denn nur sie werden dereinst empfangen«, ohne zu sagen, wer oder was denn da »empfangen« werde, erntet er die Aufmerksamkeit des Auditoriums.

Die Römer haben sich in der Zwischenzeit verzogen, und Brian will sich dünnemachen, doch die Zuhörer bestehen darauf, zu erfahren, was empfangen wird. Brian muss also abermals fliehen, verfolgt von einer irren Horde potenzieller Anhänger. Er springt in eine Grube, die allerdings schon von dem heiligen Simon bewohnt ist, der seit 18 Jahren kein einziges Wort gesagt hat, einem ebenso alten Gelübde folgend. Nun springt ihm Brian auf den Fuß, und Simon schreit: »Aua, mein Fuß!« Entsetzt darüber, seinen Schwur gebrochen zu haben, beginnt Simon sogleich, heftig vor sich hin zu toben und zu grölen. Er erstarrt erst, als er der Menge von Gläubigen gewahr wird, die sich mittlerweile um das Loch versammelt hat. Simon beschwert sich: »Volle 18 Jahre blieb ich stumm, dann kam er.«

Die Menge hält das jedoch für ein Wunder Brians, der für sie nun endgültig der Messias ist. Er habe sie auf diesen Berg geführt, doch es gebreche ihnen an Nahrung, bemängeln Brians Jünger. Er verweist sie auf die Wacholderbüsche, die Simon als Speisekammer dienten. Noch ein Wunder, sind die Gläubigen überzeugt. Einer von ihnen meint, er könne mit einemmal wieder sehen. Das dritte Wunder Brians! Dass der Blinde, kaum hat er seinen Stock weggeworfen, in die Grube fällt, wird von der Menge negiert. Sie will sich an den Wacholderbeeren laben, was Simon in Rage bringt. Als Simon auch noch bezweifelt, dass Brian der Auserwählte ist, klinkt die Masse endgültig aus und führt Simon mit dem Schlachtruf »Tod den Ungläubigen« geradewegs ins Verderben. Diesen Tumult kann Brian nützen, um sich zu verdünnisieren.

Mit einemmal sieht er sich Judith gegenüber, einer besonders hübschen Revolutionärin, die ihm schon von Anfang an aufgefallen war. Mit ihr wird er die Nacht verbringen. Als er sich am nächsten Morgen entspannt und befriedigt vom Lager erhebt und das Fenster öffnet, erstarrt er vor Schreck: Die Gläubigen haben ihn wieder gefunden und lagern nun vor seinem Haus. Brian versucht ihnen klarzumachen, dass sie eben nicht auf irgendwelche »Führer« hören sollen, doch seine Message kommt irgendwie nicht richtig rüber, und im Erdgeschoss organisiert Reg schon ganz groß den Brian-Kult. Brian versucht, sich dem ganzen Spektakel zu entziehen, nur Judith hat ihn verstanden und ist stolz auf ihn.

Darüber kann sich Brian freilich nur kurz freuen, denn plötzlich und unerwartet schlagen die Römer zu und schnappen ihn. Pilatus verurteilt Brian zum Tod durch Kreuzigung. Während sich die Kreuzigungsgruppe im Kerker formiert, frönt Pilatus einem alten Brauch. Er zeigt sich gewillt, einem Gefangenen aus Anlass eines jüdischen Festtages die Freiheit zu schenken. Die Menge ruft lauter Namen, mit denen Pilatus ob seines Sprachfehlers beachtliche Schwierigkeiten haben muss. Judith, die sich in die Menge geschlichen hat, macht sich dies zunutze und fordert Brians Freilassung. Und so soll es auch geschehen.

Brian hängt bereits am Kreuz und hadert so sehr mit seinem Schicksal, dass er eine Nuance zu spät reagiert, als sein Name aufgerufen wird. Ein anderer Gefangener schaltet schneller und wird an Brians Statt vom Kreuz genommen. Reg und die Volksfrontler kommen, Brian schöpft neue Hoffnung. Doch Reg und Co. informieren ihn nur darüber, wie toll sie es finden, dass er dieses Martyrium im Dienste der Sache auf sich nimmt, und bringen ihm sodann ein flottes Ständchen. Auch Judith deutet

Brians Haltung fehl und glaubt, er wolle sich tatsächlich opfern. Als Brian zudem von seiner Mutter nur Vorhaltungen hört, ist endgültig jede Hoffnung auf Rettung dahin. Verzweiflung packt Brian, sein Tod ist unausweichlich. Doch in diesem Moment größtmöglicher Düsternis vernimmt er die Stimme eines anderen Delinquenten, der ihm den Ratschlag gibt, »immer auf die Sonnenseite des Lebens« zu blicken. Dieses nette Liedlein erweist sich als ansteckend, und während der Abspann zu laufen beginnt, singt die ganze Kreuzigungsgemeinde es aus voller Brust.

ZUM FILM: Schon die Titelmelodie des neuen Films der Pythons zeigt Glamour. »A Boy Called Brian« gemahnt an die Monumentalschlager der James-Bond-Filme und konterkariert damit

»Always look at the bright side of life ...«

das Schlusslied, ALWAYS LOOK ON THE BRIGHT SIDE OF LIFE, das mittlerweile zu einem All-Time-Klassiker auf den Fußballfeldern wurde und 1991 – also mit einer beachtlichen Verzögerung – auf Platz zwei der britischen Hitparade stürmte.

Mehr noch als *Die Ritter der Kokosnuss* ist *Brian* eine Satire auf gesellschaftliche und politische Zustände. Vor allem aber nimmt der Film religiöses Zelotentum auf die Schaufel, was dann auch diverse kirchliche Establishments auf die Palme bringen sollte, die in *Brian* Blasphemie sondergleichen erblicken zu müssen glaubten.

Im englischen Original dient die irische Nationalbewegung in Ulster als Modell für den judäischen Widerstand. Organisationen wie die »Official I.R.A.« (Offizielle Irisch-Republikanische Armee), die »Provisionals«, also die »Provisional I.R.A.«, die sich zu Beginn der 70-er Jahre von den »Officials« abspaltete, die »I.N.L.A.« (Irische Nationale Befreiungsarmee), die »I.R.S.P.« (Irisch-Republikanische Sozialistische Partei) waren damals in England ob der Unruhen in Derry und Belfast in aller Munde, die Anspielungen daher für jeden nachvollziehbar. In der deutschen Synchronisation hielt man sich, durchaus sinnvollerweise, eher an die auch hierzulande geläufigen Volksfronten, nationalen Fronten und populären Fronten, die durch die Aktivitäten der PLO, der Volksfront zur Befreiung Palästinas, und anderer Befreiungsbewegungen in den 70-er Jahren für Aufmerksamkeit sorgten.

Für den römischen Statthalter Pilatus stand übrigens Cleeses Geschichtslehrer Pate, der – wie Pilatus im Film – das »r« nicht aussprechen konnte und daher von der »Glowious Wevolution«, »Cwomwell« und »Woyalists« sprach. Pilatus wird daher im Original mit der Forderung »Welease Woger« konfrontiert. In der deutschsprachigen Synchronfassung entschied man sich dazu, Pilatus die Unfähigkeit anzuhängen, ein »weiches b« zu artikulieren und ein »sch« korrekt wiederzugeben, sodass Pilatus an einer Stelle sagt: »Chleudert den Purchen tsu Poden«. Aus »Welease Woger« wird konsequenterweise »Lasst den chönen Pernhard frei.« Pilatus' lispelnder Freund Schwancus Longus stolpert über »Famfon, den fadutfäischen Ochfen, diverfe Friftgelehrte auf Fäfaräa und Filuf, den fyrifchen Fchlitfer.«

Besondere Aufmerksamkeit erregte auch Otto, der Anführer ei-

Pontiuf Pilatuf

nes fliegenden Suizidkommandos, das der Auffassung ist, die Juden müssten sich rassisch reinigen, um so ein Reich gründen zu können, das 1000 Jahre Bestand hat. Die Aktivisten von Ottos Truppe heißen dann auch Adolf, Helmut und Johnny. Ein weiterer politischer Punkt, durch den die Pythons aneckten, legte Otto – dessen Emblem wie die Kombination von Davidstern und Hakenkreuz wirkt – doch eine Verwandtschaft von Zionismus und Nationalsozialismus nahe. Bei aller Kritik, welche die Pythons an der israelischen Regierung hatten, Anlass zu Missverständnissen wollten sie nicht geben, und so flog Otto – bis auf eine kleine Schluss-Szene – aus dem Film heraus.

Der Film blieb auch so kontrovers genug. Der Name »Otto« war Cleeses Idee, der schon 1963 begann, diesen Namen als seinen zweiten (anstelle des originalen Marwood) zu verwenden, und noch Jahre später meinte er, manchmal stelle er sich vor, als mittelalterlicher Erzherzog Otto auf einer Burg irgendwo außerhalb von Innsbruck zu leben. 1988 bekam einer der Gangster in A FISH CALLED WANDA, nämlich der von Kevin Kline gespielte vermeintliche Bruder Wandas, diesen Namen.

Die Idee für BRIAN wurde von Eric Idle bereits während der Dreharbeiten zu HOLY GRAIL entwickelt, versank aber zunächst wieder im Schatzkästchen von Idles Gedächtnis. Erst zu Weihnachten 1976 griffen die Pythons den damaligen Einfall wieder auf. Verschiedene Ansätze wurden überprüft; so sollte Brian einmal der vergessene 13. Apostel sein, dann der Autor eines Evangeliums. Erst nach über einem Jahr nahm das schließlich verfilmte Drehbuch von Brian als einem Zeitgenossen Jesu konkrete Gestalt an.

Cleese schrieb damals: »Es heißt nun *Das Leben des Brian*. Brian ist nicht länger ein Apostel, er ist nur irgendein Typ in Judäa anno 33 A. D.!« Diese endgültige Fassung entstand während eines Badeurlaubs im Januar 1978 auf Barbados, wo die Pythons auch von Keith Moon, dem Drummer der Rockgruppe »The Who«, sowie von »Rolling Stones«-Sänger Mick Jagger und dessen Gattin Jerry Hall begleitet wurden. Keith Moon sollte bei *Das Leben des Brian* mitwirken, doch starb er wenige Tage vor Drehbeginn im September 1978 an den Folgen seines exzessiven Lebenswandels. Die Pythons widmeten ihm daher Film und Drehbuch.

Die beiden Terrys verhandelten im Frühjahr 1978 mit der Filmfirma EMI, die 4,5 Millionen US-Dollar in Aussicht stellte, sodass Jones und Gilliam nach Tunesien fuhren, um geeignete Drehorte in Augenschein zu nehmen. Als EMI jedoch die Zusage zurückzog, hingen die Pythons plötzlich in der Luft; Ex-Beatle George Harrison jedoch rettete das Projekt und übernahm die Produktion. Mitte September 1978 konnte das Team mit den Dreharbeiten beginnen, die am 12. November 1978 nach 41 Drehtagen abgeschlossen wurden. Sie verliefen so angenehm, wie die Arbeit an HOLY GRAIL unangenehm war. Palin notierte damals am Set: »Verglichen mit GRAIL ist BRIAN beinahe ein Urlaub. Das Wetter ist wunderbar, wohingegen es in Schottland andauernd geregnet hat, und alles läuft wie am Schnürchen. Wenn es so weitergeht, habe ich fast ein schlechtes Gewissen, dafür Geld zu nehmen.«

Der Film wurde in Monastir aufgenommen, einerseits im historischen Schloss, andererseits in jenen Kulissen, die einige Jahre zuvor von den Italienern für Franco Zeffirellis Monumentalepos *Jesus von Nazareth* errichtet worden waren – ein durchaus angebrachter Ort also. Noch vor Jahresende war auch die Nachbearbeitung im Studio beendet, Anfang 1979 war *Das Leben des Brian* bereit, in die Kinos zu kommen. Noch ahnte keiner der Pythons, was sich über ihren Häuptern in dieser Angelegenheit noch zusammenbrauen würde.

In seltener Einmütigkeit stürzten sich religiöse Fanatiker auf die »Häretiker«. Juden wie Christen veranstalteten Demonstrationen gegen das »gotteslästerliche Machwerk«, ziehen die Autoren der Blasphemie und stellten lauthals die Frage, ob die Pythons nicht dem Teufel verfallen seien. Kurz: Die wirklichen »Ottos« traten auf den Plan. Der Sprecher der römisch-katholischen New Yorker Erzdiözese etwa meinte, der Film sei der blasphemischste, den er je gesehen habe – und der Film bezwecke auch gar nichts anderes. Ein Rabbi Hecht wiederum glaubte, in dem Film eine grausame Verspottung des Judentums erkennen zu müssen, und protestantische Zeloten nannten BRIAN gleich eine »bösartige Attacke« der Warner Bros auf die ganze Christenheit. In Abwandlung eines Bibelspruchs bleibt da nur eines zu sagen: »Selig sind die geistig Armen!«

KRITIKEN: »Es ist das biblische Epos mit der ordinärsten Sprache, das je gemacht wurde – wie auch das humorvollste. Eine Nonstop-Orgie von Angriffen, nicht auf jedermanns Tugend, aber auf die Lachmuskeln.« (Vincent Canby, *New York Times*, 17. August 1979)

»Es ist ein Spaß, die Truppe in biblischen Kostümen zu sehen. Ihre Sammlung britischer Polizisten, Provinzler, Händler, Hausfrauen und Politiker ist nett in alte Judäer und Römer transponiert.« (Veronica Geng, *The New Yorker*, 27. August 1979)

»Pythons Angriff auf die Religion ist so intensiv wie ihre Attacke auf romantische Ritterlichkeit in *Die Ritter der Kokosnuss*. Der Film ist zeitweise unfertig durch Pythons Widerstand gegen komische Einheitlichkeit. Erwachsene kommen in Scharen zu BRIAN, als ob es ein weiteres ANIMAL HOUSE wäre. Aber es ist ein reicherer, witzigerer, gewagterer Film, zu gut, um ihn allein den Kids zu überlassen.« (Richard Schickel, *Time*, 17. September 1979)

Monty Python Live at the Hollywood Bowl
USA/GB 1982

Regie: Terry Hughes (unter Verwendung einiger gefilmter Sequenzen unter der Regie von Ian MacNaughton). *Buch:* John Cleese, Graham Chapman, Terry Gilliam, Eric Idle, Terry Jones, Michael Palin. *Musik:* Neil Innes. *Produzenten:* George Harrison, Denis O'Brien. *Länge:* 78 Minuten. *Uraufführung:* 25. Juni 1982.

Besetzung: John Cleese, Graham Chapman, Terry Gilliam, Eric Idle, Terry Jones, Michael Palin, Carol Cleveland, Neil Innes.

INHALT: Nach einem Eröffnungssong im Stil der 20-er-Jahre-Revues gibt Chapman den Mann, der mit sich selbst ringt, ehe ein weiterer Song meint, man solle nicht rüde zu Arabern sein. Der Papst reagiert im nächsten Sketch ein wenig verschnupft über die Interpretation des letzten Abendmahles durch Leonardo, der sich sowohl in Bezug auf die Apostel als auch auf Jesus selbst ein wenig vertan hat. Danach flimmert ein Film über die SILLY OLYMPICS (der aus der deutschsprachigen Staffel des FLYING CIRCUS stammt) über die Leinwand, sodann treten die Pythons als Aussies auf und bringen uns die australische Sicht von Philosophie nahe: Immanuel Kant war ein Säufer, und selbst Sokrates hatte regelmäßig zuviel geladen.

Das Highlight – zumindest aus der Sicht des Publikums – ist das Ministerium für alberne Gangarten, das auf die BRUCES folgt. WORLD FORUM entpuppt sich als eine Art Trivial-Pursuit-Show, bei der W. I. Lenin, Karl Marx, Mao Tse-Tung und Ernesto Che Guevara um eine Sitzecke spielen. Anfangs hat Mao die Nase vorn, weil er weiß, dass Jerry Lee Lewis' größter Hit »Gleat Balls of File« war. Doch es ist Karl Marx, welcher der Couchgarnitur am nächsten kommt. Als Spezialgebiet hat er sich »wissenschaftlichen Sozialismus« ausgesucht, doch scheitert er an der Frage, wie oft die Wolverhampton Wanderers den englischen Ligacup gewonnen haben.

Dann hat Neil Innes mit URBAN SPACEMAN einen Soloauftritt. Ein weiterer sollte mit HOW SWEET TO BE AN IDIOT folgen. Der nächste Höhepunkt: Knuspriger Frosch, wobei für die Livefassung Terry Gilliam den Part von Graham Chapman übernahm. John Cleese taucht plötzlich im Auditorium auf und versucht, seinen Albatros zu verkaufen. Er wird von Oberst Chapman zur Ordnung gerufen, der Idle und Jones den Befehl erteilt, mit dem NUDGE NUDGE-Sketch zu beginnen. Auf dem Video-Schirm findet das Match der Philosophen zwischen Deutschland und Griechenland statt, das die Griechen durch ein Tor von Sokrates 1:0 gewinnen, die nun im Finale auf England treffen, das wieder auf das Mittelfeld Hobbes/Ricardo/Locke zurückgreifen kann.

Vier Männer aus Yorkshire übertreffen sich in der Schilderung ihrer furchtbaren Kindheit, und nach einer Leinwandanimation von Gilliam stoßen die Klagen eines potentiellen Urlaubers nur bedingt auf Verständnis im Reisebüro. Lauthals lamentierend geht der verhinderte Urlauber durchs Publikum ab. Nach einer weiteren Gilliam-Animation folgt schließlich als Krönung zum Schluss der Lumberjack-Song.

›Monty Python Live at the Hollywood Bowl‹

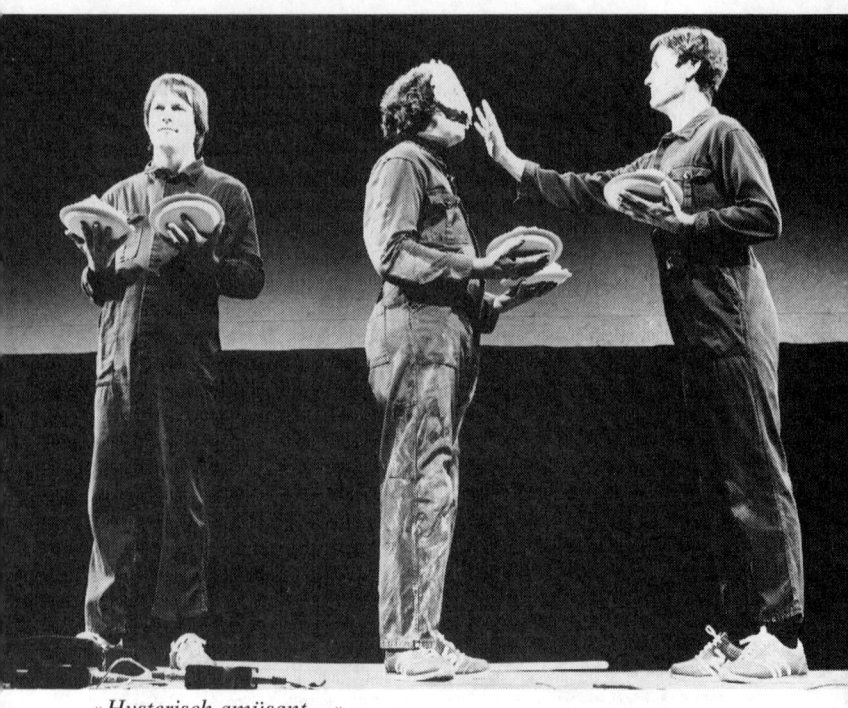

»Hysterisch amüsant ...«

ZUM FILM: Wie der Titel LIVE AT THE HOLLYWOOD BOWL schon besagt, handelt es sich bei dem Film um einen Livemitschnitt der US-Tournee 1980, der ursprünglich für ein Video aufgenommen und erst nachträglich auf Kinofilmformat umkopiert wurde. Einige Sequenzen, Animationen von Terry Gilliam oder gefilmte Sketche, die während der Auftritte auf eine Leinwand projeziert worden waren, stammen aus der FLYING-CIRCUS-Zeit. Die Kinoversion, die mit 78 Minuten merklich kürzer ausfiel als die Shows auf der Bühne, enthält auch einige nette Aufnahmen des Publikums, in dem einige Freaks einen Eindruck davon vermitteln, wie weit die Pythonmania in den USA damals ging. Man fühlt sich fast ein wenig an die Fans der ROCKY HORROR PICTURE SHOW erinnert, die zu den Vorführungen im Frank'n'-furter-Kostüm antanzen. In der deutschen Synchronfassung wird der Film übrigens vom österreichischen Kabarettisten Werner Schneyder kommentiert, der die Originalkommentare zu den Leinwandprojektionen, die größtenteils von Michael Palin stammen, übertönt. Der Film, ursprünglich nur als Sammlerdokument gedacht, entwickelte sich bald zu einem Kultfilm innerhalb der Werke einer Kulttruppe, zumal manche Sketche in der Livefassung von der »Studioversion« des FLYING CIRCUS nicht unwesentlich abweichen.

KRITIKEN: »Lustiger als Hegel. HOLLYWOOD BOWL mag nicht die surrealen Höhen von HOLY GRAIL oder LIFE OF BRIAN erreichen, aber es ist tosender als die beiden zusammen.« (David Ansen, *Newsweek*, 12. Juli 1982)

»Hysterisch amüsant. Dieser Film bringt sie dazu, lauthals loszulachen – wenn sie nicht überhaupt vom Sessel kippen. Pythons BOWL ist ein unbeschreiblich bösartiges, genau nahrhaftes komödiantisches Brötchen.« (Stephen Schaefer, *Us*, 17. August 1982)

»Ein weiterer hervorragender Konzert-Film der frenetischen britischen Farce-Truppe, den Meistern der intellektuellen Slapstick, kosmischer Scherze und surrealer Pointen, den Erfindern der Komödie der Anti-Manieren.« (Michael Stragow, *Rolling Stone*, 2. September 1982)

»Die Jungs sind in hervorragender Form – in einigen ihrer klassischen Stücke.« (Bruce Williamson, *Playboy*, Oktober 1982)

Monty Python's The Meaning of Life
(Der Sinn des Lebens)
GB 1983
Regie: Terry Jones, Terry Gilliam. *Buch:* John Cleese, Graham Chapman, Terry Gilliam, Eric Idle, Terry Jones, Michael Palin. *Kamera:* Peter Hannan, Roger Pratt. *Musik:* Eric Idle, Michael Palin, Terry Jones, John Du Prez, David Howman, André Jacquemin. *Produzent:* John Goldstone. *Länge:* 103 Minuten. *Uraufführung:* 30. März 1983.
Besetzung: John Cleese, Graham Chapman, Terry Gilliam, Eric Idle, Terry Jones, Michael Palin, George Silver, Valerie Whittington, Judy Loe, Imogen Bickford-Smith, Jennifer Franks,

Andrew MacLachlan, Victoria Plum, Anne Rosenfeld, Patricia Quinn, Mark Holmes, Carol Cleveland, Peter Lovstrom, Angela Mann, Simon Jones.

INHALT: Ein Vorspiel führt uns die Weltanschauung von Fischen vor Augen, die man gar nicht vernachlässigen sollte, denn immerhin machen die Fische 40 Prozent aller Wirbeltiere aus, eine ganz schön beachtliche Pressure Group also. Dennoch widmet sich der Film eher dem menschlichen Zugang zur Frage nach dem Sinn des Lebens. Dieses beginnt – in der Regel – mit der Geburt, weshalb auch *Der Sinn des Lebens* mit einer solchen anfängt, einer wenig feinfühligen, wie angemerkt werden muss. Die Ärzte gleichen mehr Fleischern als wahren Geburtshelfern und vermitteln eine Ahnung, wie postnatale Traumata entstehen. Aber Geburt ist nicht gleich Geburt.

In der Dritten Welt, in Yorkshire also, gebiert eine katholische Mutter ihr ungefähr 50. Kind – plus/minus 20 – stehend und meint lapidar zu Tochter Deidre, sie solle das Neugeborene zu den anderen tun. Irgendetwas läuft da nicht richtig, dämmert dem Nachwuchs, doch der Vater vermag ihnen zu erklären, dass jedes Spermium heilig ist und eine Verschwendung von Samen den Herrn ziemlich wütend machen würde. Der Protestant von gegenüber kann sich über die Katholiken nur lustig machen, die nach jedem GV ein Kind zur Welt bringen müssen. Die protestantische Ehefrau rechnet nach – und kommt zu dem Schluss (zwei GVs, zwei Kinder), es ist bei ihnen nicht anders. Doch ihr Mann vermag ihr die größeren Zusammenhänge zu erläutern, was zu einigen durchaus unorthodoxen Betrachtungen über Martin Luther Anlass gibt.

Gut, sind die Bälger also erst mal auf der Welt, dann dauert es nicht mehr lange, bis sie in irgendwelchen Schulen von langweiligen Lehrern mit noch langweiligerem Lehrstoff vollgestopft werden, mit binominalen Theoremen oder Zeugungsakten etwa. Und wer nicht aufpasst, muss gegen die Oberstufenjungs Rugby spielen.

Aber das Rugbyspiel ist wiederum ein gutes Training für das weitere Leben – im Krieg etwa, wie wir sogleich sehen. Die Soldaten haben für ihren Kommandanten einige Geschenke parat, kommen aber nicht mehr dazu, sie auch standesgemäß zu überreichen, weil der böse Feind die Zahl der Kämpfer systematisch reduziert. Aber die britische Armee lässt sich von Widrigkeiten nicht behelligen, weil sie immer schon ein Ausbund an Humanismus und Demokratie war. Das wird uns in einer weiteren Sequenz gezeigt, in der der Drill-Sergeant alle Soldaten, die etwas Besseres zu tun haben – und die gesamte Einheit hat klarerweise etwas Besseres zu tun! –, vom Exerzieren entbindet.

Und ganz gleich, wo und wann es in den Kampf ging, es war die tapfere Gelassenheit der Offiziersklasse, die aus der britischen Armee das machte, was sie ist, wie sich am ersten Zulu-Krieg von 1879 in Natal – und nicht in Glasgow! – ablesen lässt. Einen echten britischen Offizier bringt es nicht einmal aus der Ruhe, wenn ihm von einem Tiger ein ganzes Bein abgebissen wird. Die stoische Haltung, die der so Verwundete an den Tag legt, hebt sich denn auch merklich ab von den schwerstverletzten Gemeinen der letzten Schlacht, die den Suchtrupp für das abgetrennte Bein zusammenstellen.

Katholischer Kindersegen

Nach der sehr surrealen *Mitte des Films*-Sequenz erscheinen zwei mittelalterliche Leutchen in einem Restaurant, das auf Gesprächsthemen spezialisiert ist. Danach lernt man die »Leberspenderkarte« kennen, die dazu befugt, lebend transplantierte Organe zu gewinnen, sehr zum Leidwesen von Mr. Bloke, dem sie entnommen werden. Seine so zur Witwe gewordene Frau soll ebenfalls Organspenderin werden, und um das zu erreichen, wird sogar ein Sänger aus dem Kühlschrank bemüht. Die Geschäfte der Leberspender GmbH florieren also, doch plötzlich brechen die Piraten der Crimson-General-Assekuranz aus dem Vorfilm über die Wirtschaftskapitäne herein. Die CGA-Seemänner sind ziemlich erfolgreich, doch finden ihre Abenteuer ein Ende, als sie, verheerend falschen Theorien über die Gestalt der Erde folgend, über den Rand der Welt ins Nichts plumpsen. Mr. Creosote, der dickste Mann der Welt, kommt in ein Restaurant, wo er nur einen leichten Snack von allem bestellt, was auf der Karte steht, wie üblich locker zusammengemixt in einem Kübel. Mr. Creosote begeht aber einen Fehler, er nimmt ein Minzplätzchen zuviel – und explodiert. Nun ist es Gaston, der Kellner, der Aufklärung verschafft. Er führt die Zuseher zum eigentlichen Sinn des Lebens. Und der ist so trostreich nicht. Wir sehen einen Verbrecher, der auf eher unkonventionelle Art hingerichtet wird – und eine fröhliche Tafelrunde, die der Sensenmann abholt, weil sie von der verdorbenen Lachsschaumspeise gegessen hat. Die Partie landet im Himmel, der schwer an ein »Holiday Inn«-Hotel erinnert und in dem ein mäßig begabter Entertainer vor sich hin trällert.

Zu guter Letzt kommt eine Moderatorin ins Bild, die uns nun endlich Antwort verschafft auf die brennende Frage nach dem Sinn des Lebens: »Versuchen Sie, nett zu anderen zu sein, vermeiden Sie fettes Essen, lesen Sie hin und wieder mal ein gutes Buch, verschaffen Sie sich genügend Bewegung und bemühen Sie sich, mit Menschen aller Nationen und Religionen in Frieden und Eintracht zusammenzuleben … Hier ist unsere Erkennungsmelodie. Gute Nacht.«

ZUM FILM: Im Sommer 1982, LIVE AT THE HOLLYWOOD BOWL war gerade ein paar Wochen in den Kinos, traf sich das Sextett wieder, um einen weiteren Film – den fünften und letzten – zu

Pythoneske Tischsitten

drehen. Dabei kehrten sie zu ihren Anfängen zurück. Wie auch der FLYING CIRCUS oder AND NOW … war auch *Der Sinn des Lebens* eine Aufeinanderfolge von Sketchen und nicht wie *Die Ritter der Kokosnuss* oder *Das Leben des Brian* ein Film mit stringenter Handlung.

Dementsprechend verliefen auch die Dreharbeiten in der Umgebung von London. Man drehte, wozu man Lust hatte, in loser Reihenfolge. Dabei geschahen schon manchmal kleine Fehler, die freilich nicht weiter ins Gewicht fallen. Der Besitzer der Leberspenderkarte etwa heißt »Bloke« (»Typ«), seine Frau jedoch wird wenige Minuten später als »Mrs. Brown« – wohl des Reimes wegen – angesungen.

Ausgestattet mit dem größten Budget, über das sie je verfügen konnten, nahmen sich die Pythons Zeit. Erst im Februar 1983

»Ihre Satire war nie schärfer ...«

lag eine kinofertige Version des Films vor. In Amerika lief er in Previews, wobei sich im Publikum geteilte Meinungen zeigten, sodass sich des Team dazu entschloss, den Film noch einmal ein wenig umzumontieren. Doch generell überwog die Zustimmung, und das Interesse am jüngsten Werk der Truppe stieg.

Schon vor der offiziellen Premiere hatten die Pythons hervorragende Promotion. Der Film wurde heiß ersehnt, und die Pythons waren dementsprechend begehrte Gäste in diversen TV-Shows. David Letterman machte sie gleich mehrmals zu Stars seiner LATE NIGHT SHOW, und selbst »Spock« Leonard Nimoy ließ es sich nicht nehmen, bei den Dreharbeiten dabeizusein und darüber in seiner Show NICKELODEON zu berichten.

Im Mai 1983 lief der Film als englischer Beitrag bei den Filmfestspielen in Cannes und wurde mit dem Spezialpreis der Jury ausgezeichnet. Terry Jones nahm die Ehrung entgegen, dankte den Mitgliedern der Jury namentlich und endete seine Rede mit den Worten: »Euer Geld liegt hinter dem Waschbecken.«

KRITIKEN: »Der bisher beste Film des englischen satirischen Sextetts. Ihre Satire war nie schärfer – sie wurden wilde und ausgelassene Beobachter menschlichen Seins.« (Katrine Ames, *Newsweek*, 4. April 1983)

»Der Streifen ist eine Satire von Swiftscher Dimension: vernichtend, endlos erfinderisch und so schwindelerregend wie ein Raum, der mit Lachgas gefüllt ist. Strukturell ist es das ausdauerndste und überzeugendste Werk des Ensembles, überdies optisch am meisten sophisticated.« (Lawrence O'Toole, *Maclean's*, 11. April 1983)

»Pythons *Sinn des Lebens* ist, dass das Leben keinen Sinn macht.« (Michael Watts, *The Times*, 10. Juni 1983)

V. Leben nach Python

Kinofilme, TV-Arbeiten, und:
Was sonst noch zu sagen wäre

Streng genommen kann man eigentlich gar nicht von einem »Leben nach Python« sprechen, denn die einzelnen Mitglieder der Truppe verfolgten die ganze Zeit über ihre Soloprojekte. Diese Aktivitäten nahmen freilich nach 1974 zu; all jene Engagements, an denen einzelne Pythons mitwirkten, auch nur aufzuzählen, würde jeden Rahmen sprengen. Im Zelluloidmedium war Terry Gilliam am erfolgreichsten, dessen Filme THE FISHER KING und THE TWELVE MONKEYS auch Hollywood zu Begeisterungsstürmen hinrissen. Mit Preisen für diese Produktionen wurde denn auch nicht gespart. Andererseits landete er mit seinem *Münchhausen* auch einen rekordverdächtigen Flop.

Ansprechend etabliert hatte sich auch John Cleese, der zunächst mit der TV-Serie FAWLTY TOWERS eine Sendung schuf, die in Sachen Kultstatus durchaus mit MPFC konkurrieren konnte. Er wirkte in zahlreichen Produktionen seiner Exkollegen mit und wurde im Lauf der letzten zehn Jahre zu einem gefragten Allroundtalent, was seine Rollen in so unterschiedlichen Filmen wie SILVERADO, CLOCKWISE oder FRANKENSTEIN belegen. Den größten Hit landete er mit A FISH CALLED WANDA. Wie Gilliam mit FISHER KING holte auch Cleese mit WANDA einen Oscar – wenngleich beide persönlich leer ausgingen.

Jones konzentrierte sich primär auf seine Schreibarbeiten, wenn er auch mit ERIK THE VIKING einen durchaus properen und erfolgreichen Film ablieferte. Palins Kinowerke wie *Der Missionar*, *Magere Zeiten* oder *Amerikanische Freundinnen* wurden zwar von der Kritik recht freundlich aufgenommen, doch durchschlagender Erfolg war ihnen nicht beschieden. Palin verlegte sich dann darauf, für die BBC Dokumentationen zu machen, *Von Pol zu Pol* etwa oder *In 80 Tagen um die Welt*. 1995 trat er auch als Romancier hervor und legte seinen ersten Roman vor, »Hemingway's Chair«.

Idle zog zunächst im Erfolg mit seinen Exkumpanen mit, ging dann aber eigene Wege, die ihn jedoch bald ins ziemlich seichte

Graham Chapman als ›Dotterbart‹

Klamottenmilieu führen sollten. Spielte er schon zu Beginn der 90-er in anspruchslosen Filmchen wie *Nonnen auf der Flucht* oder *Und ewig schleichen die Erben*, so gab er sich schließlich gar für Spielbergs Posse CASPER her, was wohl lediglich durch akute Geldnot zu rechtfertigen wäre.

Chapman war der am wenigsten aktive, was sicherlich zunächst auf seinen Alkoholismus, dann auf seine Krebserkrankung zurückzuführen ist. All die Jahre war er eine wahrlich dominierende Figur der Pythons gewesen, spielte er doch sowohl bei den *Rittern der Kokosnuss* als auch in *Das Leben des Brian* die Hauptrolle. 1980 sorgte er mit seinem Buch »A Liar's Autobiography« für Aufsehen, 1983 drehte er mit YELLOWBEARD seinen einzigen »Post-Python-Film«. 1989 starb Chapman 48-jährig nur einen Tag vor dem 20-Jahre-Jubiläum der Truppe.

Neben den Kinofilmen, die mittlerweile ebenfalls auf eine stattliche Anzahl angewachsen sind, lieferten die Pythons Unmengen an TV-Material ab – die zahllosen Gastauftritte nicht einmal erwähnt –, traten in einigen Theaterproduktionen auf und schrieben eine ganze Menge Bücher. Im Rahmen einer solchen Darstellung wird man sich daher auf das Wesentlichste zu beschränken haben.

Kinofilme

1) Graham Chapman

Yellowbeard (Dotterbart)
GB 1983
Regie: Mel Damski. *Buch:* GRAHAM CHAPMAN, Peter Cook, Bernard McKenna. *Kamera:* Gerry Fisher. *Musik:* John Morris. *Produzent:* Carter de Haven. *Länge:* 97 Minuten. *Uraufführung:* 24. Juni 1983.
Besetzung: GRAHAM CHAPMAN (Yellowbeard), Peter Boyle (Moon), Cheech Marin (El Segundo), Tommy Chong (El Neboloso), Peter Cook (Lord Lambourn), Marty Feldman (Gilbert), Eric Idle (Commander Clement), James Mason (Capt. Hughes), John Cleese (Blind Pew), Spike Milligan (Flunkle), Susannah York (Lady Churchill), Madeline Kahn (Betty), Stacy Nelkin (Triola), Peter Bull (Queen Anne).

INHALT: Der gefürchtete Pirat Yellowbeard schmachtet für seine Taten im dunklen Kerker, da ihn seine rechte Hand Moon verraten hat. Yellowbeard besitzt allerdings einen beträchtlichen Schatz, den er irgendwo vergraben hat, und alle Welt ist scharf auf seinen Zaster. Doch Yellowbeard hat keine Lust, sein Leben hinter Gittern auszuhauchen, und flieht. Commander Clement wird von der Krone damit beauftragt, Yellowbeard zu folgen, um so seinen Schatz für das Empire sicherzustellen. Moon verbündet sich mit Gilbert, und beide eilen dem Piraten hinterher. Blind Pew, ein stiller Zecher im Gasthaus von Yellowbeards Frau, versucht sich als Informant für die Krone zu verdingen, was sich jedoch für ihn als sehr ungesund erweist. Moon und Gilbert kidnappen Yellowbeards Sohn Dan, auf dessen Schädel der Lageplan des Schatzes tätowiert ist, was die Bösewichter allerdings nicht wissen. Während Pew Geschichte geworden ist, segeln drei Schiffe in die Karibik, wo Yellowbeards Schatz liegt. Auf besagter Insel angekommen, wird Dan von El Nebuloso gefangen genommen, der auch hinter dem Schatz her ist. El Nebuloso foltert Dan, der allerdings die Liebe von Nebulosos Tochter Triola gewinnen kann. Yellowbeard kämpft sich zu Sohn und Schatzkarte durch, tötet El Nebuloso, und gemeinsam machen Dan und Yellowbeard auch dem schurkischen Moon samt seiner Besatzung den Garaus. Sie heben den Schatz, und Yellowbeard wird ein stolzer – und sehr reicher – Schwiegervater. Die Krone schaut durch die Finger.

ZUM FILM: Chapman wollte schon lange einen Piratenfilm drehen und hatte das Buch zu YELLOWBEARD schon geraume Zeit in der Schublade liegen, ehe er endlich mit Orion einen ansprechenden Vertrag abschließen konnte. Ihm standen ein Budget von rund 13 Millionen Mark und ein erfahrenes Team von Akteuren zur Verfügung, darunter Weltstar James Mason, Marty Feldman, seine Python-Freunde Idle und Cleese sowie die in den USA durchaus populären Primitivblödler Cheech und Chong. Nebenrollen übernahmen Susannah York und Spike Milligan, mit dem die Pythons eine lange gemeinsame Vergangenheit verband. Im Oktober 1982 begannen die Dreharbeiten in England und in Mexiko, wobei die Schiffsszenen auf der berühmten »Bounty« gedreht wurden, die man extra für diesen Zweck bei den Studios der MGM geliehen hatte.
Chapman war vor allem über die unterschiedlichen Zugänge glücklich, die er um sich hatte sammeln können. Der Humor eines John Cleese war durchaus unterschiedlich von dem James

Masons, und der Humor von Cheech und Chong entzog sich ohnehin jedem Vergleich. So verliefen die Dreharbeiten abwechslungsreich, um nicht zu sagen turbulent, doch die Stimmung war stets in Ordnung. Umso bedrückender war es für das ganze Team, als Marty Feldman kurz vor der letzten Klappe einem Herzanfall erlag. Mason sollte übrigens nur wenig später sterben. Trotz dieser schmerzlichen Nachricht war Chapman in Bezug auf YELLOWBEARD guter Dinge. Er wusste, dass sie alle einen ordentlichen Film abgedreht hatten. Was er nicht wissen konnte: Der Regisseur, der zuvor primär durch TV-Filme bekannt geworden war, bewies keine wirklich gute Hand beim »Final Cut«, bei der letzten Schnittfassung. Das Endergebnis, das im Juni 1983 in die Kinos kam, vermochte Chapman nicht mehr wirklich zu überzeugen, und auch der erhoffte Erfolg blieb aus. Den Anhängern des Bruhaha-Humors von Cheech und Chong war der Film zu kopflastig, die Pythonians wiederum sahen sich mit zuviel gedankenlosem Slapstick konfrontiert.

YELLOWBEARD hätte freilich ein größeres Publikum verdient. Chapman liefert einen brillanten Part als halb wahnsinniger, halb waghalsiger Piratenkapitän, und auch Idle, Mason und Feldman zeigen sich von ihrer besten Seite. Cleese versteht es, aus einer kleinen Nebenrolle einige starke Szenen herauszuholen, und in der Tat gibt es immer wieder komische Höhenflüge. Von der Kritik allerdings wurde der Film eher kühl aufgenommen, und auch das Publikum unterschätzte ihn. Bis heute ist es YELLOWBEARD daher auch nicht gelungen, Kultstatus zu erlangen, obwohl er – was damals freilich noch niemand wissen konnte – nicht nur zu Feldmans und Masons, sondern auch zu Chapmans Vermächtnis werden sollte.

Obwohl endlich trocken, begann Chapman Mitte der 80-er Jahre ernsthaft zu kränkeln. Erst im Sommer 1987 trat er wieder vor eine Kamera – als Gastgeber einer »Trailer«-Sendung fürs Fernsehen. Im Frühjahr 1988 schrieb Chapman das Drehbuch zum Piloten einer TV-Serie für die amerikanische CBS. Basierend auf Mark Twains Geschichte »Ein Yankee am Hofe König Arthurs« entwickelte Chapman die Idee, einen gelangweilten Teenager eine Parallelwelt entdecken zu lassen, in der er auf einen alten Ritter trifft. Doch dieser Film blieb unausgestrahlt, die Serie kam nicht zustande.

Starb kurz vor Ende der Dreharbeiten von ›Dotterbart‹: Marty Feld-man

Während er über weiteren Projekten brütete, erhielt er im November 1988 die niederschmetternde Diagnose, an Krebs zu leiden. Die folgenden zehn Monate über pendelte er beständig

Graham Chapman (mit Peter Boyle) in ›Dotterbart‹

zwischen diversen Krankenhäusern und immer kürzer werden-
den Aufenthalten zu Hause. Als er sich im September 1989 ein
wenig besser fühlte, schien es bereits so, als hätte er die Schlacht
gewonnen und das Schlimmste hinter sich. Er trug sich bereits
wieder mit Gedanken an ein Comeback, als die Schmerzen mit
unverminderter Heftigkeit wiederkehrten. Die Ärzte mussten
kapitulieren; Chapman starb am 4. Oktober 1989, exakt einen
Tag vor dem 20-Jahre-Jubiläum des FLYING CIRCUS.

2) John Cleese

The Great Muppet Caper (Die Muppets)
USA 1981
Regie: Jim Henson. *Buch:* Tom Patchett, Jay Tarses, Jeremy Juhl,
Jack Rose. *Produzenten:* David Lazer, Frank Oz. *Länge:* 95 Mi-
nuten. *Uraufführung:* 2. Juni 1981.

Besetzung (neben den Muppets): Diana Rigg, Robert Morley, Peter Ustinov, JOHN CLEESE.

INHALT: Im zweiten Kinofilm der berühmten Puppen um den Frosch Kermit und Miss Piggy werden die Muppets nach London verschlagen, wo sie einen Juwelenraub aufklären sollen. In einer Szene nimmt Miss Piggy bei einem Upper-class-Pärchen Quartier und unterhält sich während des Dinners mit dem Herrn des Hauses, John Cleese, über das Wetter. Kermit holt sie aus dem Haus – und die Jagd geht weiter.

ZUM FILM: Cleese hat in dem Film einen nicht einmal siebenminütigen Gastauftritt. Wie schon bei der TV-Serie THE MUPPET SHOW sagte Cleese diesen Auftritt seinem Freund Frank Oz zu. Cleese tat sich mit der ganzen Sache nicht sonderlich leicht. Seine Arbeit am Set nahm nur einen Tag in Anspruch: »Ich war drinnen und wieder draußen, bevor ich noch den Namen des Kameramannes wusste.« Keine Probleme hingegen hatte er mit der Tatsache, dass er mit Puppen spielte: »Sie sind so realistisch, dass sie keiner großen Sprünge in der Fantasie bedürfen.«
Schon 1977 war Cleese – eigentlich seiner damals sechsjährigen Tochter Cynthia zuliebe – in der TV-Show der Muppets aufgetreten, und er war damals schon hingerissen von der Lebendigkeit der Puppen. Er hatte eine kleine Szene mit Kermit. Diese war im Kasten: »Ich wusste, sie war gut, und ohne nachzudenken tätschelte ich Kermit am Kopf.«

Privates on Parade
GB 1982
Regie: Michael Blakemore. *Buch:* Peter Nichols. *Produzenten:* Simon Relph, George Harrison, Denis O'Brien. *Länge:* 93 Minuten. *Uraufführung:* 2. November 1982.
Besetzung: JOHN CLEESE (Major Giles Flack), Denis Quilley (Captain Terri Dennis), Michael Elphick (Sergeant Major Reg Drummond), Joe Melia (Corporal Len Bonny), Nicola Pagett (Lieutenant Sylvia Morgan), Simon Jones (Eric Young-Love), Patrick Pearson (Steven Flowers).

INHALT: In den unsicheren Jahren nach Kriegsende 1945 dient ein Musikkorps der britischen Armee in Singapur, das von Ma-

Und noch einmal: der »Silly Walk« (in ›Privates on Parade‹)

jor Flack geleitet wird, der vor jeder Form von Blasphemie warnt und den Dritten Weltkrieg heraufdämmern sieht. Als die Information die Runde macht, Gewehre und Munition würden aus der Kaserne entfernt, um sie dem Feind zukommen zu lassen, sieht es Flack als seine Aufgabe, den Dieben das Handwerk zu legen. Doch die Sache entwickelt sich zum Desaster, und die Einheit wird in die Heimat abgezogen. Parallel zu dieser Handlung vollzieht sich eine Vielecks-Liebesgeschichte um die begehrte Leutnantin Morgan, für die gar viele in der Einheit in Liebe entflammen. Letztlich ist Captain Dennis der Glückliche.

ZUM FILM: Im Mai 1982 begannen die Dreharbeiten zu dieser Armee-Story, in der Cleese erstmals ein und dieselbe Rolle einen ganzen Film hindurch verkörpert. Der Film basiert auf dem erfolgreichen Theaterstück von Peter Nichols, und Denis O'Brien erwarb die Filmrechte in der Absicht, alle Mitglieder von Monty Python als Darsteller zu bekommen. Dieses Vorhaben zerschlug sich, und letztlich blieb nur Cleese übrig. Dessen Möglichkeiten blieben unter der Regie von Michael Blakemore nachgerade sträflich ungenützt. Cleese bezeichnete diese erste Solohauptrolle nach der Zeit mit Python später als wichtig, um Erfahrungen zu sammeln.

Auch Produzent O'Brien war mit dem Gang der Dinge nicht sonderlich glücklich und versuchte durch diverse Einsprengsel den Film zu retten. So musste Cleese während einer Parade seinen »Silly Walk« hinlegen, der im Abspann zu sehen ist. Da der Gang aber im Trailer verwendet wurde, musste das Publikum annehmen, der ganze Film ginge in diese Richtung. Die Enttäuschung folgte auf dem Fuß. Der Film floppte in England und kam erst zwei Jahre später in die Staaten, wo er ebenfalls Schiffbruch erlitt: »Es funktionierte nicht einmal in Australien«, erinnerte sich Cleese später, »die einzige Sache, die ich je machte, die keinen Erfolg in Australien hatte.« Im deutschen Sprachraum lief der Film erst gar nicht an.

Silverado (Silverado)

USA 1985

Regie: Lawrence Kasdan. *Buch:* Lawrence und Mark Kasdan. *Kamera:* John Bailey. *Musik:* Bruce Broughton. *Produzent:* Lawrence Kasdan. *Länge:* 132 (in der Videoversion 127) Minuten. *Uraufführung:* 19. Juli 1985.

Besetzung: Kevin Kline (Paden), Scott Glenn (Emmett), Kevin Costner (Jake), Danny Glover (Mal), JOHN CLEESE (Sheriff Langston), Rosanna Arquette (Hannah), Brian Dennehy (Cobb), Linda Hunt (Stella), Jeff Goldblum (Slick).

INHALT: Emmett findet in der Wüste den bis auf die Unterhose ausgeraubten Paden und päppelt ihn wieder hoch. Gemeinsam reiten sie nach Turley, wo Emmett seinen Bruder Jake treffen will. Dieser befindet sich aber im Gefängnis von Sheriff Langston; am nächsten Morgen soll er gehenkt werden. Emmett kann Jake befreien, und zu dritt fliehen sie vor dem Aufgebot Langstons. Unterstützung erhalten sie von Mal, dem sie im Saloon geholfen hatten.

Die vier machen sich auf den Weg nach Silverado und treffen auf einen Treck, der von Banditen ausgeraubt wurde. Sie erklären sich bereit, den Siedlern zu helfen und deren Geld zurückzuholen. Das gelingt ihnen auch. Scheinbar trennen sich daraufhin ihre Wege. Mal geht zurück zu seiner Familie, Jake und Emmett bleiben bei ihrer Schwester, Paden wird Geschäftsführer in einem Saloon. Doch das Glück ist von kurzer Dauer. Die Siedler werden weiterhin schikaniert – und von Jake und Emmett beschützt, zumal sich Jake in eine der Siedlerinnen, Hannah, verliebt hat.

Die Banditen tyrannisieren aber auch die Stadt und ermorden Mals Vater. Um den Bösewichtern ein für allemal das Handwerk zu legen, tun sich die vier wieder zusammen. Sie müssen feststellen, dass der Chef der Finsterlinge Sheriff Cobb ist, der früher einmal mit Paden ritt und ihm einen Job in seinem Saloon gab. Nach einigen Rückschlägen – Mal landet im Gefängnis, kann aber fliehen, Emmett wird schwer zusammengeschlagen, sein Neffe entführt, Mals Schwester verwundet – gelingt es dem Quartett, die Bösen auszustechen und dabei alte Rechnungen zu begleichen, denn Cobbs Partner machte einst Emmett das Leben schwer. Und so erledigt schließlich Paden Cobb und Emmett dessen Partner. Die Stadt kann wieder aufatmen und wählt Paden zum Sheriff, während Jake, Emmett und Mal samt Verwandtschaft mit den Siedlern nach Kalifornien ziehen.

ZUM FILM: Mit diesem Film wollte Kasdan den Mythos des Western wieder aufleben lassen, und dementsprechend enthält SILVERADO auch alles, was dieses Genre auszeichnet: heruntergekommene Holzstädte mit staubigen Hauptstraßen, bärbeißige, vollbärtige Cowboys, denen beständig der Finger juckt, Duelle, Schlägereien, Schießereien und so weiter. Die Bösen drangsalieren die guten Siedler und greifen dabei zu jedem Mittel. Doch die vier edlen Helden retten Siedler und Städter, ohne auch nur mit der Wimper zu zucken. Ende gut, alles gut, sozusagen.

John Cleese debütierte in diesem Film in einer Rolle, in die er noch nie zuvor geschlüpft war. Er spielt einen aus England kommenden Dorfsheriff, der mit sich selbst Schach spielt und versucht cool zu sein, was ihm aber vergeht, wenn er die Kontrolle über die Situation verliert.

Und so ist Cleeses Langston ein früher Ahne von Basil Fawlty.

Als er auf der Hauptstraße den brennenden Galgen sieht und aus seinem Gefängnis Schüsse hört, schwant ihm Übles, und er stürzt zurück. Auch sein lakonischer Kommentar, sein Zuständigkeitsbereich ende »heute eben hier«, als er unter Beschuss gerät, hat einiges von Basil. Und doch ist die Komik des Sheriffs Langston eher verhalten, wie beiläufig eingestreut. Dies umso mehr, als es sich bei SILVERADO ja nicht um Klamauk handelt. Der Film nimmt sich augenscheinlich sehr ernst, und zumindest für Kline und Costner war es die erste wirkliche Hauptrolle ihrer Karriere. Kasdan versuchte aber auch noch anderen Talenten eine Chance zu geben. Fast in jedem Abschnitt taucht irgendwo ein Kasdan auf. Einmal als Stallbursche, dann als Passant, dann wieder einfach nur als »Junge«.

Cleeses Part beschränkt sich auf die erste halbe Stunde, und er hat eigentlich auch gar nicht sonderlich viel Text. Doch er genoss die Dreharbeiten in New Mexico außerordentlich. Er wäre nie zuvor auf die Idee gekommen, einmal in einem Western mitzuwirken: »Es war so lächerlich, so absurd, dass es schon wieder attraktiv war.« Überdies bot sich für Cleese die Gelegenheit, endlich einmal Reiten zu lernen, war er doch bei früheren Python-Sequenzen stets gedoubelt worden. In den Drehpausen zog sich Cleese mit der Lektüre von P. G. Wodehouse, dem Erfinder von »Jeeves und Wooster«, sowie Somerset-Maugham-Büchern zurück, um sich wieder an englische Attitüde zu erinnern. Daneben blieb freilich immer noch Zeit genug für einige Scherze, mit denen er die Crew erheiterte. Vor allem mit Kevin Kline freundete sich Cleese während der Arbeit zu SILVERADO an, was runde drei Jahre später zur trefflichen Zusammenarbeit bei A FISH CALLED WANDA führen sollte.

Zum Dreh an sich meinte Cleese später: »Es war sehr interessant, in einem so großen Film mitzuwirken, dreimal so groß wie das größte Python-Projekt. Ich denke, das Budget von SILVERADO belief sich auf über 20 Millionen Dollar. Ich realisierte den enormen Aufwand von Planung und Logistik jeden Morgen – das Essen, das vorbereitet werden musste, die Anzahl der Zelte, damit es die Leute warm hatten –, alles sehr beeindruckend. Es war, als sei man Teil einer Armee.«

Da der Film im Winter 1984/85 gedreht wurde, war es wesentlich kälter, als Cleese es ob des Namens »Mexiko« erwartet hatte.

Außerdem galt es, bereits kurz nach fünf Uhr früh aufzustehen, um das erste Tageslicht für die Dreharbeiten ausnützen zu können. Abgesehen von diesen Widrigkeiten aber war es für Cleese, wie er später sagte, eine tolle Erfahrung.

Clockwise (Clockwise)
GB 1986

Regie: Christopher Morahan. *Buch:* Michael Frayn. *Kamera:* John Coquillon. *Musik:* George Fenton. *Produzent:* Michael Codron. *Länge:* 96 Minuten. *Uraufführung:* 10. Oktober 1986.
Besetzung: JOHN CLEESE (Brian Stimpson), Penelope Wilton (Pat), Alison Steadman (Gwenda Stimpson), Stephen Moore (Mr. Jolly), Sharon Maiden (Laura).

INHALT: Brian Stimpson, ein Mittelschullehrer, hat eine bemerkenswerte Obsession in Bezug auf Pünktlichkeit und Genauigkeit. Zum Vorsitzenden der Direktorenkonferenz ernannt, soll er in Norwich eine Rede halten. Doch all seiner Akkuratesse zum Trotz erwischt er den falschen Zug. Er kann zwar rechtzeitig aussteigen, doch vergisst er seine Rede im Abteil. Er nimmt ein Taxi nach Hause, damit ihn seine Frau nach Norwich fahren kann, doch die ist nicht daheim. Mit einer Schülerin, die er zufällig trifft, fährt er zum Arbeitsplatz seiner Frau, hat aber auch dort kein Glück. In seiner Verzweiflung bittet er Laura, die Schülerin, ihn nach Norwich zu fahren. Diese stimmt zu.
An einer Tankstelle werden die beiden jedoch von Stimpsons Frau gesehen, die glaubt, ihr Mann wolle mit einer Jüngeren durchbrennen. Sie erzählt Lauras Eltern von dieser Beobachtung, und gemeinsam machen sich die drei an die Verfolgung von Laura und Stimpson. Stimpson besteht darauf, das Auto selbst zu lenken, als er bemerkt, dass Laura gar keinen Führerschein hat. Unglücklicherweise kracht er in einen Polizeiwagen. Während die Gesetzeshüter den Unfall aufnehmen, versucht Stimpson, den Konferenzort telefonisch zu erreichen, um seine Verspätung anzuzeigen, doch die Telefone funktionieren nicht.
Er trifft auf Pat, eine alte Freundin, mit der er sich, immer noch willens, Norwich zu erreichen, dünne macht. Pats Eltern glauben an eine Entführung ihrer Tochter und alarmieren die Polizei. In der Zwischenzeit gibt Stimpson Pat falsche Anweisungen, und

anstatt in Norwich landen die beiden auf einem öden Feld, wo der Wagen im Schlamm steckenbleibt. Stimpson, der zu allem Übel in den Dreck gefallen ist, macht sich auf die Suche nach einem Traktor und landet in einem Kloster, wo ihm zuerst ein Bad aufgenötigt wird. Pat und Laura treffen dort ein, was Pat veranlasst, im Zorn davonzurasen; Laura und Stimpson, notdürftig in eine Mönchskutte gekleidet, jagen ihr hinterher. Die Polizei fängt Pat ab, Laura und Stimpson versuchen, per Anhalter weiterzukommen.

Am Konferenzort sind mittlerweile alle anderen eingetroffen, Stimpsons Ehefrau, Lauras Eltern und die Polizei. Ein Mann nimmt die beiden Hitchhiker mit, was diese ihm damit vergelten, dass sie ihn überfallen, damit Stimpson einen Anzug bekommt. Endlich treffen sie an ihrem Ziel ein – exakt in der Zeit, wenn auch Stimpson einen ganz und gar nicht passenden Anzug trägt. Als er eben mit seiner Rede beginnt, betreten seine Frau und Lauras Mutter den Saal, und letztere holt die Polizei. Stimp-

John Cleese in ›Clockwise‹

»Das einzige lustige Skript, das ich je per Post bekam ...«

son ist am Ende seiner psychischen Kräfte und fordert das Auditorium auf, eine Hymne zu singen, zu deren Musik er sich der Polizei ergibt.

ZUM FILM: Im Herbst 1984 fand Cleese das Drehbuch von Michael Frayn in seinem Briefkasten und war sofort begeistert: »Das einzige lustige Skript, das ich je per Post bekam.« Die Dreharbeiten begannen Anfang Juni 1985 in Hull. Cleese kam nach PRIVATES ON PARADE zu seiner zweiten wirklichen Hauptrolle und hatte damit zumindest in Britannien wesentlich mehr Erfolg als mit seinem Erstling vier Jahre zuvor, wenn auch die Begeisterung in den Staaten eher gedämpft blieb, was Cleese allerdings auf den Mangel an entsprechender Werbung zurückführte. Der Film ging aber auch nicht besonders auf den amerikanischen Geschmack ein, er ist durch und durch britisch, was Cleese an der Telefonszene illustrierte: »Einige Gags wie das

Fehlen eines funktionierenden Pay-Phones sind dem britischen Publikum sehr vertraut. Die Amerikaner aber haben diese Erfahrungen nicht, und so bekam die Szene in den Staaten nicht die entsprechenden Lacher.«

Dennoch entwickelte sich CLOCKWISE durchaus zu einem ansprechenden Stück Kino, das in England, aber auch auf dem Kontinent seine Bewunderer fand. Wie auch JABBERWOCKY oder TIME BANDITS wird der Film immer wieder in Programmkinos auf den Spielplan gesetzt, und auch die Videoedition war durchaus erfolgreich. Cleese selbst nutzte die Arbeiten an CLOCKWISE als weitere Lernphase für sein nächstes Projekt, das sein bis heute erfolgreichstes werden sollte: eine Geschichte über Mord, Gier, Lust, Rache und Meeresfrüchte.

A Fish Called Wanda (Ein Fisch namens Wanda)
GB 1988

Regie: Charles Crichton. *Buch:* JOHN CLEESE. *Kamera:* Alan Hume. *Musik:* John du Prez. *Produzent:* Michael Shamberg. *Länge:* 108 Minuten. *Uraufführung:* 7. Juli 1988.

Besetzung: JOHN CLEESE (Archie Leach), Michael Palin (Ken Pile), Jamie Lee Curtis (Wanda Gershwitz), Kevin Kline (Otto West), Maria Aitken (Wendy Leach), Tom Georgeson (George Thomason), Patricia Hayes (Eileen Coady), Cynthia Caylor (Portia Leach), Andrew MacLachlan (Zebedee), Roland MacLeod (Vikar), Stephen Fry (Hutchinson).

INHALT: Der Ganove George plant mit seiner Geliebten Wanda, deren Bruder Otto und dem stotternden Ken einen äußerst einträglichen Überfall, der auch fast perfekt abläuft. Problematisch ist der Umstand, dass George von der alten Frau Coady ohne Maskierung gesehen wird. Noch problematischer ist, dass er verpfiffen wird. Aus der Zelle beauftragt er Ken, einerseits die Alte aus dem Weg zu räumen und andererseits herauszufinden, wer ihn an die Polizei verraten hat.

Was er noch nicht weiß: Wanda und Otto taten dieses, um sich die Beute gemeinsam (denkt Otto) respektive ganz allein (denkt Wanda) unter den Nagel zu reißen. Denn was George auch nicht weiß, ist der Umstand, dass Wanda und Otto alles andere als Geschwister sind. So ist George zwar ziemlich unwissend, doch nach dem Motto »Schau, trau, wem?« hat er das Diebesgut an einem geheimen Ort versteckt.

Wanda macht sich daraufhin an Georges Rechtsanwalt, den spröden Archie Leach, heran, um so zu erfahren, wo die Beute versteckt ist. Archie verliebt sich Hals über Kopf in die attraktive Wanda, was Otto ganz und gar nicht recht ist. Immer wieder funkt er dazwischen, was Archie mehr als nur eine unangenehme Begegnung mit Wandas »Bruder« verschafft. Doch Wanda findet allmählich Gefallen an dem Rechtsvertreter. Im Haus eines Freundes von Archie weicht Wandas berechnende Ader immer mehr ihren erwachenden Gefühlen – wenn auch die Liebesnummer unerwarteterweise unterbrochen wird.

George kann in der Zwischenzeit guter Dinge sein. Die alte Frau Coady ist verschieden, auch wenn Kens Mordanschläge alle danebengingen, und so kann ihm die Justiz nichts mehr nachweisen. Glaubt er. Doch Wanda liefert ihn – auch zu Archies Erstaunen – in der Gerichtsverhandlung ans Messer. Archie verplappert sich in der allgemein entstandenen Verwirrung, sodass schließlich auch seine Frau Wendy spitzbekommt, dass zwischen ihrem Mann und Wanda etwas läuft. George will Wanda an die Gurgel, Wendy sich von Archie scheiden lassen.

Otto interviewt in der Zwischenzeit Ken, um zu erfahren, wo die Beute versteckt ist. Dabei verspeist er Kens Lieblinge, die Fische in dessen Aquarium. Ken verrät zwar den Aufbewahrungsort, doch der Schlüssel zum Schließfach ist weg – den hat Wanda schon gefunden. Und Archie, dem mittlerweile alles bis auf seine Liebe zu Wanda egal ist, macht sich mit ihr auf, das Vermögen zu heben. So streben nun vier Personen zum geheimen Schatz: Wendy und Archie, Otto – und Ken, der auf Rache für seine Fischchen sinnt. Während Wanda die Beute holen kann, kriegt Otto Archie in die Finger. Doch Ken trifft rechtzeitig am Ort des Geschehens ein, um Otto außer Gefecht zu setzen. Gemeinsam mit dem Reichtum können Wanda und Archie abhauen. Sie werden in Rio glücklich. Ken wird im Londoner Ozeanarium Zeremonienmeister, und Otto emigriert nach Südafrika, wo er Justizminister wird.

ZUM FILM: Erste Entwürfe zu diesem Werk entwickelte Cleese bereits 1983 zusammen mit dem Altmeister der britischen

Die ›Wanda‹-Truppe: Kline, Cleese, Curtis, Palin

Ealing-Comedies, Charlie Crichton, der damals schon weit über 70 war. Die Zeit seiner größten Erfolge lag freilich schon lang zurück. In den 50-ern hatte er Filme wie THE LAVENDER HILL MOB mit Alec Guinness gedreht. Cleese und Crichton hatten sich Ende der 70-er Jahre bei Vorträgen für die Video Arts Company kennengelernt, und Cleese wollte die Erfahrung dieses Mannes nutzen: »Ende 1985 hatten wir einen guten Anfang und einen guten Schluss für einen ziemlich schwachen Mittelteil«, erinnerte sich Cleese später. Während eines Aufenthalts in Malibu nahm die endgültige Story dann konkrete Formen an.

Von Anfang an war sich Cleese darüber klar, dass er Palin im Team haben wollte. Für die Person des Stotterers war Palin ideal, weil sein Vater unter diesem Problem gelitten hatte – und Palin so lange Jahre Gelegenheit besaß, dieses Handikap eingehend zu studieren.

Als nächsten Schritt überlegte Cleese, zwei Briten mit zwei US-Amerikanern zusammenzuspannen, was für zusätzliche komische Effekte durch die kulturellen Unterschiede sorgen könnte. Die Rolle des buddhistischen Totschlägers und Eifersüchtlers schien wie geschaffen für Kevin Kline, mit dem Cleese während der Dreharbeiten zu SILVERADO Freundschaft geschlossen hatte. Fehlte nur noch die weibliche Hauptrolle: »Jamie Lee Curtis war die letzte der vier, die zu unserem Team stieß. Ich war von ihr enorm beeindruckt gewesen, als ich sie in *Die Glücksritter* sah, aber damals hatte ich, soweit ich mich erinnere, Wanda noch nicht als Amerikanerin konzipiert. Da mir jedoch keine andere Schauspielerin einfiel, zu der die Rolle besser gepasst hätte, wandte ich mich an sie«, so Cleese.

Die Rolle, die sich Cleese selbst auf den Leib geschrieben hatte, besaß übrigens nicht ohne Grund den Namen »Archie Leach«: Es ist dies der Taufname von Cary Grant, den Cleese immer sehr verehrte. »Otto West« wiederum unterstrich einmal mehr Cleeses Vorliebe für den Vornamen Otto und sollte überdies eine Art Verwandter des stramm rechten US-Politikers und -Militärs Oliver North sein. Und wenn Kevin Kline in einer Szene mit George die Vermutung äußert, dass »Kevin Delaney« George verpfiffen habe, so hat er damit gar nicht so Unrecht, denn Kevin Delaney ist der Taufname von Kevin Kline.

Noch ein bemerkenswertes Detail am Rande: Die Tochter von Archie, Portia, wird von einer gewissen Cynthia Caylor gespielt. Nun, realiter heißt die Schauspielerin Cynthia Cleese und ist niemand anderes als Cleeses Tochter aus der Ehe mit Connie Booth: »Ich wollte nicht, dass Cynthia ihre Karriere als Schauspielerin unter dem Namen Cleese begann, weil das wohl einiges an Erwartungen bedeutet hätte. So nahm sie den Geburtsnamen ihrer Großmutter mütterlicherseits«, erklärte Cleese später in einem Interview.

Im Juli 1987 begannen die Dreharbeiten zu WANDA in London und Oxford. Drei Monate später fiel die letzte Klappe. Das Budget betrug rund 20 Millionen Mark, und das Ergebnis sah Crichton folgendermaßen: »Im Grunde ist das ein richtig fieser Film, brutal, geil und sadistisch – kurz, er hat alle Elemente einer guten Komödie.«

Das Publikum dachte offenbar ebenso, denn WANDA wurde ein durchschlagender Erfolg, auch und vor allem in den Staaten, wo er eine bemerkenswerte Renaissance für den britischen Film einleitete, von der später auch Werke wie HENRY V von Kenneth Branagh oder THE MADNESS OF KING GEORGE von Alan Bennett profitieren sollten. Für Cleese wurde es das erfolgreichste Non-Python-Projekt seit FAWLTY TOWERS Mitte der 70-er Jahre, was sich nicht nur bei der Kritik, sondern auch im Geldbeutel niederschlug. Bei der 61. Oscar-Verleihung war WANDA durchaus achtbar vertreten: Crichton war für die beste Regie, Cleese für das beste Drehbuch und Kline für den besten Nebendarsteller nominiert. Freuen durfte sich letztlich zwar nur Kline über eine Statue, doch bei den betont xenophoben Juroren war das für eine »ausländische« Produktion schon ein mehr als bemerkenswerter Erfolg.

Mary Shelley's Frankenstein (Frankenstein)
GB/USA 1994

Regie: Kenneth Branagh. *Buch:* Frank Darabont, Steph Lady (basierend auf Mary Shelleys Roman). *Kamera:* Roger Pratt. *Musik:* Patrick Doyle. *Produzent:* David Barron. *Länge:* 123 Minuten. *Uraufführung:* 5. Januar 1995.

Besetzung: Kenneth Branagh (Victor Frankenstein), Robert De Niro (das Monster), Helena Bonham-Carter (Elizabeth), Tom Hulce (Henry Clavell), JOHN CLEESE (Prof. Waldeman), Aidan Quinn (Capt. Walton), Ian Holm (Frankensteins Vater), Richard Briers (Frankensteins Großvater), Cherie Lunghi (Frankensteins Mutter), Trevyn McDowell (Justine), Joseph England (Thomas), Susan Field (Frau Brach), Richard Bonneville (Schiller).

INHALT: Victor Frankenstein ist ein begeisterter junger Natur-
wissenschaftler, der mit seinem Freund Clavell beim berühmten
Professor Waldeman studiert. Gemeinsam erkennen die drei,
dass der Wissenschaft schier keine Grenzen gesetzt sind, und
Frankenstein wird klar, dass auch künstliches Leben erschaffbar
ist, eine Idee, vor deren Umsetzung ihn Waldeman allerdings
warnt. Die Gefahren seien entschieden zu groß.

Frankenstein ist allerdings besessen von seiner Idee und bastelt
so lange an einer Kreatur herum, bis die Schöpfung gelingt, wobei er sich die einzelnen Körperteile auf zum Teil mehr als fragwürdige Weise besorgt. Das Ergebnis seines Experiments ist allerdings ernüchternd. Das Wesen ist grob verunstaltet, unschön
und hilflos. Frankenstein kommt zu dem Schluss, er habe ver-
sagt, und will das Ding, das er erschuf, wieder loswerden. Doch
die Kreatur entwickelt ein Eigenleben und verfügt noch dazu
über beunruhigende Körperkräfte.

Überall, wo die Kreatur auftaucht, stößt sie nur auf Ablehnung
und Entsetzen – nur ein Blinder erweist sich dem Monster gegenüber menschlich und gut, allerdings auch nur, solange er
nicht weiß, wie sein Gegenüber aussieht. So verlangt das Monster von Frankenstein, ihm eine Braut zu bauen, damit es doch
noch sein Glück finden kann. Sollte Frankenstein dem Monster
diesen Wunsch nicht erfüllen, dann werde es sich an Frankensteins Familie schadlos halten. Bald entbrennt eine tödliche
Auseinandersetzung zwischen den beiden, in deren Verlauf das
Monster Frankensteins Frau tötet und Frankenstein alles verliert.

Frankenstein verfolgt das Monster quer über den europäischen
Kontinent und darüber hinaus. In den Eiswüsten des nördlichen
Polarmeeres kommt es zum finalen Showdown.

ZUM FILM: 1989 schlug der damals noch nicht einmal 30-jährige
Ire Kenneth Branagh in der Filmwelt wie eine Bombe ein. Seine Version von HENRY V stellte ihn mit einemmal in die Reihe
der allergrößten Shakespeare-Darsteller von Laurence Olivier
bis Ian McKellen; diesen Ruf unterstrich er mit der Komödie
MUCH ADO ABOUT NOTHING wenig später. Nicht umsonst wurde Branagh mit Orson Welles verglichen; das Kino hatte sein
neues Wunderkind.

Mit seinem nächsten Film, PETER'S FRIENDS, bewies Branagh, dass er nicht nur Schlachtenopern zu inszenieren wusste, sondern auch eine sehr intime, gefühlvolle und dabei dennoch ungemein witzige Kammerkomödie in Szene setzen konnte. Die Abwechslung – großes Opus, beschauliches Low Budget – behielt er übrigens bei, folgte doch auf *Frankenstein* ein Hamlet-Film, IN THE BLEAK MIDWINTER, über eine Truppe enthusiasmierter Mimen, die in einer Kirche die große Tragödie auf die improvisierte Bühne bringen wollen. Nebenbei errang Branagh an der Seite von Lawrence Fishburne als Jago in der jüngsten OTHELLO-Verfilmung internationale Aufmerksamkeit.

An die Verfilmung des Klassikers der »Gothic Novels« dachte Branagh schon kurz nach dem Ende der Arbeiten zu PETER'S FRIENDS. FRANKENSTEIN, 1816 von Mary Shelley verfasst, der Frau des britischen Lyrikers Percy Bysshey Shelley – gemeinsam mit George Gordon Lord Byron und John Keats Teil des Dreigestirns der britischen Romantik –, faszinierte den Film schon seit seinem Anbeginn, ähnlich übrigens wie der zweite

John Cleese als Professor Waldeman in ›Frankenstein‹

»Gruselklassiker«, der aus der Feder des Iren Bram Stoker stammende DRACULA.

Jahrzehntelang war das Frankenstein-Bild von Boris Karloff geprägt, und Frankenstein kommt in der Kinogeschichte allgemein nicht gut weg. Kaum einer der Regisseure hat sich wirklich mit Shelleys Roman auseinandergesetzt. Vermutlich wussten die meisten nicht einmal, dass Frankenstein nicht der Name des Monsters ist – das hat nämlich gar keinen! –, sondern der des Wissenschaftlers. Im Roman ist das Monster weniger der blutgierige Bösewicht, der nichts Besseres zu tun weiß, als Tod und Verderben zu bringen, sondern ein armes, gehetztes Wesen, das sich von Frankenstein allein gelassen und verraten fühlt. Dieser Interpretation folgt auch Branagh in seiner Verfilmung des Stoffs.

Branagh zur Seite steht neben Weltstar Robert De Niro und Helena Bonham-Carter – die später Branaghs Lebensgefährtin wurde – die Creme de la Creme der britischen Schauspielerzunft wie Ian Holm oder Richard Briers. Cleese übernahm den Part des Professors Waldeman – der im Originaltext des Romans »Waldman« (ohne »e«) heißt –, bei dem Frankenstein studiert und der ihn in die Kunst galvanischer und voltaischer Experimente einführt. Erstmals in seiner Schauspielerkarriere mimt Cleese dabei einen »coolen Typen«, der stoppelbärtig und trotzig die Klippen wissenschaftlicher Grenzen zu überwinden trachtet. So ernst wie in »Frankenstein« war Cleese in keiner einzigen seiner bisherigen Rollen. Man könnte sogar sagen, Cleese habe sich mit dem Part des »Waldeman« auch als Charakterdarsteller nachhaltig empfohlen, was seine zukünftigen Möglichkeiten – Cleese ist mittlerweile 57 – doch beträchtlich erweitert. Von komischen Alten bis zu abgeklärten Weisen kann er nun jeden Part übernehmen.

3) Terry Gilliam

Jabberwocky (Jabberwocky)
GB 1977
Regie: TERRY GILLIAM. *Buch:* TERRY GILLIAM, Charles Alverson. *Kamera:* Terry Bedford. *Musik:* Neil Innes. *Produzent:* San-

Abenteuer im Mittelalter: ›Jabberwocky‹

dy Lieberson. *Länge:* 100 Minuten. *Uraufführung:* 15. April
1977.
Besetzung: Michael Palin (Dennis Cooper), Harry Corbett
(Knappe), John Le Mesurier (Kammerherr), Warren Mitchell
(Mr. Fishfinger), Max Wall (König Bruno der Fragwürdige),
John Bird (Herold), Deborah Fallender (Prinzessin), Annette
Badland (Griselda Fishfinger), Neil Innes (zweiter Herold),
TERRY GILLIAM (Mann mit Stein), Terry Jones (Wilderer).

INHALT: Dennis Cooper ist ein einfältiger Küfer, der seinen Vater, der den Sprössling für einen hoffnungslosen Versager hält,
andauernd mit »modernem Quark« wie Buchhaltung, Produk-
tionsplanung und dergleichen quält. Als der Vater stirbt – und
Griselda, die stattliche Tochter des lokalen Händlers Fishfinger,

seine Liebe nicht erwidert –, beschließt Dennis, in die große weite Welt zu ziehen, um sein Glück zu finden – und sich so Griseldas doch noch würdig zu erweisen. Als er die Fishfingers noch einmal aufsucht, um Griselda seine Pläne mitzuteilen, hört sie ihm nicht einmal zu und wirft, während Dennis vor dem Fenster von der gemeinsamen Zukunft träumt, eine verfaulte Kartoffel hinaus, die Dennis als ein Zeichen ihrer Gunst deutet und behütet.

In der Stadt befasst sich in der Zwischenzeit der Hof König Brunos mit dem Problem, dass ein großer Drache alles und jeden in Angst und Schrecken versetzt. Nach langem Hin und Her einigt man sich darauf, in einem Turnier jenen Ritter zu ermitteln, der den Drachen töten soll – worauf er die Hand der Tochter und das halbe Reich des Königs bekommen soll. Dennis, der nur unter großen Schwierigkeiten Zutritt zur Stadt erlangt, sieht sich gezwungen, sich den verarmten Massen anzuschließen, da selbst ein so großer Meister wie Fassdauby, der bedeutendste Fassbinder, gezwungen ist, sich Gliedmaßen abzuschneiden und betteln zu gehen, da die Zünfte alles kontrollieren.

Dennis kommt an einer Waffenschmiede vorbei, und als er den dortigen Betrieb mittels einer Innovation effizienter gestalten will, ruiniert er das ganze Geschäft. Dadurch erregt er aber die Aufmerksamkeit eines Schildknappen, der ihm eine Mahlzeit spendiert. Der Knappe lässt sich auf ein amouröses Abenteuer mit der Wirtin ein, was Dennis in größte Schwierigkeiten bringt. Er wird mit dem Wirt gefangen, doch kann er in einem vom Wirt ausgelösten Tumult fliehen. Er gelangt in die Kemenate der Prinzessin, die ihn für einen Prinzen hält und ihm die weitere Flucht ermöglicht.

Da der Knappe sein Techtelmechtel fortsetzen will, bittet er den nunmehr wieder in Freiheit befindlichen Dennis, ihn bei seinem Ritter zu vertreten. Unglücklicherweise wird der Knappe aber, als er sich, überrascht von der unerwarteten Rückkehr des Wirts, unter dem Bett versteckt, getötet, da das Bett unter der Wucht des Wirts zusammenbricht. So muss also Dennis den Ritter begleiten, der das Turnier gewonnen hat, um den schrecklichen Drachen, den »Jabberwock«, zu besiegen.

Unterwegs werden sie überfallen. Ein eifersüchtiger Ritter tötet den neuen Herrn von Dennis, doch bevor er auch Dennis killen kann, taucht das Ungeheuer auf und befördert jeden vom Leben zum Tode, der sich bewegt. Dennis hat sich unter einem Schild versteckt und steckt dabei das Schwert seines dahingeschiedenen Ritters in die Höhe. Just in jenes läuft das Monster – und verendet. Dennis kehrt als Held in die Stadt zurück, und selbst Griselda ist nun ganz scharf darauf, Dennis zu heiraten. Doch der König bleibt hart. Statt des Pfundsmädels muss Dennis die wunderschöne Prinzessin heiraten und die Herrschaft über das halbe Königreich übernehmen.

›Jabberwocky‹: Inspiriert von »Alice im Wunderland«

ZUM FILM: Sieht man von dem Kurzfilm ROMANCE WITH A DOUBLE BASS ab, den Cleese 1974 mit seiner Frau Connie Booth nach einem Stoff des russischen Dichters Anton Tschechow drehte, war JABBERWOCKY der erste »Post-Python«-Kinofilm. Und gleich ein ziemlich erfolgreicher, wie sich zeigte. Vor allem, wenn man bedenkt, dass Gilliam und sein Team gerade einmal sechs Wochen für die Dreharbeiten aufwendeten, sechs Wochen »voll von Scheiße und Zähnefletschen«, wie sich Gilliam später ausdrückte. Inspirieren ließ sich Gilliam durch ein Gedicht von Lewis Carroll, der vor allem durch seine »Alice im Wunderland« Bekanntheit erreicht hatte. Das Drehbuch freilich, welches zu Beginn des Jahres 1976 vorlag, hatte mit dem Carroll-Text nur noch wenig mehr als den Namen des Monsters gemein. Mit seinem Freund Charles Alverson, den Gilliam noch aus jenen Tagen kannte, da er bei der Zeitschrift *Help!* gearbeitet hatte, ging er nun daran, dieses Skript zu verfilmen. Ursprünglich dachte er an eine nette TV-Produktion für die BBC, doch Sandy Lieberson regte an, die ganze Geschichte für das Kino zu konzipieren, und so geschah es dann auch.

Ab Juli 1976 versammelte Gilliam die Crew in Wales, um das Projekt zu realisieren. Mit von der Partie waren auch Terry Jones, der Waliser, und Michael Palin, der erstmals eine richtige Hauptrolle bekam. Palin erinnerte sich später noch sehr lebhaft an die grauenvollen Arbeitsbedingungen: »Da war Dreck, Schlamm, Erde, Staub. Überall. Das war Terrys Sicht des Mittelalters. Niemand konnte irgendetwas sehen, alle hatten sie verfaulte Zähne, und alles verfiel. Es ist eine nette Einbildung, aber offensichtlich war es nicht so. Aber es war ein nettes Leitthema für den Film; was immer man angriff, zerbröckelte beiläufig. Aber es ist brillant, visuell ist es absolut toll. Es hat Frische und Kraft, wie es nur wenige Filme haben. Ich war sehr froh, das machen zu können, und es war schließlich ein sehr lustiger Film, sehr freudvoll. Aber dreckig, Gott, es war dreckig.«

Als der Film im April 1977 anlief, wurde er von Publikum und Kritik gleichermaßen positiv aufgenommen. Die deutsche Kritik etwa fand Attribute wie »saustark« oder »monstermäßig« und nannte den Film ein »Schlachtfest der Heiterkeit«. Und in der Tat entwickelte sich JABBERWOCKY relativ rasch zu einem Klassiker, der den fünf »echten« Python-Filmen durchaus ebenbürtig ist. Immer noch läuft JABBERWOCKY in Programmkinos, regelmäßig ist er im TV zu sehen. Gilliam begründete mit dem Film jedenfalls seinen Ruhm, den er mit dem nächsten Projekt noch zu untermauern wusste.

Time Bandits (Time Bandits)
GB 1981
Regie: TERRY GILLIAM. *Buch:* TERRY GILLIAM, Michael Palin. *Kamera:* Peter Biziou. *Musik:* Mike Moran, George Harrison. *Produzenten:* George Harrison, Denis O'Brien. *Länge:* 110 Minuten. *Uraufführung:* 1. Juli 1981.
Besetzung: John Cleese (Robin Hood), Sean Connery (Agamemnon), Shelley Duvall (Pansy), Katherine Helmond (Mrs. Ogre), Ian Holm (Napoleon), Michael Palin (Vincent), Ralph Richardson (Oberstes Wesen), Peter Vaughan (Ogre), David Warner (das böse Genie), Craig Warnock (Kevin).

INHALT: Der kleine Kevin ist zwar nicht allein zu Haus, aber er wird von seinen langweiligen Eltern relativ wenig beachtet. Als er wieder mal viel zu früh zu Bett muss, sieht er sich plötzlich mit den sieben Zwergen konfrontiert. Na ja, nicht sieben, es sind nur sechs. Aber klein sind sie fraglos. Und dreist. Sie haben dem Obersten Wesen die Karte mit den Löchern in Zeit und Raum stibitzt und machen davon nun reichlich Gebrauch.

Kevin, der endlich die Chance auf Abenteuer wittert, schließt sich ihnen an. Sie flitzen durch ein Loch und landen im revolutionserschütterten Italien an der Wende vom 18. zum 19. Jahrhundert. Dort erfreut sich Napoleon eines Marionettentheaters. Napoleon hat gewisse Probleme mit seiner Körpergröße, daher sind ihm alle willkommen, die kleiner sind als er. Die Zwerge und Kevin erfüllen diese Bedingung optimal. Er bewirtet den Haufen, doch die Zwerge danken es ihm, indem sie ihn bestehlen und durch ein anderes Zeitloch davonzischen. Sie landen bei Robin Hood im Sherwood Forest. Hood ist ein einfältiger Stotterer – »Kennt ihr die Armen? Sie sind so charmant. Sie haben zwar keine zwei Pennies, die sie aneinander reiben können, aber deshalb nennt man sie ja auch arm.« – und nimmt den Napoleonischen Schatz als Geschenk für die charmanten Leutchen an sich.

Die Zwerge sehen sich weiterhin von Gott und Teufel gleichzeitig verfolgt, die beide die Karte haben wollen, sodass sich die Zwerge schleunigst dünnemachen müssen. In der Eile verlieren sie Kevin, der im alten Griechenland landet, wo Agamemnon an ihm Gefallen findet und ihn als Thronfolger adoptiert. Gerade als sich Kevin an dieses schöne Leben gewöhnt, tauchen die Zwerge auf und entführen Kevin zu weiteren Abenteuern.

Die Truppe findet sich auf dem Schiff eines wilden Riesen wieder, der eigentlich vorhat, aus Kevin und seinen Kumpanen ein Horsd'œuvre zu machen, doch da er unter greulichen Rückenschmerzen leidet, bieten ihm seine Appetizer an, ihn von diesen Qualen zu befreien. Die dank Kevin doch noch zu den »sieben Zwergen« Gewordenen gelangen zur Festung der ewigen Finsternis, wo sie vom Bösen gefangen gesetzt werden. Er bringt die Karte an sich, was für die Welt nur Übles bedeuten kann. Die Zwerge können fliehen und kommen mit Helfern aus allen möglichen Epochen – Römern, Cowboys, Rittern – zurück, die jedoch vom Bösen nur allzu leicht besiegt werden. Als alles auf einen Sieg des Bösen hindeutet, trifft das Oberste Wesen am Ort des Geschehens ein und rettet die Sache des Guten. Die Karte ist nun wieder bei ihrem rechtmäßigen Besitzer, und für Kevin ist es Zeit, wieder nach Hause zu gehen. Seine Eltern haben in der Zwischenzeit nicht einmal gemerkt, dass er weg war.

ZUM FILM: Im Sommer 1980 begannen Gilliam und Palin an einem gemeinsamen Drehbuch zu arbeiten, das einerseits eine Tour de force durch die Geschichte, andererseits eine satirische Persiflage auf die Sciencefictionfilme werden sollte, die seit Mitte der 70-er Jahre vor allem in Amerika hoch im Kurs standen. Ex-Beatle George Harrison fand Gefallen an der Idee zu TIME BANDITS und erklärte sich bereit, den Film zu finanzieren. John Cleese brauchte man nicht lange zu überreden, die Rolle des Robin Hood zu übernehmen; auch eine Vielzahl anderer britischer Schauspieler von Rang und Namen wie Ian Holm oder Ralph Richardson erklärten sich bereit, an TIME BANDITS mitzuwirken.

Doch man brauchte noch einen Helden – möglichst mit großem Namen –, der die Rolle des Königs Agamemnon zu spielen bereit war. Palin: »Es war lebenswichtig für Terry Gilliam und mich,

›*Time Bandits*‹

dass Agamemnon von einem starken, charismatischen Schauspieler dargestellt wurde – und vor allem von einem Schauspieler mit Humor. Connery war unsere Wunschbesetzung, und obwohl sich so etwas leider selten in die Tat umsetzen lässt, erklärte sich Connery bereit zu spielen, als wir ihm als Gegenleistung ein paar Golfplätze anboten.« Freilich brauchte Connery nicht allzu sehr bekniet zu werden, um in das Projekt einzusteigen, denn er war seit langem ein Fan des FLYING CIRCUS, und so begnügte er sich auch mit einer relativ kleinen Vorausgage und einer prozentualen Beteiligung, da er um das geringe Budget wusste, das Gilliam und Palin zur Verfügung stand.

Connery war jedenfalls für TIME BANDITS ein unschätzbarer Gewinn. Palin: »Mit einer Mischung von Heroik und Komik vermittelte er genau die richtige Atmosphäre von Abenteuer, Realität und Fantasy, die den Geist des Films bildete. Es gibt sehr wenige Schauspieler, die solche Stärke und solchen Ernst in einer historischen Rolle ausstrahlen können, während ihnen ein Junge namens Kevin aus dem 20. Jahrhundert auf den Kopf haut.«

Als der Film im Juli 1981 in Großbritannien anlief, bekam er gute Kritiken, entwickelte sich aber nicht zum Klassenschlager. Anders in den USA, wo TIME BANDITS am 6. November 1981 erstaufgeführt wurde. Binnen kurzer Zeit war er ein Straßenfeger und leitete einen Trend ein, der britische Filme in den Staaten zu einer begehrten Verleihware werden ließ.

Brazil (Brazil)
GB 1984

Regie: TERRY GILLIAM. *Buch:* TERRY GILLIAM, Tom Stoppard, Charles McKeown. *Kamera:* Roger Pratt. *Musik:* Michael Kamen. *Produzent:* Arnon Milchan. *Länge:* 142 (nach anderen Angaben 131) Minuten. *Uraufführung:* 22. Februar 1985.

Besetzung: Jonathan Pryce (Sam Lowry), Kim Greist (Jill Layton), Robert De Niro (Harry Tuttle), Katherine Helmond (Ida Lowry), Ian Holm (Mr. Kurtzmann), Bob Hoskins (Spoor), Michael Palin (Jack Lint), Ian Richardson (Mr. Warren), Peter Vaughan (Mr. Helpmann).

INHALT: Sam Lowry arbeitet im Archiv einer mächtigen Institution in einem totalitären Staat. Er ist unauffällig, macht seinen wenig aufregenden Job und träumt ansonsten vor sich hin. In seiner Fantasie wird er zum strahlenden Helden, der eine holde Frau aus den Fängen des Bösen rettet. Kurz vor dem Happy End allerdings wacht Lowry auf, und die Realität hat ihn wieder.

Im allmächtigen Ministerium für Informationswiederbeschaffung geschieht buchstäblich durch Fliegendreck ein folgenschwerer Fehler. Aus dem Namen »Tuttle« wird auf einer Akte »Buttle«, und so holen die Schergen des Systems den falschen Mann, was eine Familie alsbald um den Ernährer bringt, denn Buttle ist nicht mehr, und sein Fall landet im Archiv. Der Irrtum klärt sich jedoch auf, und damit ist der Chef des Archivs in der Bredouille. Lowry, der der Langeweile entkommen will, erklärt sich bereit, bei der Witwe Buttle vorbeizuschauen, um die unerfreuliche Sache zu bereinigen.

Die Visite verläuft zwar wenig freudvoll, doch entdeckt Lowry im Stockwerk darüber just jene Frau, von der er immer träumt. Er erfährt ihren Namen und versucht, in seiner Arbeitsstelle mehr über sie herauszufinden. Doch ihre Akte ist gesperrt, nur Mitarbeiter des Amtes »Informationswiederbeschaffung« haben Zugang zu den Daten. So entschließt sich der verliebte Lowry, die Protektion durch seine Mutter Ida doch in Anspruch zu nehmen und sich befördern zu lassen. So landet er in den heiligsten Hallen des Staates, kommt allerdings auch dort nicht weiter. Er wendet sich an seinen Freund Jack, der mehr über die Sache weiß, und bald schon kann Lowry mit Jill, der Frau seiner Träume, in Kontakt treten. Doch es braut sich ein Gewitter über seinem Haupt zusammen.

Das Unglück beginnt mit einer kaputten Klimaanlage, die ein befremdlicher Heizungsmechaniker namens Tuttle für ihn rasch und unbürokratisch repariert. Lowry kombiniert. Das Ministerium war nicht auf der Suche nach Buttle, sondern nach Tuttle, dem subversiven Handwerker, der als Kopf jener Terroristen gilt, die den Staatsapparat bekämpfen. Zu dieser Gruppe soll

Bilder aus einem totalitären Staat: ›Brazil‹

auch, so heißt es jedenfalls in den Akten, Jill gehören. In dem verzweifelten Bemühen, Jill zu helfen, missachtet Lowry immer mehr Vorschriften und macht sich damit in den Augen des Ministeriums immer verdächtiger.

Er hilft Jill, sich erfolgreich einer Verhaftung zu entziehen, und versteckt sie in der Wohnung seiner Mutter. Er schleicht sich in das Büro das Vizeministers ein und manipuliert Jills Akten, damit es den Anschein hat, als wäre sie verstorben. Wer tot ist, kann nicht mehr verfolgt werden! Alles scheint geritzt. Doch die Staatsmacht lässt sich nicht so leicht hinters Licht führen. Als Lowry endlich seine Jill in Händen hält und bereit dazu ist, ein wenig »Nekrophilie« zu treiben, platzen die Soldaten des Ministeriums ins Zimmer und schnappen die beiden.

Lowry gerät nun selbst in die Mühlen der Institution, der er ach so lang treu gedient hat. Zu allem Unglück muss er erfahren, dass Jill tot ist. Diesmal wirklich. Und er selbst hat auch nicht mehr viel Zeit, denn schon ist er für die Exekution, die ausgerechnet sein ehemaliger Freund Jack vornehmen soll, festgeschnallt. Als Jack eben dazu ansetzt, Lowry das Licht auszublasen, kommen Tuttle und seine Truppe und retten Lowry – was Jack das Leben kostet. Auf abenteuerliche Weise entrinnt Lowry seinen Verfolgern und landet auf der Ladefläche eines Lkw, an dessen Steuer Jill sitzt. So fahren sie gemeinsam ins Glück.

Und Jack muss dem Vizeminister gestehen, dass man aus Lowry keine weiteren Informationen wird herausholen können, weil er während der Verhörprozedur offensichtlich den Verstand verloren hat.

ZUM FILM: Mit BRAZIL lag Gilliam 1984 voll im Trend der »Orwell-Welle«; nicht zuletzt bemühte man sich auch um eine Verfilmung von Orwells *1984* (mit Richard Burton in seiner letzten Rolle), und alle Welt sprach von Totalitarismus. »Der große Bruder« wurde zum Wort des Jahres. Und so lieferte also auch Gilliam seine »kafkaeske, orwelleske Geschichte« ab: ein kleiner, verträumter Beamter, der durch seine Liebe zum Revoluzzer wider die staatliche Ordnung wird.

Gilliam lag damit offensichtlich goldrichtig, denn Publikum wie Kritik zeigten sich schwer beeindruckt von seinem Werk, noch dazu, da Schauspieler wie Pryce, Palin und De Niro zu beein-

Kafkaesk: ›Brazil‹

drucken wussten. Und doch, wirklich stimmig ist BRAZIL nicht. Die ganze Geschichte ist in ein 30-er-Jahre-Setting eingebaut. Die Computer des Beschaffungsamtes wirken wie hypertrophe Schreibmaschinen, die Transporter wie Oldtimer und die Milizionäre wie SS-Männer. Die Bauten gemahnen an den Monumentalismus Mussolinis oder Speers; Frisuren, Mode und Musik, ja selbst die TV-Geräte, alles verweist auf die 30-er, vielleicht auch die 40-er Jahre.

Insofern ist Kafka tatsächlich getreulich kopiert, denn in den frühen 20-er Jahren konnte man sich keine wirkliche Vorstellung von einer Informationsdiktatur machen. Auch die Bürokratie ist trefflich gezeichnet – die ist heute noch so behäbig, schwerfällig und ewiggestrig. Und doch nimmt dieses Vorkriegsambiente dem Film die Schärfe. Gerade weil der Moloch Staat so antiquiert und fossil wirkt, wirkt er auch komisch, unbeholfen. Kein Grund zur Sorge also.

Mit den heutigen Möglichkeiten ließe sich ein totalitärer Staats-apparat freilich schon ganz anders aufziehen – und damit auch fürchterlicher. Überwachungskameras, Chipcards mit den persönlichen Daten, spezielle Codes, sektorielle Abgrenzung, Informationskanalisierung, Selektionsmechanismen etc. – niemand bräuchte heute noch düstere Gigantomanie, um einschüchternd zu wirken. Eine perfekte Diktatur hätte eine Kaste Privilegierter und eine nennenswerte Gruppe von Entrechteten, die eben nicht die »goldenen Codes« hätten, die den Zugang zu Information, Versorgung, Betreuung und in weiterer Folge Wohlstand, Gesundheit, Behaglichkeit bedeuteten.

In BRAZIL wirkt der Luxus der Nomenklatur nicht gerade besonders begehrenswert, das Elend der proletarisierten Massen nicht wirklich erschreckend. Gilliams Film ist ein Märchen, wenn auch ein etwas seltsames. Er zeigt uns klaustrophobisch kleine Büros und Wohnungen, überdimensionale Röhren und Schläuche, die gesamten Räumlichkeiten gleichen einem überdimensionalen Heizungskeller. Die Anleihen, die Gilliam für die Zeichnung seiner Gesellschaft nimmt, sind zur Gänze den ersten Jahrzehnten unseres Jahrhunderts entnommen. So wirkt die Stadt wie ein etwas zurückgebliebener kleiner Bruder von »Metropolis«.

Bemerkenswert ist die Szene, in der die Soldaten dem vermeintlich von Tuttle befreiten Lowry nachsetzen. Ein Reinigungsfahrzeug rollt, einem Kinderwagen gleich, eine gigantische Treppe abwärts, dahinter folgt die Soldateska im Gleichschritt – ein Zitat aus Eisensteins *Panzerkreuzer Potemkin*. Das Amt selbst wiederum wirkt wie eine Paraphrase auf Kafkas »Prozess«. In der ganzen Stadt kommt keine Natur vor – erst am Schluss, als Jill und Sam anscheinend die Flucht gelingt, sieht man zum ersten Mal etwas anderes als Stein und Beton, merkt man, dass es zumindest noch Flora gibt in dieser Welt.

Bei vielen Details – die in sich verschränkten Leitungen, der strahlende Held mit den Schwingen, die seltsamen Gefährte – setzte Gilliam seine Animationssequenzen aus den Python-Projekten um. Robert De Niro kommt in BRAZIL dreimal kurz ins Bild, für einen Schauspieler von seinem Rang ist »Harry Tuttle« nachgerade eine Cameorolle. Und so muss Tuttle letztendlich auch farblos bleiben, selbst De Niro hat keine Chance, der Figur eine Persönlichkeit zu geben und damit zu erklären, warum der Heizungsmonteur zum Guerillero wurde.

Dafür aber glänzt Palin erstmals als wahrer – und ernst zu nehmender – Finsterling. Letztlich ist der Film aber ganz auf Pryce zugeschnitten, der praktisch omnipräsent – kaum eine Szene ohne ihn – ist. Und Pryce schafft es, die Wandlung des kleinen, weltfremden Lowry überzeugend darzulegen. Liebe macht nicht immer nur blind, manchmal macht sie auch Mut.

Erstmals schloss Gilliam Bekanntschaft mit der Politik der großen Filmstudios. Universal Pictures hatte die Rechte an BRAZIL für die USA – und weigerte sich, den »Director's Cut« (Gilliams Schnittversion) in die Kinos zu bringen. Der Film sei zu lang, hieß es, und Gilliam musste ihn um mehr als eine Viertelstunde kürzen. Zufrieden freilich waren die Leute von Universal immer noch nicht. Als der Film in den Staaten anlief, mühte sich das Studio nicht sonderlich damit ab, BRAZIL zu promoten. Dennoch bekam Gilliam erstmals eine »Oscar«-Nominierung. Für das beste Drehbuch. Erwartungsgemäß ging er leer aus, aber allein schon der Umstand, dass er überhaupt in den erlauchten Kreis der Kandidaten aufgenommen worden war, bedeutete eine enorme Anerkennung für Gilliam und eine solide Grundlage, Verhandlungen zur Finanzierung des nächsten Films beginnen zu können.

The Adventures of Baron Munchhausen

(Die Abenteuer des Baron Münchhausen)
Italien/BRD 1988
Regie: TERRY GILLIAM. *Buch:* TERRY GILLIAM, Charles McKeown. *Kamera:* Giuseppe Rotunno. *Musik:* Michael Kamen. *Produzent:* Thomas Schühly. *Länge:* 126 Minuten. *Uraufführung:* 8. Dezember 1988.
Besetzung: John Neville (Münchhausen), Eric Idle (Berthold), Charles McKeown (Adolphus), Winston Dennis (Albrecht), Jack Purvis (Gustavus), Oliver Reed (Vulkan), Sarah Polley (Sally Salt), Valentina Cortese (Königin des Mondes), Jonathan Pryce (Mr. Jackson), Bill Paterson (Mr. Salt), Peter Jeffrey (Sultan), Uma Thurman (Venus), Sting (heroischer Offizier), Robin Williams (König des Mondes).

INHALT: Irgendwann im 18. Jahrhundert wird eine Stadt von den Türken berannt. Ungeachtet dieser Widrigkeiten führt ein Theater die Geschichte des Baron Münchhausen auf. Zur allgemeinen Überraschung wird die Vorstellung von einem alten Mann unterbrochen, der sich als der Baron höchstselbst zu erkennen gibt. Und der hat eine Menge an der Darstellung seiner Person zu bemängeln.

Die Türken, so klärt Münchhausen das p. t. Publikum auf, seien überhaupt nur deshalb so in Rage gewesen, weil er eine Wette gegen den Sultan gewonnen hat. Er habe behauptet, ihm binnen kürzester Zeit eine Flasche alleredelsten Tokajers aus der Reichs- und Residenzstadt Wien beschaffen zu können. Gelänge ihm dieses, so wolle er so viel aus der herrschaftlichen Schatzkammer haben, wie er und seine Begleiter tragen könnten. Sollte er jedoch wider Erwarten scheitern, dann wolle er dem Sultan seinen Kopf überlassen. Amüsiert stimmt der Sultan bei, nicht ahnend, welche Kräfte in Münchhausens Dienern schlummern. Berthold ist der schnellste, Albrecht der stärkste Mann der Welt, Adolphus wiederum ist mit erstaunlicher Sehschärfe gesegnet, während das Lungenvolumen von Gustavus schon mehr als beachtlich zu nennen ist. Münchhausen schickt also Berthold los, die Flasche zu organisieren. Alles läuft nach Plan, scheint es. Doch dann bleibt Berthold aus. Adolphus wirft mal schnell einen Blick in die Botanik und entdeckt Berthold friedlich schlummernd irgendwo nahe der Grenze. Mit einem gezielten Schuss aus der Wunderflinte weckt man den Gutesten, der gerade noch rechtzeitig mit dem Tokajer anhechelt, sodass Münchhausen kühlen Kopf bewahren kann. Albrecht packt des Sultans Siebensachen, und gemeinsam empfiehlt sich das Quintett. Der Despot tobt – und verfolgt Münchhausen. Doch der Sturm, den Gustavus entfacht, ist für die Türken eine Nummer zu stark. Voilà, die Sache ist geritzt und Münchhausen ein gemachter Mann.

Nun erklärt er sich mit generöser Miene bereit, die Stadt zu retten, und macht auf einer Kanonenkugel einen kleinen Aufklärungsflug über das türkische Heerlager. Die Sache ist komplizierter, als er ursprünglich angenommen hat. Er braucht seine alten Diener, um mit den Truppen des Sultans fertig zu werden. Kurz entschlossen bastelt er sich einen Ballon, mit dem er zum Mond emporsteigt, gemeinsam mit der kleinen Sally, der einzigen Person, die ihm im Theater Glauben schenkte. Auf dem Mond werden die beiden vom König des Mondes in einen Käfig geworfen, wo sie auf Berthold treffen.

Es gelingt Münchhausen, die Königin zu becircen, welche die drei freilässt. Sie kehren zurück zur Erde, wo sie allerdings unvorteilhafterweise im Vulkan Ätna landen. Dort hat der Gott der Schmiede gerade einen heftigen Disput mit seinen Mitarbeitern in Sachen gewerkschaftlicher Organisierung. Da tut Ablenkung gut, und so lädt Vulcanus die drei zum Tee, der – welch freudige Überraschung – von Albrecht serviert wird. Des Gottes Frau, Venus, steigt aus den Fluten und wagt ein Tänzchen mit Münchhausen. Das erbittert Vulcanus sehr, und er wirft Münchhausen, seine beiden Diener und Sally kurzerhand hinaus.

Hilflos treiben sie auf offener See, als sie von einem Meeresungeheuer verschlungen werden. In dessen Bauch befindet sich ein wahrer Schiffsfriedhof, und mittendrin sind Gustavus und Adol-

›Die Abenteuer des Baron Münchhausen‹

Solide Performance: Theaterstar John Neville als der Baron

phus, die sich für tot halten. Münchhausen kann sie vom Gegenteil überzeugen, und mit List und Tücke sorgen sie dafür, dass das Monster das Sixpack ausspuckt. Endlich gelangt man zurück zur Stadt, wo man mit wiedergewonnener Stärke die Türken das Fürchten lehrt, die Stadt befreit und zu Helden der gesamten Bevölkerung avanciert. Und die Theaterintendanten müssen ihre Geschichte neu fassen.

ZUM FILM: Gilliams *Münchhausen* ging in die Kinogeschichte ein als einer der größten Flops – lange Zeit hielt er sogar Platz eins in dieser fragwürdigen Hitparade. So teuer Gilliams Special Effects waren, so erschreckend niedrig blieben die Einspielergebnisse. Fraglos war dem Regisseur ein wunderschönes Märchen gelungen. Aber offenbar wollte es niemand sehen. Und das, obwohl er mit einer Reihe von Stars aufwarten konnte, spielten doch neben Python-Kollege Idle und den soliden britischen Filmstars McKeown, Pryce und Reed auch Pop-Heroe Sting von »Police«, Robin Williams und Uma Thurman in dem Spektakel mit.

Alle drei haben freilich beklagenswert kurze Auftritte; Sting spielt einen heldenhaften Offizier, der eine Kamikazeaktion leitet, Robin Williams hat als König des Mondes gleichsam eine Cameorolle und steht in den Credits gar als »Ray D. Tutto«, und Uma Thurman darf als Venus primär ihren vollkommenen Körper zeigen. Eine Verschwendung von schauspielerischem Potenzial, denn Williams war im Jahr zuvor mit GOOD MORNING, VIETNAM zum Superstar avanciert, und Thurman befand sich auf dem besten Wege dorthin, wie ihre Rolle als Maid Marian bewiesen hatte – spätestens mit PULP FICTION sollte sie sich endgültig in der obersten Schauspielerliga etablieren.

Gilliams Hauptdarsteller John Neville gehörte einst zur Creme de la Creme der britischen Theaterzunft; seinen Namen nannten Publikum und Kritik in einem Zuge mit Peter O'Toole, Ian McKellen oder Richard Burton, und in der Tat liefert Neville auch eine solide Performance. Retten konnte er den Film vor dem finanziellen Desaster allerdings auch nicht. Gilliam, der mit der Twentieth Century Fox einen Vertrag abgeschlossen hatte, überzog sein Budget rettungslos. Unter dem Strich kostete der Film 45 Millionen Dollar (rund 70 Millionen Mark), gar nicht einmal *so* viel für ein Projekt dieses Ausmaßes, angesichts der Einspielergebnisse allerdings eine wahrlich horrende Summe. Für das magere Publikumsinteresse war zu einem gut Teil auch das Studio verantwortlich, denn in der Chefetage glaubte man, die überzogenen Millionen bei Werbung und Vertrieb einsparen zu können – eine verheerende Fehleinschätzung.

The Fisher King (König der Fischer)

USA 1991

Regie: TERRY GILLIAM. *Buch:* Richard LaGravanese. *Kamera:* Roger Pratt. *Musik:* George Fenton. *Produzenten:* Debra Hill, Lynda Obst. *Länge:* 137 Minuten. *Uraufführung:* 1. September 1991.

Besetzung: Robin Williams (Parry), Jeff Bridges (Jack Lucas), Mercedes Ruehl (Anne), Amanda Plummer (Lydia), Michael Jeter (alter Chorknabe), Tom Waits (Vietnamveteran).

INHALT: Jack Lucas ist ein skrupelloser, zynischer Talk-Radio-Moderator, dessen flotte Sprüche dem Sender beachtliche Zuhörerquoten bescheren – und aus Lucas einen Star machen. Er steht kurz davor, die Hauptrolle in einer Fernsehserie zu übernehmen, und probt bereits den Text. Immer wieder ruft ein Spinner bei ihm in der Sendung an, der Lucas von seinen Niederlagen erzählt. Lucas macht sich über den armen Tropf lustig und rät ihm scherzhaft, er solle alle jene ausrotten, die ihn peinigten. Ein fataler Vorschlag, denn der Spinner tut, wie ihm geheißen.

Das Massaker ist das Ende der steilen Karriere von Jack Lucas, der zum Alkoholiker wird und nur durchhält, weil sich Anne rührend um ihn kümmert. Ab und an jobbt er in Annes Videoverleihladen, der auf Pornos spezialisiert ist, die meiste Zeit aber besäuft er sich. So auch eines Nachts, als er plötzlich am Ufer des Hudson landet und überlegt hineinzuspringen. Da tauchen Jugendliche auf, die Jagd auf Penner machen. Sie verprügeln Lucas, überschütten ihn mit Benzin und wollen ihn anzünden.

Als alles danach aussieht, als hätte Lucas' letztes Stündlein geschlagen, erscheint Parry, der Ritter von der traurigen Gestalt. Er vertreibt die Jugendlichen und schleift den geretteten Lucas in sein Kellerquartier, das durch eine Vielzahl von Kerzen, Bilder und anderem Inventar irgendwie sakralen Charakter besitzt. Lucas, der sich nicht sicher ist, ob er das alles nicht träumt, erkennt, dass Parry kein gewöhnlicher Penner ist. Dieser hält Lucas für einen von Gott gesandten Verbündeten, der ihm helfen soll, seine Mission zu erfüllen: den Heiligen Gral in seinen Besitz zu bekommen, der sich – ein banaler Sportpokal – im Haus eines Millionärs befindet. Überdies ist es Lucas' Aufgabe, Parry vor seinem ärgsten Feind, dem roten Ritter, zu beschützen.

Lucas ergreift die Flucht, erfährt aber vom Hausmeister das traurige Schicksal Parrys. Dieser war einst Universitätslehrer für Mediävistik, ehe er seine Frau bei jenem Massaker verlor, das Jack durch seinen »Rat« an den Spinner ausgelöst hatte. Lucas ist tief betroffen und kommt zu dem Schluss, dass er Parry helfen muss, um dadurch selbst wieder zu einem befriedigenden Leben finden zu können. Er macht sich auf die Suche nach Parry und trifft ihn vor einem Bürohaus, wo er auf Lydia, ein unscheinbares, linkisches Mädchen, wartet, das er heimlich beob-

achtet. Für Parry ist Lydia das Edelfräulein, das seiner harren
wird, bis er den Gral an sich gebracht hat.

Lucas versucht, seine Schuld durch Geld zu tilgen, doch Parry
verschenkt dieses sofort an Bedürftige. Lucas muss erkennen,
dass Parry die Sache mit dem Gral tatsächlich ernst meint. Gemeinsam mit Anne entwickelt Lucas nun eine neue Strategie. Er
will Parry zu seiner geliebten Lydia verhelfen. Sie locken das
Mädchen unter dem Vorwand, sie habe einen Preis gewonnen,
in den Videoladen, wo Parry schon ganz nervös auf sie wartet.
Dieses Aufeinandertreffen wird zum Desaster, aber Jack und
Anne geben nicht auf. Anne bietet Lydia an, ihre Nägel zu be-
malen, und wie zufällig stoßen Jack und Parry dazu. Der Plan
scheint zu gelingen, die vier gehen chinesisch essen, der Abend
verläuft unterhaltsam und harmonisch. Jack überredet Parry,
Lydia nach Hause zu begleiten, und zum ersten Mal seit dem

Essen beim Chinesen: (v. l. n. r.) Robin Williams, Mercedes Ruehl,
Jeff Bridges, Amanda Plummer

Massaker ist Parry wieder glücklich. Doch die Schatten der Vergangenheit holen ihn ein – in Form des roten Ritters. In wilder Panik flieht Parry zurück zu seinen Streunern – und wird diesmal selbst Opfer sadistischer Jugendlicher. Im Koma liegend, landet er im Spital. Die Ärzte haben keine Hoffnung, ihn ins Leben zurückzuholen.

Jack, der davon noch nichts weiß, glaubt seine Schuld nun getilgt, trennt sich von Anne und macht sich wieder auf den Weg nach oben. Man bietet ihm sogar eine Fernsehshow an, und Jack ist wieder ganz der alte skrupellose Zyniker. Doch die Show soll von Obdachlosen handeln, und da fällt es Jack wie Schuppen von den Augen. Er erkennt, dass er dabei ist, seine Fehler zu wiederholen. Er fährt zu Parry, von dessen Schicksal er mittlerweile erfahren hat, und erkennt, dass nur seine eigene Initiative Parry retten kann.

Bei Nacht und Nebel steigt er in das Haus des Millionärs ein und entwendet den Pokal. Dabei bemerkt er, dass der Bewohner des Hauses im Sterben liegt, und löst den Einbruchsalarm aus, um ihn so zu retten. Erschöpft kommt er ins Spital und legt Parry den »Heiligen Gral« in die Arme. Und tatsächlich, Parry erwacht und kann nun endlich sein Glück mit Lydia genießen. Jack kehrt zu Anne zurück, die er um Vergebung bittet und der er seine Liebe gesteht. Am Ende liegen Jack und Parry nackt im Gras des Central Park – wie es Parry zu Beginn ihrer Beziehung Jack, der zu diesem Zeitpunkt noch schwer schockiert darüber war, vorexerziert hatte – und beobachten die Sterne.

ZUM FILM: Gilliams »modernes Märchen« lebt in erster Linie von der grenzgenialen Darstellung des Parry durch Robin Williams, der – anders etwa als in GOOD MORNING, VIETNAM oder THE DEAD POET'S SOCIETY – größtenteils auf sein Talent als Schnattermaul verzichtet und sich darauf beschränkt, Gefühle, Stimmungen, Ängste, Hoffnungen durch Mimik, durch seine Augen auszudrücken, was ihm brillant gelungen ist. Durch seine formidable Performance riss er den Rest des Teams förmlich mit und veranlasste auch Brigdes, Ruehl – die für ihre Darstellung mit dem Oscar für die beste weibliche Nebenrolle ausgezeichnet wurde – und Plummer zu wahren Höchstleistungen.

»Robin Williams konnte sich das Improvisieren nicht verknei-

Brillant: Robin Williams in ›Der König der Fischer‹

fen«, erinnerte sich Gilliam später, »aber es genügte, ihn während der ersten Aufnahmen das machen zu lassen, was er wollte. Danach kam er dann auf das Drehbuch zurück.«
Nach dem Fiasko von *Münchhausen* war es für Gilliam gar nicht
leicht, sein Projekt überhaupt realisieren zu können. Zugunsten
Gilliams entschieden letztlich das Vertrauen, das die Produzenten Lynda Obst und Debra Hill in ihn setzten, und die Bereit-
schaft von Williams, nach den zwei Oscar-Nominierungen in
Serie endgültig zum Superstar aufgestiegen, die Hauptrolle zu

übernehmen. Nebenbei bemerkt: Durch THE FISHER KING holte sich Williams Nominierung Nummer drei.

»Die Suche nach dem Gral ist das zentrale Thema des Films, aber sie ist nicht seine Geschichte«, erläuterte Gilliam seine Paraphrase auf den Parzival-Mythos, »der Diebstahl des Pokals ist ein verrückter und unsinniger Akt, der aber erlaubt, in die Schlussphase des Films zu gelangen: die Erlösung von Jack und Parry.«

The Twelve Monkeys (Twelve Monkeys)
USA 1995

Regie: TERRY GILLIAM. *Buch:* David und Jane Peoples. *Kamera:* Roger Pratt. *Musik:* Paul Buckmaster. *Produzent:* Charles Roven. *Länge:* 130 Minuten. *Uraufführung:* 21. März 1996.

Besetzung: Bruce Willis (James Cole), Madeleine Stowe (Dr. Kathryn Railly), Brad Pitt (Jeffrey Gaines), Christopher Plummer (Dr. Gaines), Jon Seda, Michael Chance, Vernon Campbell, Michael Walls, Bob Arian, Simon Jones, Harry O'Toole, Carol Florence, Bill Raymond, Ernest Abuba, Irma St. Paule, Joey Perillo, Rozwill Young, Fred Strother, Rick Warner, Frank Gorshin, Anthony Brienza, Stan Klang, David Morse.

INHALT: 1997 werden fünf Milliarden Menschen durch einen horriblen Virus dahingerafft. Wer dieses Armageddon überlebt, zieht sich ins Innere der Erde zurück. 2035 versuchen Wissenschaftler die Ursachen der damaligen Katastrophe zu ergründen und schicken den Häftling Cole als »Freiwilligen« an die Erdoberfläche. Durch diese Expedition qualifiziert, bieten die Wissenschaftler Cole an, sich mit einer Zeitmaschine in das Jahr 1996 katapultieren zu lassen, um auf diese Art herauszufinden, wie die Seuche überhaupt ausbrechen konnte. Durch einen Programmierungsfehler landet Cole aber im Jahre 1990, wo man ihn ob seiner verwirrenden Aussagen für nicht ganz dicht hält und in eine Irrenanstalt steckt.

Dort lernt er den hypernervösen und in seinen Ansichten ultraradikalen Jeffrey Gaines kennen, der ihn mit den Mechanismen im Asyl vertraut macht und ihm sogar zur Flucht verhelfen will, was jedoch scheitert. Die Psychoanalytikerin Dr. Railly soll Cole untersuchen, doch dieser wird plötzlich ins Jahr 2035 zurückgeholt. Die Jungs des Jahres 2035 sind mit Cole nicht wirklich zufrieden, doch der kann darauf verweisen, dass er im falschen Jahr landete. Ein zweiter Versuch schlägt noch mehr fehl – Cole gerät in den Ersten Weltkrieg; erst im dritten Anlauf kommt Cole wirklich in den Herbst 1996.

Bruce Willis in ›Twelve Monkeys‹

Er entführt Dr. Railly nach Philadelphia, wo die Katastrophe mutmaßlich ihren Ausgangspunkt nahm. Die Stadt entpuppt sich als ein Ort der Widersprüche. Gaines, mittlerweile aus der Anstalt entlassen, führt eine radikale Gruppe mit Namen »The Twelve Monkeys« an, welche die Welt mittels eines Killervirus vernichten will. Railly, die von Cole festgehalten wird, beginnt allmählich, ihm zu glauben, vor allem, als Gaines seinen eigenen Vater entführt und in den Affenkäfig des Zoos sperrt, während er alle Tiere freilässt. Cole und Railly jagen zum Flughafen, wo ein Mitglied der »Twelve Monkeys« mit einem Koffer voll Killerviren eine Weltreise antreten will. Es kommt zum Showdown.

ZUM FILM: Das Thema »Zeitreisen« faszinierte das Kino seit Anbeginn, man denke an die Verfilmung des H.-G.-Wells-Klassikers »The Time Machine« (1948) einer- und die Komödientrilogie *Zurück in die Zukunft* von Robert Zemeckis andererseits. Gilliam hatte sich schon bei TIME BANDITS mit dem Thema auseinandergesetzt. Was damals Ansatz zu einer Menge Ulk bot, ist hier sozusagen ernsthaft angelegt. Gilliam kehrt gleichsam zur Düsternis von BRAZIL zurück, siedelt die Atmosphäre des Films nahe bei Wells, aber auch wieder nahe bei Kafka an. Dabei gelingt es ihm, an seinen Akteuren neue Seiten freizulegen; vor allem Brad Pitt kann sich von seinem Image als Sonnyboy für gewisse Stunden gelungen lösen – was ihm auch den Golden Globe als bester Nebendarsteller einbrachte.

Der Film hat zwar einen »logischen Hänger« – wieso verfügt Gaines, der 1990 noch als eher »harmloser Irrer« in einer Anstalt sitzt, 1996 plötzlich über die Möglichkeit, die ganze Welt aus den Angeln zu heben, und wieso weiß Cole sofort, dass Gaines hinter der Sache mit der Seuche steckt? –, dennoch gelingt es Gilliam erneut, eine stimmungsvolle Welt des Dunklen zu inszenieren, die den Betrachter sogleich zu fesseln vermag.

Und doch, im Vergleich mit den früheren Werken Gilliams vermisst man etwas. Selbst bei BRAZIL sorgen Palin und De Niro für skurrile Gegenschnitte, für ein heiteres Konterkarieren der an sich düsteren Grundstimmung. Bei allen anderen Filmen Gilliams überwiegt das Heitere, Satirische ohnehin. Bei TWELVE MONKEYS hingegen erleben wir einen völlig neuen Gilliam, der in nichts mehr an die Monty Pythons erinnert. Einen ernsten

Gilliam, dem angesichts seines Themas der Humor endgültig verloren gegangen zu sein scheint.

Dies zeigt sich auch an seinem Porträt von Philadelphia. 1993 hatte Bruce Springsteen im Video für seinen Song zum gleichnamigen Film mit Tom Hanks als AIDS-Kranken erstmals die Schattenseiten der Ostküstenmetropole gezeigt. Bei Gilliam scheint das traditionsreiche Philadelphia nur noch aus Slums und Elend zu bestehen. Gilliam: »Architektonisch strahlt die Stadt ein merkwürdiges Gefühl des Verfalls und des Missgeschicks aus. Irgendetwas ist im Lauf der Jahrzehnte verloren gegangen – und da ich immer spürte, dass unsere Story vom Niedergang und von Nostalgie erzählt, zog es mich regelrecht hierher.« Kühne Worte von jemandem, der aus Minneapolis/ Minnesota stammt.

Gilliam ist nun 56 Jahre alt. Nach anfänglich zögerlichem Erfolg, der sich mehr auf Lobpreisungen seitens der Kritik beschränkte, hat er sich – die Schrammen des finanziellen Debakels von *Münchhausen* sind Geschichte – nunmehr auch als Erfolgsregisseur etabliert. Er hat keine Schwierigkeiten mehr, Topstars für seine Projekte zu gewinnen. Neben John Cleese (für A FISH CALLED WANDA) gelang es ihm als einzigem Python, Nominierungen seiner Filme für den Oscar zu erreichen, und vor allem seit THE FISHER KING und THE TWELVE MONKEYS hat er in Hollywood das Standing eines Arrivierten. Inwieweit dies jedoch sein Image als einzelgängerisches Genie beeinflusst, wird seine weitere Arbeit zeigen.

4) *Eric Idle*

Nuns on the Run (Nonnen auf der Flucht)
GB 1989

Regie: Jonathan Lynn. *Buch:* Jonathan Lynn. *Kamera:* Michael Garfath. *Musik:* Yello, George Harrison. *Produzenten:* Simon Bosanquet, George Harrison, Denis O'Brien. *Länge:* 88 Minuten. *Uraufführung:* 1. April 1990.

Besetzung: ERIC IDLE (Brian Hope), Robbie Coltrane (Charlie McManus), Camille Coduri (Faith), Janet Suzman (Äbtissin), Lila Kaye (Schwester Maria Annunciata), Robert Patterson

(Cash Casey), Doris Hare (Schwester Maria vom heiligen Herzen), Tom Hickey (Pater Seamus).

INHALT: Brian und Charlie arbeiten als kleine Gangster in der Überfallbranche. Sie tragen sich mit dem Gedanken auszusteigen, schließlich gibt es in diesem Job keine Sozialversicherung, keinen Urlaubs- und auch keinen Pensionsanspruch. Doch als ihnen Boss Casey zeigt, wie er mit Aussteigern verfährt, bleiben sie vorerst im Metier. Erst ein Überfall auf einen Geldtransport der chinesischen Drogenmafia, bei dem Brian und Charlie ihren Boss linken und mit einer Million Pfund entkommen, bietet ihnen die Gelegenheit, sich für immer in Rio zur Ruhe zu setzen. Sie flüchten ins nächstbeste Haus, das sich als Nonnenkloster entpuppt. So verkleiden sich die beiden als Schwester Inviolata (die Gewaltlose) und Schwester Euphemia (die Geschönte) und tauchen bei den geistlichen Damen unter. Die Schwierigkeiten bekommt allerdings nun Brians Freundin Faith, über die sowohl die chinesische Mafia als auch Casey an das Duo herankommen will.

Für Charlie und Brian wird die Luft dünn, als auch die Äbtissin Verdacht zu schöpfen beginnt. In der Tat überraschen die Nonnen die beiden, als diese gerade die Million in den Koffer stopfen. Die Kleinganoven hasten daraufhin aus dem Haus, und Charlie will den geknackten Wagen auf direkter Linie zum Flughafen lenken, doch Brian kann Faith nicht zurücklassen. Sie machen also einen Umweg zum Krankenhaus, in dem Faith ihre Blessuren auskurieren soll, die ihr die Großgangster zugefügt haben. Bereits in der Kunst der Verkleidung geübt, präsentieren sich Charlie und Brian als Krankenschwestern und schmuggeln so Faith und das Geld aus dem Hospital.

Die Gangster, die Polizei und die Nonnen sind ihnen aber dicht auf den Fersen. Dabei verliert das mittlerweile zum Trio gewordene Duo einen der beiden Geldkoffer, mit dessen Inhalt dem armen Kloster sehr geholfen ist, da die Äbtissin das Gepäckstück findet. Am Flughafen scheint die Flucht zu Ende, denn die Polizei wartet bereits auf Hope und McManus. Faith steigt allein ins Flugzeug und ist untröstlich, als es abhebt. Doch die beiden Stewardessen, die ihr Champagner anbieten, kommen ihr nur allzu bekannt vor.

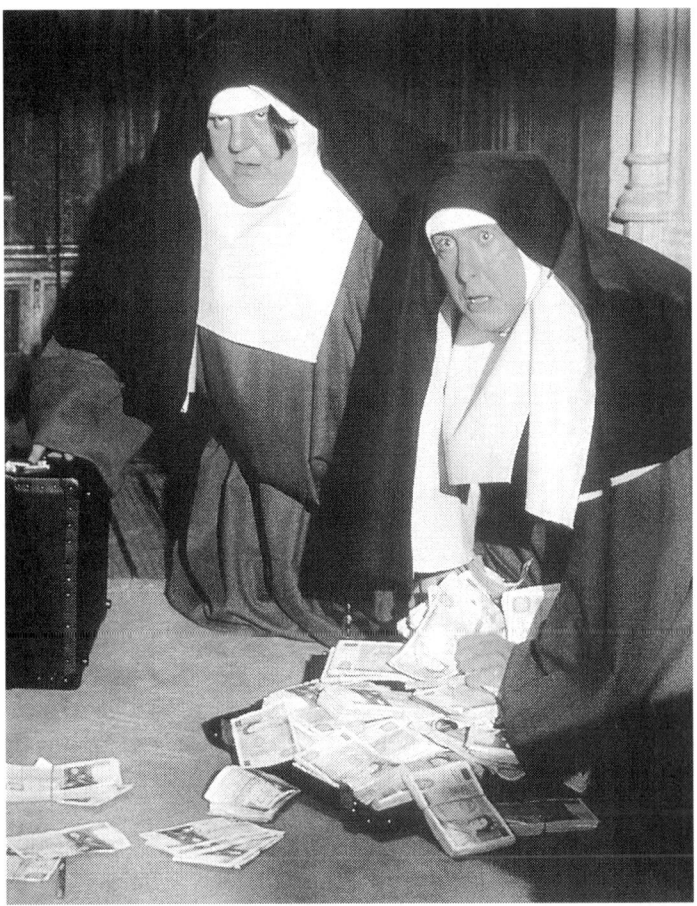

Die Schwestern »Inviolata« und »Euphemia« haben 'ne Menge Kohle ...

ZUM FILM: NUNS ON THE RUN war ein reiner Schauspielakt für Idle. Er wurde von Denis O'Brien in Cannes darauf angesprochen, ob er bei dem Projekt mitmachen wolle. Regie sollte Jonathan Lynn führen, der schon Idles Theaterstück »Pass the Butler« inszeniert hatte und den Idle seit den 60-ern kannte. Idle sagte schon um der alten Freundschaft willen zu – und konnte nicht ahnen, dass NUNS ON THE RUN sein größter Erfolg als Soloakteur werden sollte. Allein in Großbritannien spielte der Film über sieben Millionen Mark ein.

Auch am Set herrrschte eine überbordende Stimmung. Die Gags setzten sich auch nach Drehschluss fast ungemindert fort, wobei die Crew perfekt harmonierte. Ursprünglich hätte Michael Palin die Rolle des Charlie McManus übernehmen sollen, doch der war noch durch AMERICAN FRIENDS belegt, sodass Idle Robbie Coltrane, der mit Rowan Atkinson und Stephen Fry in der BLACKADDER-Serie Furore gemacht hatte, ins Spiel brachte, und der erwies sich als kongeniale Ergänzung zu Idle. Dementsprechend auch Idles Resümee: »Ich hatte eine tolle Zeit. Es war das richtige Team, alle miteinander, keine Scheißer, die dauernd versuchen zu sagen, wo's langgeht.«

Obwohl das Szenario phasenweise dem amerikanischen Geschmack durchaus entgegenkommt – des öfteren fühlt man sich an SISTER ACT erinnert, der übrigens erst nach NUNS ON THE RUN entstand –, schafften die flüchtenden Nonnen in den USA dennoch nicht den großen Durchbruch, nicht zuletzt, weil sich der Verleih zu sehr auf die Mundpropaganda verließ. Ein Detail am Rande: Im Abspann ließen sich Lynn und Co. noch einen kleinen Schlussgag einfallen. Im Cast erscheinen ein Brian Hope und ein Charlie McManus als Flugbegleiter. Hope und McManus sind natürlich Idle und Coltrane in Verkleidung.

Too Much Sun
GB 1991

Regie: Robert Downey Sr. *Buch:* Robert Downey Sr. und Robert Downey Jr. *Produzent:* Robert Downey Sr. *Länge:* 98 Minuten.

Besetzung: ERIC IDLE (Sonny), Andrea Martin (Bitsy), Alan Arkin (Old Man Rivers).

INHALT: Sonny und Bitsy sind die Erben eines verbleichenden Millionärs, der ihnen seine Scheinchen aber nur unter der Bedingung vermacht, dass sie sich fortpflanzen, widrigenfalls die Knete an einen Pfarrer geht. Dummerweise sind Sonny und Bitsy aber beide homosexuell und wollen kein Kind. Ihren luxuriösen Lebensstil wollen sie allerdings ebenfalls nicht aufgeben. Bitsy ist überzeugt, mit 16 einem Sohn das Leben geschenkt zu haben und macht sich auf die Suche nach dieser Liebes- bzw. Leibesfrucht, während sich Sonny redlich abmüht, die Produktion von Nachkommen nachzuholen. Der Pfarrer ersinnt jedoch auch so manche List, um in den Besitz des Zasters zu kommen.

ZUM FILM: Der Film ist kaum besonders erfolgreich zu nennen, wenn auch Idle mit seiner Arbeit sehr zufrieden war. Schon am Set stimmte die Chemie ganz und gar nicht, wobei sich Downey Senior und Downey Junior permanent in den Haaren lagen. So schrie der Vater einmal den Sohn an: »Wann lernst du eigentlich deinen Text?« Der Sohn antwortete gelangweilt: »Ungefähr beim dritten Take.« Idle war auch später noch davon überzeugt, dass TOO MUCH SUN ein beachtliches komödiantisches Potential gehabt hätte, das aber bedauerlicherweise fast zur Gänze verschwendet wurde. Der Film lag dann auch im englischsprachigen Raum über zwei Jahre auf Eis, ehe er in den USA auf Video auf den Markt kam. Auch im deutschen Sprachraum fand sich bislang kein Verleih.

Splitting Heirs (Und ewig schleichen die Erben)
GB 1993

Regie: Robert Young. *Buch:* ERIC IDLE. *Kamera:* Tony Pierce-Roberts. *Musik:* Michael Kamen. *Produzenten:* Simon Bosanquet, ERIC IDLE, Redmond Morris. *Länge:* 87 Minuten. *Uraufführung:* 2. September 1993.
Besetzung: ERIC IDLE (Tommy Patel), John Cleese (Raoul Shadgrind), Rick Moranis (Henry), Barbara Hershey (Herzogin Lucinda), Catherine Zeta Jones (Kitty), Sadie Frost (Angela), Stratford Johns (Butler), Brenda Bruce (Mrs. Bullock), William Franklyn (Andrews).

INHALT: Der Herzog von Bournemouth und seine Frau Lucinda sind gerade wieder mal schwer am Feiern und vergessen darob ihr kleines Baby, den zukünftigen Herzog. Als sie nach einer heftigen und intensiven Suche endlich einen Balg finden, ist Lucinda zwar davon überzeugt, der kleine Kerl ist nicht der ihre, aber was soll's – Hauptsache, es gibt einen Erben.
Jahre später jobbt Tommy, Sohn einer Familie von Indern, als Subalterner bei einem Unternehmen des Herzogs, während

›Und ewig schleichen die Erben‹

Henry, der Erbe, so rumfrönt. Als der alte Herzog den Löffel ab-
gibt und Henry damit Titel und Geld erbt, macht er Tommy zu
seinem persönlichen Freund. Die lustige Zeit jedoch hat ein Ende, als Tommy die Geschichte mit den verwechselten Babies
spitzkriegt und schnallt, dass eigentlich er der wahre Herzog ist.
Über den Anwalt Shadgrind will er seinen Anspruch einklagen,
doch Shadgrind überzeugt ihn davon, dass legal kein Weg offen-
steht. Wolle er Herzog werden, dann müsse er Henry töten.
Tommy geht ans Werk, doch als ihm Henrys Frau Kitty gesteht,
dass sie von ihm, Tommy, schwanger ist, gibt sich Tommy zufrieden. Wozu noch Henry töten, immerhin wird sein Kind einmal
den Titel erben. Diese Entwicklung aber passt Shadgrind nicht,
der gehofft hatte, dass sich die ganze Familie selbst ausrottet, damit er sich den Titel unter den Nagel reißen kann. Im großen
Showdown stellt sich heraus, dass Kittys Kind nicht wirklich von
Tommy stammt, dafür aber erfährt die alte Herzogin Lucinda,
dass Tommy ihr Sohn ist. So wird Henry am Ende ein ganz

normaler Mensch mit Frau und Kind, während Tommy seine Sekretärin heiratet und Herzog wird. Und Shadgrind darf sich ordentlich ärgern.

Zum Film: Nach seinem Theaterstück »Pass the Butler«, das im November 1981 an der University of Warwick in Coventry uraufgeführt worden war, hatte sich Idle darauf beschränkt, zu spielen – oder allenfalls Stoffe zu adaptieren, wie er es 1982 und 1985 für das »Faerie Tale Theatre« getan hatte. 1986 allerdings kam es zu einer denkwürdigen Premiere: Idle debütierte in einer Operette von Gilbert und Sullivan. In »Der Mikado«, der in der English National Opera aufgeführt wurde, gab er eine der Hauptrollen.

Für Splitting Heirs aber lieferte Idle erstmals seit mehr als zehn Jahren wieder ein eigenes Skript ab. Gemeinsam mit Si Bosanquet, mit dem er schon bei Nuns on the Run zusammengearbeitet hatte, produzierte er das Werk auch, das von Mai bis Juli 1992 in England gedreht wurde. Mit von der Partie war auch wieder John Cleese, der zur Abwechslung mal einen Schurken gab. Bemerkenswertes Detail am Rande: Englands Fußballidol Gary Lineker, 1986 WM-Torschützenkönig und heute gefragter Fernsehmoderator, spielt in einer Szene gemeinsam mit seiner Frau ein Pärchen im Restaurant.

Casper (Casper)
USA 1994
Regie: Brad Silberling. *Buch:* Sherri Stoner, Deanna Oliver. *Kamera:* Dean Cundey. *Musik:* James Horner. *Produzenten:* Steven Spielberg, Colin Wilson. *Länge:* 107 (nach anderen Angaben 96) Minuten.
Besetzung: Christina Ricci (Kat), Bill Pullman (Dr. Harvey), Cathy Moriarty (Carrigan), Eric Idle (Dibs), Wesley Thompson (Mr. Curtis), Malachy Pearson (Stimme von Casper).

Inhalt: Die habgierige Carrigan erbt von ihrem reichen Verwandten nur eine Bruchbude, die sie eigentlich sofort wieder vergessen will, doch ihr Gefährte Dibs bemerkt zufällig, dass auf der Urkunde in Geheimschrift etwas von einem Schatz vermerkt ist. Also machen sich Carrigan und Dibs auf, diesen zu fin-

›Casper‹: Eric Idle, Cathy Moriarty, Christina Ricci, Bill Pullman

den. Doch in dem alten Haus wohnen Geister, und jeder Versuch (von Exorzismusexperten bis zu den Ghost Busters), diese zu vertreiben, schlägt fehl.

Im Fernsehen hören sie von dem Geisterspezialisten Dr. Harvey, dem sie das Haus überlassen, damit sie durch Harvey an den Schatz kommen. Harveys Tochter Kat merkt schnell, dass die Geister – allen voran der kleine Casper – so übel gar nicht sind, wenn sich auch einige Onkel von Casper ziemlich mies aufführen, um ihrem Geisterimage zu entsprechen. Casper und Kat schließen Freundschaft, und Casper zeigt ihr den »Schatz«: einen Baseball mit dem Autogramm eines Starspielers. Carrigan hat sich völlig umsonst bemüht.

Caspers Vater, selbst ein Geist, entwickelt eine Mixtur, mit der Geister wieder zu Menschen werden können, und Casper will sich dieser Prozedur unterziehen, um so Kat näher zu sein. Doch durch eine Verkettung merkwürdiger Umstände wird Kats Vater zum Geist, und Casper verzichtet auf seine Menschwerdung, damit Kat wieder einen Vater hat. Zum Lohn für seine tapfere Tat erhält Casper einen Abend Ausgang und darf als Mensch an der Seite von Kat eine Party feiern. Und diese Party geht auch noch weiter, als Casper schon wieder ein Geist sein muss.

ZUM FILM: Ein typisches Märchen der Spielberg-Factory: jede Menge Tricks, keine bemerkenswerte Handlung, lieb, harmlos, für Menschen ab der ersten Schulklasse eher langweilig. Zwar hat der Film zwischendurch ein paar nette Momente, wenn sich etwa Dr. Harvey, von Geistern geplagt, in Clint Eastwood verwandelt, doch ansonsten regiert wie bei allen Spielberg-Werken die Anspruchslosigkeit.

Idle hat ein paar Szenen als der unterdrückte Lebensgefährte der geldgierigen Carrigan, doch sein schauspielerisches Können wird so gut wie gar nicht gefordert. Dass Idle die Rolle überhaupt annahm, dürfte wohl dem Umstand geschuldet sein, auch einmal ganz groß abkassieren zu wollen. Idle ist jetzt 54 und hat sich als Komödiant auch für harmlose Klamaukfilme etabliert. In Rollen à la *Und ewig schleichen die Erben* oder *Casper* kann er noch sehr lange auftreten; es stellt sich freilich die Frage, inwieweit sich in seinem Schaffen noch einmal ein wirklicher Höhepunkt ereignen wird.

5) *Terry Jones*

Erik the Viking (Erik der Wikinger)
GB 1989
Regie: TERRY JONES. *Buch:* TERRY JONES. *Kamera:* Ian Wilson. *Musik:* Neil Innes. *Produzent:* John Goldstone. *Länge:* 103 Minuten. *Uraufführung:* 1. September 1989.
Besetzung: Tim Robbins (Erik), Gary Cady (Keitel der Schmied), TERRY JONES (König Arnulf), John Cleese (Halfdan der Schwarze), Eartha Kitt (Freya), Mickey Rooney (Eriks Großva-

ter), Tsutomu Sekine (Sklaventreiber), Anthony Sher (Loki), Imogen Stubbs (Prinzessin Aud), Tim McInnerny (Sven), Charles McKeown (Svens Vater), Freddie Jones (Harald der Missionar).

INHALT: Erik ist ein typischer junger Wikinger, der sich mit diversen Raubzügen seinen Lebensunterhalt verdient. Doch als er sich just in ein Mädel verliebt, das er gerade kaltgemacht hat, da durchlebt er so etwas wie eine Sinnkrise. Irgendwie muss es doch mehr geben im Leben als das ewige Morden, Vergewaltigen, Brandschatzen und Plündern.

Und so wird Erik empfänglich für diverse Gerüchte, die in seinem Dorf umgehen. Dass es eine Zeit gegeben haben soll, in der es nicht pausenlos stockdunkler Polarwinter war. Dass die Götter in Asgard durch ein geheimnisvolles Horn erweckt werden könnten, auf dass die Erde wieder blühe und die Sonne wieder scheine. Dass auch Wikinger romantisch und nett sein könnten. Erik findet derlei Perspektiven toll, und so macht er sich kurz entschlossen auf den Weg, dieses Horn zu finden.

Doch da gibt es freilich auch Bösewichter, die Eriks Mission hintertreiben wollen. Der intrigante Loki überzeugt den einfältigen Dorfschmied Keitel, dass er seinen Laden zusperren könne, wenn Erik Erfolg hat, und so schließt sich Keitel der Expedition an in der Absicht, sie zu torpedieren.

Loki traut freilich den Fähigkeiten von Keitel nicht allzu sehr, weshalb er sich zum gefürchteten Halfdan dem Schwarzen begibt, um auch diesen davon zu überzeugen, Erik das Handwerk zu legen. Während sich Halfdan anschickt, Erik hinterherzufahren, besteht die Crew des Drachenbootes die ersten Prüfungen und landet nach zahllosen weiteren Abenteuern auf jener Insel, auf der sich das sagenhafte Horn befinden soll. Die dortigen Bewohner zeichnen sich durch penetrante Freundlichkeit aus. Die Prinzessin Aud verliebt sich in Erik und erklärt sich bereit, ihm zu helfen.

Während sich also die Insulaner unter der Führung ihres Königs Arnulf in Gastfreundschaft ergehen, versucht Erik, das Horn in seinen Besitz zu bekommen. Dabei gilt es, gewitzt vorzugehen, denn auf der Insel darf kein Tropfen Blut vergossen werden, widrigenfalls das ganze Eiland atlantisgleich absäuft und im

›Erik der Wikinger‹

Ozean auf Nimmerwiedersehen verschwindet. Halfdan landet am Strand, doch Eriks Männer können die Attacke abwehren. Unglücklicherweise verursacht Loki eine Blutung, und das Land beginnt zu sinken – ein Faktum, das König Arnulf selbst dann noch ignoriert, als ihm das Meer schon bis zum Halse steht. Glücklicherweise hat er aber schon vorher Erik zum Dank für das Engagement gegen Halfdan das Horn überreicht, sodass die Wikinger rechtzeitig in den Wind schießen können, bevor Arnulfs Reich Geschichte ist.

Aud entschließt sich, mit Erik zu ziehen, und zeigt dem Wikinger auch gleich, wie man auf dem Horn bläst. Der erste Ton führt Erik nach Walhalla, der zweite weckt die Götter auf. Doch diese sind erstaunlicherweise Kiddies und ganz und gar nicht göttlich in ihrem Benehmen. Odin findet Erik und seinen Haufen gar nicht amüsant und will die ganze Bande in die Hölle verbannen. Doch Harald der Missionar schafft es, das Horn zum dritten Mal zu blasen, weshalb die Crew wieder heim ins Dorf gebeamt wird. Dort allerdings wartet schon der böse Halfdan, der die Alten, die Frauen und die Kinder gekidnappt hat und so Erik zur Kapitulation zwingt. Da fällt Harald, der vom Rest getrennt worden war, vom Himmel und macht Halfdan platt. Zum restlosen Glück fehlt nun nur noch die Sonne, und die geht gerade rechtzeitig zum Happy End auf. Und wenn sie nicht gestorben sind, dann leben die alle heute noch.

ZUM FILM: Terry Jones hatte seit der Regie von *Das Leben des Brian*, sieht man von einer Videoproduktion mit dem Titel PERSONAL SERVICES (1987) ab, keine Filmarbeit im eigentlichen Sinn mehr betrieben. Er widmete sich seinen literarischen Betätigungen und veröffentlichte neben einer Studie über Ritterlichkeit bei Geoffrey Chaucer, dem Autor der »Canterbury Tales«, eine Reihe von Kinder- und Jugendbüchern. 1983 publizierte er eine Geschichte, die er für seinen Sohn William geschrieben hatte und für die er den britischen Kinderbuchpreis 1984 gewinnen sollte: »Die Saga von Erik dem Wikinger«. Auf dieser Story basierte auch die Grundidee zum Kinofilm, obwohl das Drehbuch letztlich nur noch wenig mit der Gute-Nacht-Geschichte für den Sohnemann zu tun hatte. Letztlich blieben nur noch ein paar Abenteuer auf hoher See übrig.

Im September 1988 begannen die Dreharbeiten. Ursprünglich wollte Jones den ganzen Film in Norwegen aufnehmen, doch das Wetter ließ das nicht zu. Vor allem die Sequenzen auf der Insel Hy-Brasil wären wohl kaum sehr glaubwürdig auf norwegischem Boden zu produzieren gewesen, weshalb die Crew nach Malta übersiedelte, wo wesentlich bessere Arbeitsbedingungen vorzufinden waren. Den Feinschliff besorgte man schließlich in England selbst. Für die Besetzung bekam Jones nicht nur Altstar Mickey Rooney und Soul-Perle Eartha Kitt, auch sein alter Python-Rivale Cleese war mit von der Partie. Er spielte den bösen Halfdan.

Halfdan ist nicht etwa ein phonetischer Gag in Bezug auf Steaks, sondern es gab in der norwegischen Geschichte tatsächlich einen Halfdan, der die Wikingerreiche vereinte und seinem Nachfolger Harald Schönhaar das erste einheitliche norwegische Staatswesen hinterließ. Jones formulierte es freilich ein wenig anders: »Halfdan war einer der großen Könige Norwegens.

Er galt immer als guter Kerl – bis jetzt.« Auch Neil Innes, alter Weggefährte der Pythons, steuerte seinen Teil bei. Er schrieb nicht nur die Musik, sondern schauspielerte auch ein wenig: »Terry gab mir netterweise ein paar wichtige Rollen mit einer oder zwei Zeilen Text, weil ich gerade auf Malta war. So spielte ich *supporting roles* wie den ›Bürger im Hintergrund‹, den ›Mann mit einem Esel‹ oder den ›dritten ersaufenden Hy-Brasilianer‹.« Nach hektischen Endarbeiten wird ERIK bei den Filmfestspielen in Edinburgh im August 1989 gezeigt, stößt dort allerdings auf wenig Aufmerksamkeit. Jones hofft auf den regulären Kinoeinsatz nach der Premiere am 1. September 1989 in Stockholm. Doch die Kritik bleibt reserviert, und auch das Publikum strömt nicht in hellen Scharen in den Film. Die mangelnde Akzeptanz trifft Jones unvorbereitet. Später mutmaßte Jones, die Kinobesucher hätten einen neuen Python-Film erwartet und seien nicht in der Lage gewesen, mit einem Märchen umzugehen. Er tröstete sich mit der Hoffnung auf die Zukunft: »Ich denke, es ist eine

Eartha Kitt und Tim Robbins in ›Erik der Wikinger‹

von jenen Sachen, die zurückkommen und eines Tages wieder-entdeckt werden.«

Zumindest tendenziell scheint Jones Recht zu haben. Als ERIK THE VIKING als Kaufkassette erschien, erzielte der Film durch-aus achtbare Absatzzahlen. Dennoch ist ERIK immer noch weit davon entfernt, ein Klassiker à la BRIAN oder auch JABBER-WOCKY zu werden.

Jones, heute 54, ließ daraufhin zunächst einmal die Finger von der Regiearbeit. Erst 1992 nahm er wieder auf dem Regisseur-stuhl Platz. Für die TV-Serie *Der junge Indiana Jones* drehte er die Folge über Spanien 1917, wobei er vor allem die Zusam-menarbeit mit George Lucas sehr schätzte. Im Gegensatz zu den anderen Pythons ist Jones seitdem jedoch nicht mehr durch ein-schlägige Filmarbeiten hervorgetreten. ERIK blieb somit ein ein-zelner Versuch, dem Jones keine weiteren hinzufügte. Bislang jedenfalls.

6) Michael Palin

The Missionary (Der Missionar)
GB 1982
Regie: Richard Loncraine. *Buch:* MICHAEL PALIN. *Kamera:* Pe-ter Hannan. *Musik:* Mike Moran. *Produzenten:* Neville Thomp-son, George Harrison, Denis O'Brien. *Länge:* 93 (in der Video-fassung 85) Minuten. *Uraufführung:* 5. November 1982.
Besetzung: MICHAEL PALIN (Reverend Charles Fortescue), Maggie Smith (Lady Ames), Trevor Howard (Lord Ames), Den-holm Elliott (Bischof von London), Graham Crowden (Reve-rend Fitzbanks), Phoebe Nicholls (Deborah Fitzbanks), David Suchet (Corbett).

INHALT: Nach zehn Jahren als Missionar in Afrika kehrt Charles Fortescue nach England zurück, wo ihn der Bischof von London mit der Aufgabe betraut, sein Bekehrungswerk unter den Lon-doner Freudenmädchen fortzusetzen. Charles geht auch sofort mit Feuereifer an seine neue Aufgabe, unterstützt von Deborah Fitzbanks, die er ehelichen soll. Ihre Hilfe ist allerdings nicht völlig uneigennützig. Je schneller ihr Charly Erfolg hat, umso eher wird geheiratet, ist ihre These. Sie vermittelt ihm Lady

Ames, eine reiche Dame, die bereit ist, das Projekt finanziell zu unterstützen.

Doch Lady Ames hat auch noch ganz andere Interessen. Sie will Fortescue in ihr Bett bekommen. Fortescue lässt sich bei seinem Handeln von dem Spruch »Der Zweck heiligt die Mittel« leiten – und gibt nach. Bei ihr, wie auch bei vielen gefallenen Mädchen, die er so in die Mission holt, sehr zum Missfallen des Bischofs. Da Fortescue aber nicht bereit ist, engere Bindungen zu Lady Ames einzugehen, erklärt diese, sie müsse ihr Leben selbst ändern, wenn Fortescue es nicht für sie tue.

Als Fortescue von einem Anschlag auf Lord Ames hört, schwant ihm Schreckliches, und er kommt gerade noch rechtzeitig, um einen zweiten zu vereiteln. Allerdings versäumt er dadurch seine eigene Hochzeit. Überdies fällt er in der Kirche in Ungnade, da dieser die Eigendynamik, die Fortescues Mission mittlerweile entwickelt hat, ganz und gar nicht gefällt. Ausgestoßen aus Kirche und Gesellschaft, bleibt Fortescue für das Lumpenproletariat des Londoner Hafenviertels »bis zu seinem Lebensende« dennoch »der Missionar«, begleitet von Lady Ames, die nun ihre wahre Berufung – und ihren wahren Mann – gefunden hat.

ZUM FILM: *Der Missionar* ist Palins erster eigener Film, für den er die Alleinverantwortung trug. Von George Harrison und Denis O'Brien hatte er einen Persilschein bekommen, das Projekt so zu realisieren, wie er es für richtig hielt. Es war eine enorme Herausforderung, bei der für Palin auch durchaus einiges auf dem Spiel stand. Wäre der Film ein Fiasko geworden, hätte es vermutlich einen ziemlichen Knick in seiner Karriere bedeutet. Harrison aber vertraute Palin, nicht zuletzt, weil er von der Fernsehserie RIPPING YARNS begeistert war.

Außerdem gelang es, Maggie Smith und Trevor Howard, zwei der ganz großen Schauspieler des britischen Films – Maggie Smith war zweimal mit einem Oscar ausgezeichnet worden – ins Team zu bekommen. Smith stieß über Richard Loncraine zum Cast, Howard stieg ein, weil er die Arbeit der Pythons mochte. Doch auch die Nebendarsteller gehören mit zum Besten, was das britische Kino zu bieten hat. So war Denholm Elliott ebenfalls schon für den Oscar nominiert; 1985 erhielt er den britischen Academy Award. Begeistert war Palin auch von Michael

Hordern, der den Butler spielte: »Niemand hätte das so gut hingekriegt.«

Einige Szenen des Films wurden in Kenia gedreht, um den Missionar auch vor Ort zu zeigen. Was easy und entspannt wirkt, war real gar nicht so einfach, wie sich Palin erinnert: »Ich hatte einige Einstellungen, wo ich von wilden Tieren passiert werde. Ein Ranger beschützte uns während des Filmens mit einem Gewehr, als ich an den Elefanten vorüberging. Ich dachte, Elefanten sind eher echt nette Tiere, doch in freier Wildbahn können sie die gefährlichsten Tiere überhaupt werden. Als ich also meinen unbeschwert witzigen Gang hinlegte, wurde ich von einem Mann mit einem Gewehr gedeckt. Ich habe nie herausgefunden, ob er mich oder den Elefanten erschießen wollte.« Weitere Drehorte waren Schottland und England.

Der Missionar wurde bei Publikum und Kritik ein durchschlagender Erfolg. Die Kosten von fünf Millionen Mark waren rasch eingespielt, und auch an Preisen mangelte es nicht. Mit seinem ersten Opus hatte Palin in der Tat viel erreicht. Er konnte zufrieden an neue Arbeiten gehen.

A Private Function (Magere Zeiten)

GB 1984

Regie: Malcolm Mowbray. *Buch:* Alan Bennett. *Kamera:* Tony Pierce-Roberts. *Musik:* John du Prez. *Produzenten:* Mark Shivas, George Harrison, Denis O'Brien. *Länge:* 93 Minuten. *Uraufführung:* 21. November 1984.

Besetzung: MICHAEL PALIN (Gilbert Chilvers), Maggie Smith (Joyce Chilvers), Denholm Elliott (Dr. Swaby), Richard Griffiths (Allardyce), Tony Haygarth (Sutcliff), John Normington (Lockwood), Bill Paterson (Wermold), Liz Smith (die Mutter), Pete Postlethwaite (Metzger), Alison Steadman (Frau Allardyce).

INHALT: Gilbert Chilvers schlägt sich im Nachkriegsengland mehr schlecht als recht als Fußpfleger durchs Leben und pediküert auch die örtliche Metzgersfrau sowie die Frau eines lokalen Honoratioren, der gerade die Gästeliste für eine Dinnerparty aus Anlass der königlichen Hochzeit von Prinzessin Elizabeth und Prinz Philipp durchgeht. Während Gilbert ganz für die Füße

Michael Palin als Fußpfleger in ›Magere Zeiten‹

seiner Kunden lebt, will seine Frau unbedingt zu diesem Dinner eingeladen werden.

Der Metzger füttert derweilen auf einer abgelegenen Farm ein Schwein, das allen Rationierungen zum Trotz illegal gehalten wird, um bei der Party zu Ehren der Hochzeit als Festbraten zu dienen. Durch Zufall entdeckt Gilbert, der von allen nur gering geachtet wird, den Aufenthaltsort des ungesetzlichen Tieres. Da ihm von der lokalen Gentry sein Geschäft weggenommen wird, beschließt Gilbert, sich dadurch schadlos zu halten, dass er das Schweinchen an sich bringt. Dieses hat in der Zwischenzeit den Dünnpfiff bekommen, und die Chilvers' ahnen gar nicht, was sie sich mit der kranken Sau aufhalsen, zumal es Gilbert einfach nicht übers Herz bringt, sie abzustechen.

Die Tochter des Dorfdoktors, die bei Joyce Klavierunterricht erhält, verrät den Honoratioren, dass die Chilvers' nun die Sau haben, und sie treffen Gilbert im Pub, um mit ihm zu verhandeln.

Maggie Smith, das Schwein des Anstoßes und Michael Palin in ›Magere Zeiten‹

Gilbert aber hat das Geschöpf liebgewonnen – wie auch Herr Allardyce –, und will die Schlachtung verhindern. Als jedoch der Polizist auftaucht, um nach illegalen Fleischvorräten zu suchen, sticht der Fleischer die Sau ab. Allardyce und Gilbert sind untröstlich, aber Joyce darf sich darüber freuen, dass sie endlich den sozialen Status in der Gemeinde erreicht hat, den sie sich immer wünschte – die gemeinsame Gesetzesverletzung verbindet. Und das Festdinner wird ein wahrer Erfolg.

ZUM FILM: Im Sommer 1984 begannen die Dreharbeiten zu A PRIVATE FUNCTION, bei dem wieder Maggie Smith Palins Partnerin war. Das Drehbuch zum Film stammt von Alan Bennett, der später durch THE MADNESS OF KING GEORGE internationale Beachtung finden sollte. »Alan Bennett rief mich an. Er ist ein sehr respektierter Autor, den ich sehr mag. Er hat ein hervorragendes Auge fürs Detail. Von ihm gefragt zu werden, in einem Film mitzumachen, ist etwas, wo man einfach zusagt«, meinte Palin dazu.

Ganz uneigennützig war Bennetts Frage freilich auch wieder nicht. Durch das Engagement von Palin und Smith hoffte er, deren Verbindungen zur Produktionsfirma »Handmade Films« von Ex-Beatle George Harrison zur Realisierung des Projekts nutzen zu können. Und damit lag Bennett nicht falsch: »Wir gaben das Skript an Denis und George, und die beiden waren wunderbare Unterstützer.«

Der Film wurde von der Kritik sehr wohlwollend aufgenommen und auch bei den British Academy Awards im März 1985 mehrfach prämiert. Maggie Smith erhielt den Preis für die beste Schauspielerin, Denholm Elliott und Liz Smith wurden als beste Nebendarsteller ausgezeichnet. In den Staaten schlug sich der Film achtbar, und Palin konnte sich über zahlreiche Einladungen zu Talk-Shows – darunter die JOHNNY CARSON SHOW – freuen.

American Friends (Amerikanische Freundinnen)
GB 1990
Regie: Tristram Powell. *Buch:* MICHAEL PALIN, Tristram Powell. *Kamera:* Philip Bonham-Carter. *Musik:* Georges Delerue. *Produzenten:* Patrick Cassavetti, Steve Abbott. *Länge:* 95 Minuten. *Uraufführung:* 2. April 1990.
Besetzung: MICHAEL PALIN (Francis Ashby), Trini Alvarado (Elinor), Connie Booth (Caroline Hartley), Alfred Molina (Oliver Syme).

INHALT: Reverend Francis Ashby ist ein ernsthafter und strebsamer Altphilologe an der Universität Oxford. Als Vizepräsident seines Colleges geht er ganz in seiner Arbeit auf. Nur mit Mühe können ihn seine Freunde überreden, sich einmal Urlaub zu gönnen, und so fährt er in die Schweizer Alpen zum Bergwandern. Dort trifft er Elinor, eine junge Irin, die von der reichen Amerikanerin Caroline Hartley aufgenommen wurde. Die Unbeschwertheit des Mädchens weckt in Ashby nie gekannte Gefühle und stürzt ihn darob in tiefe Verwirrung. Als aus Oxford ein Schreiben einlangt, der Präsident liege im Sterben, eilt er zurück, ohne sich von Elinor zu verabschieden. Doch in Gedanken ist er immer noch bei ihr.

Auf dem Rückweg in die Staaten kommen Caroline und Elinor in Oxford vorbei und statten Ashby einen Besuch ab. Im College beginnt man, über ihn zu reden, zumal es den Professoren streng verboten ist, zu heiraten oder sonstigen Umgang mit Frauen zu haben. Die üble Nachrede wird von Syme, seinem Rivalen um die Nachfolge des sterbenden Präsidenten, tatkräftig gefördert. Ashby, der sich seiner tiefen Zuneigung zu Elinor immer mehr bewusst wird, versucht ihr aus dem Weg zu gehen, um nicht noch mehr Anlass zu Gerede zu geben. Als die beiden Frauen schon abreisen wollen, überredet Syme sie zu bleiben und bietet ihnen sein Cottage als Unterkunft an.

Während Caroline mit Ashby durch die Museen der Stadt streift, nutzt Syme Zorn, Verwirrung und Verletzung von Elinor und verführt sie. Als Ashby erfährt, dass Elinor ein Kind erwartet, kann er nicht länger an sich halten und verzichtet auf die Nachfolge des mittlerweile verstorbenen Präsidenten. Er lässt Syme triumphieren, reicht seinen Rücktritt ein und bittet statt dessen Elinor, die zutiefst verzweifelt ist, um ihre Hand. Sie, die ihn die ganze Zeit geliebt hat und nur aus trotziger Eifersucht mit Syme Umgang hatte, sagt freudig zu, und gemeinsam kehren sie in ihre geliebten Schweizer Berge zurück.

Zum Film: Sieht man von Consuming Passions (1988) ab, der auf einem Theaterstück von Michael Palin und Terry Jones basiert, lag der dritte Solofilm Palin besonders am Herzen, erzählt er doch die Geschichte seines Urgroßvaters Edward Palin, der 1866 aus einem College in Oxford ausgetreten war, um eine Irin zu heiraten, mit der er dann sieben Kinder hatte. Palin wollte diese Story immer schon aufgreifen, doch erst 1986 ging er daran, ein Skript zu verfassen. Das war gar nicht so leicht für ihn, handelt es sich bei American Friends doch nicht um eine Komödie, sondern um eine romantische Liebesgeschichte. Palin: »Es war sehr verschieden von dem, was ich normalerweise tat. Daher war es hart zu wissen, wann es okay war. Bei einer Komödie liest du eine Seite, und entweder bringt sie dich zum Lachen oder nicht. Hier aber war es sehr schwer zu wissen, was man hineinnehmen und was man nicht hineinnehmen sollte, wie ernsthaft man sein musste, wie komisch man sein durfte.«

Eric Idle ermutigte Palin, den Stoff auch weiterhin zu behandeln, allen Schwierigkeiten zum Trotz. Denn für einen Film wie diesen war es auch für Palin gar nicht so leicht, Geld aufzutreiben. Überdies wurde er durch andere Arbeiten – WANDA, AROUND THE WORLD IN 80 DAYS – immer wieder vom Schreiben des Drehbuchs abgehalten. Im Mai 1988 versuchte Palin in Cannes vergeblich, Financiers für das Projekt zu finden. Doch nach dem Erfolg von WANDA wendete sich auch für AMERICAN FRIENDS das Blatt.

Ab Sommer 1989 schritten die Arbeiten zügig voran. Der Dreh fand in Oxford an Originalschauplätzen statt und brachte Palin mit Connie Booth, der Exfrau von John Cleese, zusammen, die Caroline Hartley spielt. Es war die erste größere Filmrolle für Booth seit längerer Zeit, doch hatte sie nichts von ihrem Elan verloren. Auch Trini Alvarado und Alfred Molina fügten sich blendend ins Team, das von vielen bekannten britischen TV-Darstellern unterstützt wurde.

Palin, mittlerweile 54, wandte sich nach AMERICAN FRIENDS wieder einer Dokumentation zu. Nach seinen Eisenbahnen und seiner Reise in den Fußstapfen von Phileas Fogg galt seine Aufmerksamkeit nun dem Nord- und dem Südpol. Nebenbei verstärkte er seine literarischen Arbeiten, sodass sich Palin in den 90-ern zu einem Allroundkünstler entwickelte, dessen Vielseitigkeit einiges für die Zukunft erhoffen lässt.

TV-Arbeiten

1) Serien

Mit Ausnahme von Graham Chapman und Terry Gilliam blieben die Pythons auch nach dem endgültigen Aus des FLYING CIRCUS dem Medium Fernsehen treu. In den Jahren 1975 und 1976 entstanden drei TV-Serien, von denen zwei 1979 sogar eine Fortsetzung erlebten.

Den Anfang machte Eric Idle, der schon während der Arbeit an der vierten und letzten MPFC-Staffel an einem eigenen Projekt arbeitete. Die Idee zu RUTLAND WEEKEND TELEVISION stammte von John Cleese. Idle: »Ich zahlte ihm ein Pfund dafür.« Die Probleme eines kleinen Senders werden in 13 Folgen satirisch aufs Korn genommen. Eine Vielzahl der Einfälle ging auf Gags aus dem FLYING CIRCUS zurück, die Idle umgestaltete und ausbaute. Hilfreich zur Seite stand Idle dabei niemand Geringerer als Ex-Beatle George Harrison, der in RUTLAND auch als Gaststar auftrat. Obwohl die ersten sechs Shows im Mai 1975 in England durchaus positiv aufgenommen und im November 1976 weitere sieben Folgen ausgestrahlt wurden, fand die Serie im Ausland keine Abnehmer. Auch eine Videoedition existiert bis heute nicht.

In der historischen Dimension wesentlich erfolgreicher waren zwei andere Serien, die Cleese und Booth zum einen, Palin und Jones zum anderen drehten. Am 20. September 1976 flimmerte auf BBC 2 die erste von sechs Folgen von RIPPING YARNS aus der Feder von Palin und Jones über die Bildschirme. Im Oktober 1979 gab es weitere drei Shows, ebenfalls auf BBC 2.

Folge 1 (TOMKINSON'S SCHOOLDAYS) berichtet von den merkwürdigen Regeln an der Graybridge School, wo die Schüler den Direktor verprügeln müssen und Leute, die von der Schule zu fliehen versuchen, vom Schulleoparden gejagt werden. Tomkinson hat es wahrlich nicht leicht, ehe er sich durchsetzt und der neue Schultyrann wird.

In Folge 2 (THE TESTING OF ERIC OLTHWAIT) geht es um einen jungen Mann, der so langweilig ist, dass sogar seine Eltern Reißaus nehmen. Doch als der Mann dazu übergeht, kriminelle Handlungen zu begehen, schlagen die Gefühle für ihn um, und er wird als Gangleader ein attraktiver Typ, der es bis zum Bürgermeister bringt.

ESCAPE FROM STALAG LUFT 112B, die dritte Folge, porträtiert den erfolgreichsten Ausbrecher des Zweiten Weltkrieges, der aus jedem Gefangenenlager einen Weg nach draußen findet. Die Army schickt ihn in das gefürchtetste Lager der Deutschen, damit er dort einen Ausbruch inszenieren kann. Doch all seine Bemühungen werden von seinen eigenen mitgefangenen Landsleuten durchkreuzt.

Folge 4, MURDER AT MOORSTONES MANOR, zeigt eine von Morden umgebene Familie in Kalamitäten, als sich herausstellt, dass es mehr Geständnisse als Leichen gibt.

In der fünften Folge, ACROSS THE ANDES BY FROG, will Captain Snetterton eine Expedition über die Anden führen, aber seine hochfliegenden wissenschaftlichen Pläne scheitern daran, dass seine Crew mehr an Mädels und Fußball interessiert ist.

THE CURSE OF THE CLAW, die letzte Folge der ersten Staffel, erzählt die Geschichte eines alten Mannes, der in seiner Jugend eine geheimnisvolle Kralle von seinem Onkel bekommen hat. Leider brachte die nicht das versprochene Glück, sondern im Gegenteil nur ziemlich viel Trouble.

WHINFREY'S LAST CASE, die erste von drei Sendungen der zweiten Staffel, handelt von dem britischen Helden Gerald Whinfrey, der das Empire jedes Jahr seit 1898 gerettet hat. 1913 will das Königreich abermals seine Dienste, um zu verhindern, dass die Deutschen den Krieg ein Jahr früher als geplant beginnen, doch Whinfrey besteht darauf, Urlaub in Cornwall zu machen. Dort sieht er sich von einem Haufen Deutschen umzingelt, die als Vorhut die Invasion Englands vorbereiten wollen. Als sie realisieren, mit wem sie es zu tun haben, ergeben sie sich, stolz darauf, dem großen Whinfrey gegenüberzustehen.

GOLDEN GORDON ist der treueste Fan eines ziemlich heruntergekommenen Fußballklubs, der demnächst verkauft werden soll. Um den Klub zu retten, versammelt er die Veteranen der Mannschaft, die eineinhalb Jahrzehnte zuvor den Titel geholt hatte, und mit dem Einsatz der grauhaarigen Stars von einst gerät das Team wieder auf die Siegerstraße.

ROGER OF THE RAJ, die neunte und letzte Folge von RIPPING YARNS, schildert die wechselvolle Karriere eines jungen Offiziers, der sich letztlich gegen Ruhm und Ehre und für das ehrbare Leben eines Ladenbesitzers entscheidet.

Fast auf den Tag genau ein Jahr vor der ersten Folge von RIPPING YARNS, exakt am 19. September 1975, wurde zum ersten Mal FAWLTY TOWERS mit John Cleese und Connie Booth ausgestrahlt. In diesem Herbst standen sechs Folgen auf dem Programm, sechs weitere folgten im Frühjahr 1979.

In A TOUCH OF CLASS, der ersten Sendung von FAWLTY TOWERS, dem Hotel des spleenigen und unfreundlichen Basil Fawlty, bemüht sich Basil um eine bessere Klientel und ist dementsprechend Feuer und Flamme, als sich »Lord Malbury« bei ihm einquartiert. Zu seinem Kummer muss Basil herausfinden, dass dieser nur ein Hochstapler ist – und so bleiben Basil nur seine »gewöhnlichen« Gäste.

In THE BUILDERS will Frau Fawlty die Umbauten im Hotel während ihres Urlaubs mit großer Sorgfalt erledigt wissen, doch Basil wählt aus Geldgier das billigere Unternehmen – mit fatalen Folgen.

THE WEDDING PARTY sieht einen enragierten Basil, als er dahinterkommen muss, dass ein in einem Doppelzimmer untergebrachtes Paar nicht verheiratet ist. Konsequenterweise versucht er, die beiden an die Luft zu setzen.

Als Basil in THE HOTEL INSPECTORS hört, dass Hoteltester in der Gegend sind, rollt er einem Trio, von dem er glaubt, es wären die nämlichen Kritiker, den roten Teppich aus. Natürlich liegt er dabei völlig falsch – was die richtigen Inspektoren zu fühlen bekommen.

Um den Ruf seines Etablissements zu heben, will Basil eine GOURMET NIGHT veranstalten, die sich jedoch zum Desaster entwickelt, als Basil für seinen Chefkoch einspringen muss.

Basil erhält Gäste aus Deutschland, was ihn einiges an Überwindung kostet, hat er doch an THE GERMANS ob des Krieges keine guten Erinnerungen. Er versucht, höflich zu bleiben, doch gegen seine Natur kann keiner an, schon gar nicht Basil.

COMMUNICATION PROBLEMS, die erste Folge der zweiten Staffel, zeigt eine alte Frau, die von dem Glauben besessen ist, das Personal von »Fawlty Towers« hätte ihr Geld gestohlen, obwohl sie nur beim Einkauf ihre Brieftasche vergessen hat.

THE PSYCHIATRIST scheint für Basil nötig, als er zu beweisen versucht, dass ein junger Mann unerlaubterweise eine Frau mit auf sein Zimmer genommen habe, während Basil selbst in eine Fülle von kompromittierenden Situationen gerät.

Ein amerikanischer Hotelgast wünscht partout WALDORF SALAD, was die Küche der Fawltys nicht zuletzt ob mangelnder Kenntnisse in Sachen internationaler Cuisine vor schier unlösbare Probleme stellt.

THE KIPPER AND THE CORPSE stellt Basil vor das Problem, die Leiche eines Gastes, der völlig überraschend das Zeitliche gesegnet hat, unbemerkt von anderen Gästen oder dem Gesundheitsamt loswerden zu müssen.

THE ANNIVERSARY muss ohne Frau Fawlty gefeiert werden, weil diese im Streit mit Basil aus dem Haus läuft. Basil bittet Polly, das Stubenmädchen, für die Feier als Mrs. Fawlty aufzutreten.

Als die wirkliche Frau Fawlty zurückkehrt, sieht sich Basil Problemen weitaus brenzligerer Natur gegenüber.

BASIL, THE RAT, die zwölfte und letzte Folge von FAWLTY TOWERS, handelt nicht vom Besitzer des Hauses, sondern vom Haustier des Kellners, einer Ratte, die just während der Inspektion des Gesundheitsamtes entweicht. Basil, der Hausherr, nimmt den Kampf gegen Basil, die Ratte, auf.

FAWLTY TOWERS entwickelte sich zur erfolgreichsten Soloproduktion eines Pythons im Fernsehen. Die Serie wurde nicht nur in England ein durchschlagender Erfolg, auch im deutschen Sprachraum wurde FAWLTY TOWERS begeistert aufgenommen. Basil Fawlty entwickelte sich zur sprichwörtlichen Figur, und auch Manuel, der Kellner, fand Eingang in die Kulturgeschichte des Fernsehens. Zur Jahreswende 1996/97 lief im deutschen Kabelprogramm sogar eine synchronisierte Fassung von FAWLTY TOWERS als Auftakt zu einer völligen Synchronisation des FLYING CIRCUS, die für den Sommer 1997 vorgesehen ist.

2) Specials

Außer in größeren TV-Serien traten die Pythons immer wieder auch in einzelnen TV-Produktionen auf. Schon unmittelbar nach dem Ende des FLYING CIRCUS etwa drehte Michael Palin an der Seite von Tim Curry eine Neufassung des Jerome-K.-Jerome-Klassikers *Drei Mann in einem Boot*, der überdies von Stephen Frears (*Gefährliche Liebschaften*, *Sharons Baby*) inszeniert wurde.

Ein Jahr später, 1976, schrieb Graham Chapman gemeinsam mit seinem Freund Douglas Adams (»Per Anhalter durch die Galaxis«) die Sketche für die Sendung OUT OF THE TREES. Adams, der schon bei den letzten FLYING-CIRCUS-Folgen mitgearbeitet hatte, half Chapman auch beim Verfassen von »A Liar's Autobiography«.

Im April 1977 gab sich John Cleese in einer Sketchsendung der BBC die Ehre. In drei jeweils halbstündigen Sketchen blödelte er sich in EVERY DAY IN EVERY WAY an der Seite von Diana Rigg, die seinerzeit durch die Serie *Mit Schirm, Charme und Melone* als karatekundige Geheimagentin Emma Peel berühmt geworden war, durch das Programm.

Im Herbst des gleichen Jahres lief Cleeses THE STRANGE CASE

OF THE END OF CIVILIZATION AS WE KNOW IT im Fernsehen. Cleese spielt darin den Nachfahren von Sherlock Holmes, Arthur Holmes, der gemeinsam mit Willy Watson, dem Enkel von Dr. Watson, den Kampf gegen Francine Moriarty, die Enkelin des Erzbösewichts, aufnimmt. Doch Arthur ist mit dieser Aufgabe einigermaßen überfordert, weshalb er einige Freunde – Hercule Poirot, Columbo – kontaktiert, die ihm beim Lösen des Falles helfen sollen. Die Moriarty wurde übrigens von Cleeses Frau Connie Booth gespielt.

1978 sah man Graham Chapman in der Komödie THE ODD JOB, in der ein harmloser Durchschnittsbürger mit einer Menge kriminalistischer Aufregungen konfrontiert wird.

Eric Idle lieferte gemeinsam mit Neil Innes im gleichen Jahr eine der besten Beatles-Satiren, die je über die Bildschirme flimmerten. In THE RUTLES (»Die Brünftigen«) spielen Eric und Neil Paul McCartney und John Lennon (im Film: Dirk McQuickly und Ron Nasty), zwei junge Musiker, denen ein atemberaubender Aufstieg gelingt. Die »Rutlemania« bricht aus, und die Lieder à la »All You Need Is Cash«, »Tragical History Tour« oder »A Hard Day's Rut« werden zu Millionensellern. Der Film, bei dem auch Michael Palin als der PR-Manager der »Rutles« mitwirkte, ist als Dokumentation aufgebaut, bei der zahlreiche Zeitzeugen sich an ihre Zeit mit den »Rutles« erinnern – Paul Simon etwa oder, allen voran, Mick Jagger, dem auch das finale Resümee überlassen bleibt. Interviewt werden diese VIPs von – George Harrison! Der Film wurde sofort ein durchschlagender Erfolg und veranlasste Innes, wenig später eine »Rutles«-LP zu veröffentlichen, die schnell zu einem begehrten Sammlerstück wurde.

Im Oktober 1980 bewies John Cleese, dass er auch ein origineller Shakespeare-Darsteller sein kann. In einer TV-Produktion von »Der Widerspenstigen Zähmung« übernahm er die Rolle des Petruchio. Einen besonderen Spaß gönnte sich Cleese ein Jahr später, als er in dem TV-Film WHOOPS APOCALYPSE mehr als ein halbes Dutzend Rollen übernahm – u. a. die eines Schweden, eines Inders, eines Franzosen und eines südamerikanischen Terroristen. Die Welt steht kurz vor dem Ausbruch des Dritten Weltkriegs, und die Politiker, die Militärs, aber auch internationale Terroristen überlegen ihre nächsten Schritte. Der Erfolg des TV-Films führte dazu, dass der Stoff wenig später auch für das Kino verfilmt wurde. Doch da spielte Peter Cook Cleeses Rollen. Die Kinoversion vermochte den Erfolg des Fernsehstücks nicht annähernd zu erreichen.

1987 flimmerte eine Aufzeichnung von Idles Operettenengagement über die Bildschirme. In THE MIKADO hatte er 1986 die Rolle des Ko-Ko an der First English National Opera übernommen. Zum Jahresausklang brachte Thames TV dieses Gesangsstück von Gilbert und Sullivan.

Im Jahr 1989 beschäftigten sich dann gleich zwei Pythons mit Jules Verne. Den Anfang machte Eric Idle in dem konventionellen TV-Dreiteiler *In 80 Tagen um die Welt*. An der Seite von Pierce Brosnan (der später James Bond werden sollte) als Phileas Fogg jagt Idle als Passepartout um den Globus, verfolgt von Detektiv Fix, den Peter Ustinov verkörperte. Das weitere Großaufgebot an Stars enthielt u. a. Roddy McDowall, Robert Morley und Filmbösewicht Christopher Lee (DRACULA). Ebenfalls dabei eine Vielzahl von Serienstars wie John Hillerman (*Magnum*), Robert Wagner (*Hart, aber herzlich*), Pernell Roberts (*Chefarzt Trapper John*) und Patrick McNee (*Mit Schirm, Charme und Melone*). Auch Palin befasste sich 1989 mit dem Verne-Klassiker, aber auf andere Weise. Er machte eine Dokumentation.

3) Dokumentationen

Schon 1980 gestaltete Michael Palin eine Dokumentation über GREAT RAILWAY JOURNEYS OF THE WORLD. Er fuhr als locker plaudernder Erzähler kreuz und quer durch Britannien – von London hinauf in den Norden ins schottische Kyle of Lochalsh, von dort mit dem »Flying Scotsman«, einer alten Dampflok, durch die Highlands – und erzählt dabei von der Geschichte des Eisenbahnwesens, bringt nette Anekdötchen und gibt nützliche Reisetips: »Ich dachte, eine Eisenbahnreise durch England und Schottland würde nicht nur schön werden – nette Landschaften und so –, sondern böte mir auch Gelegenheit, mit alten Loks zu fahren, eine Sache, die ich immer schon einmal machen wollte.« Mit den »Bekenntnissen eines Train-Spotters« (so der Untertitel) empfahl sich Palin als äußerst kompetenter und gefälliger Reiseführer, sodass die BBC in der Folge noch zweimal auf seinen lockeren Kommentar zurückgriff.

1989 entschied sich die BBC, Phileas Foggs Fahrt rund um die Erde in der Wirklichkeit nachzustellen. Würde es, wenn man auf all die modernen Reisemittel verzichtete, wirklich gelingen, in 80 Tagen den Globus zu umrunden? Palin nahm die Herausforderung an.

Am 25. September 1988 verließ er mit einer fünfköpfigen BBC-Crew London und folgte genau der in Vernes Buch angegebenen Reiseroute. Ab Oktober 1989 wurden seine Abenteuer in sechs einstündigen TV-Sendungen ausgestrahlt. Überflüssig zu erwähnen, dass es auch Palin *right in time* schaffte, wieder am Ausgangspunkt zu sein – und das trotz mannigfacher Schwierigkeiten wie einer Bombenwarnung im Zug von Liverpool nach London, was ihn wertvolle Zeit kostete. Doch auch hier schrieb das Leben wieder einmal das beste Drehbuch – noch dazu mit einem Happy End.

Zwischendurch hat Palin viel Zeit, die Zuseher mit einer Menge nützlicher Informationen zu füttern und zu unterhalten. Zum Beispiel, wie man auf einer chinesischen Dschunke seinem »großen Geschäft« nachgeht oder wie in Fernost der Hauptgang auf dem Tisch füsiliert wird. Während Fogg Beschäftigungen à la »Retten von Prinzessin Aouda« nachging, findet Palin Zeit, im Sinne der interkulturellen Verständigung ein wenig mit Land und Leuten in Verbindung zu treten oder aber am Strand etwas auszuspannen: »Alles in allem konntest du der Vorlage nicht nacheifern, denn ein Teil des Spaßes war das Rennen gegen die Zeit. Ich dachte nicht, dass man eine Reise-Serie wie diese unter diesen Bedingungen machen kann. Vom Physischen her ist es nahezu unmöglich. Ich war erstaunt, dass am Ende so viel bei der Sache herauskam.«

Drei Jahre später startete Palin für die BBC neuerlich zu einer großen Reise. Diesmal sollte es von Pol zu Pol gehen. Die Sache war noch größer angelegt: Acht einstündige Shows im Winter 1992/93 zeigten, wie sich Palin in POLE TO POLE vom Nordpol via Finnland und die Sowjetunion über den Nahen Osten nach Ägypten durchschlägt, von dort den Nil abwärts quer durch den Kontinent bis nach Südafrika gelangt, um schließlich in der Antarktis zu landen. Auch hier wurde Palin wieder reichlich Gelegenheit zum Plaudern, zum Erzählen und zum Ausschweifen geboten. Pittoreske Bilder wechseln mit Palins Befindlichkeit – ein

Reiseschriftsteller, der seine Eindrücke durch eine Kamera einfangen lässt.

Palin brach im Juli 1991 nördlich von Norwegen auf und wollte bis zum Ende des Jahres das Projekt abgeschlossen haben. Doch wegen klimatischer Schwierigkeiten mussten einzelne Sequenzen im Frühjahr 1992 nachgedreht werden: »Anstelle von Stadt zu Stadt zu reisen, wie wir es in *80 Tagen* taten, durchquerten wir eine Menge braches, schwieriges Terrain. Wir waren auch mit ziemlich unterschiedlichen klimatischen Extremen konfrontiert. Es war wesentlich heißer als bei *80 Tagen*, und klarerweise hatten wir auch extreme Kälte.«

Nicht unspannend für Palin war auch der Umstand, dass er just in jener Zeit durch die UdSSR reiste, da diese endgültig implodierte – was allerdings auch einiges an Schwierigkeiten für die Crew bedeutete. So kam man mitten in den Augustputsch gegen Gorbatschow, was Palin und Co. einiges an Improvisation abnötigte. Eine versöhnliche Szene erlebte Palin am Ende seiner Reise.

Am Südpol kamen sie zum US-Stützpunkt, und die dortige Truppe hielt Palin WANDA-Devotionalien entgegen, damit er sie signiere: »Es war mehr so, als käme man zu einer Python Fan Convention. Der abgelegenste Ort der Erde, und da sind Leute mit WANDA-Kopien, die du unterschreiben sollst. Captain Scott passierte das jedenfalls nicht.«

Darüber hinaus gäbe es noch viel zu erwähnen. Gastauftritte, Cameorollen und dergleichen mehr lieferten die Pythons in rauhen Mengen. Sogar Werbung machten sie. John Cleese etwa für »Sony«, »Schweppes« oder »American Express«, wobei Cleese in dem »AE«-Spot einen verstockten Upper-class-Gent spielt, der im Gegensatz zu seinem Butler die Verwendung von *plastic money* strikt ablehnt. Dieser Spot brachte Cleese einen Clio Award ein, mit dem alljährlich die besten Werbespots ausgezeichnet werden. Mehr als zehn Jahre später sollte Rowan Atkinson diese Idee für ein anderes Kreditkartenunternehmen (»Barclay Card«) adaptieren.

Eric Idle wiederum warb für einen Schokoriegel mit dem beziehungsvollen Namen »Nudge« (Idle war im MPFC in einem Sketch der »Nudge, Nudge«-Mann), Terry Gilliam trommelte für Orangensaft und Michael Palin für einen Radiosender.

4) Was sonst noch zu sagen wäre

Die umfangreichen Aktivitäten der Pythons auch nur annähernd beschreiben zu wollen, würde jeden Rahmen sprengen. Neben ihren Filmen und ihrer Arbeit für das Fernsehen nahmen sie eine satte Anzahl an Platten auf, schrieben Bücher und traten in unzähligen Talkshows oder bei anderer Gelegenheit auf. Dazu machten sie noch Werbespots, verfassten Zeitungsartikel, widmeten sich der Nachwuchsarbeit oder arbeiteten für die Volksbildung. Wer wirklich wissen will, wo welcher Python wann was machte, der sei an dieser Stelle an Douglas McCalls »A Chronological Listing of the Troupe's Creative Output« verwiesen. Im Rahmen dieses »Nachworts« sei dieser »Output« auf einige illustrative Skizzen beschränkt.

Insgesamt erschienen seit 1970 15 »reine« Python-LPs sowie zehn Singles. Am erfolgreichsten wurde MONTY PYTHON SINGS (1989), eine Kompilation der besten Songs, wobei es ALWAYS LOOK ON THE BRIGHT SIDE OF LIFE in zahlreiche Charts brachte, unter anderem in England auf Platz zwei, in Österreich gar auf Platz eins. Weitere 20 LPs wurden von den einzelnen Pythons solo aufgenommen, doch keine reichte an den Erfolg von MONTY PYTHON SINGS heran.

Die meisten Texte der Pythons erschienen früher oder später in Buchform, doch abgesehen von solchen Nachdrucken der diversen Film- und Fernseharbeiten existiert auch eine Anzahl von Druckwerken, die eigenständiges Material enthalten. So gibt es zwei Romane, eine wissenschaftliche Untersuchung, einen Gedichtband und mehrere Ausgaben von Kindergeschichten aus den Federn der Pythons.

Eric Idle publizierte 1975 den Roman »Hello, Sailor« (Futura Publications), in dem der Premierminister davon träumt, die Töchter seiner Kabinettskollegen zu verführen. 1995 folgte Michael Palin mit dem Roman »Hemingway's Chair« (Methuen, dt. 1996), in dem ein auf Hemingway versessener Postbeamter versucht, das originale Post Office gegen den Modernisierungsschub zu verteidigen, und dabei immer mehr den Helden seines Lieblingsschriftstellers gleicht. Zehn Jahre zuvor hatte Palin einen Band mit Limericks vorgelegt, den beliebten Fünfzeilern der Briten. Wie auch Terry Jones verfasste Palin überdies mehrere Kinder- und Märchenbücher. Unter diesen ragen vor allem die längeren Geschichten heraus.

Der erste Band von Jones, schlicht »Fairy Tales« (Pavilion) benannt, sorgte 1981 für Furore. Er schrieb die Märchen für seine kleine Tochter, um ihr jeden Abend vor dem Einschlafen eines vorlesen zu können. Das Buch wurde von der Kritik begeistert aufgenommen, ein Album, Radiofeatures und TV-Adaptionen folgten. Nachdem Jones ursprünglich auch die »Saga of Erik the Viking« (Pavilion, 1983), die später als Ideenspender für seinen Film diente, als Kindergeschichte konzipiert hatte, schrieb er 1985 »Nicobobinus« (Pavilion), eine Geschichte über den Titelhelden, der sich aufmacht, das Land der Drachen zu finden. Schließlich folgte 1988 noch ein Band mit Kindergedichten, »Curse of the Vampire Socks« (Pavilion). Palin wiederum fiel vor allem durch die beiden »Cyril«-Bücher auf, »Cyril and the House of Commons« und »Cyril and the Dinner Party« (beide 1986 bei Pavilion).

Graham Chapman lieferte 1980 als bislang einziger Python eine Autobiografie ab, die er denn auch »A Liar's Autobiography« (Methuen) nannte. Darin schildert er nicht nur den Werdegang der Pythons aus seiner Sicht, sondern beschäftigt sich auch mit seinem Alkoholproblem und mit seiner Homosexualität. Terry Jones wiederum setzte sich eingehend mit der Geschichte des Rittertums auseinander und publizierte ebenfalls 1980 eine Studie – »Chaucer's Knight« (Weidenfeld & Nicolson) – über die Ritterlichkeit im Werk von Geoffrey Chaucer, dem Autor der »Canterbury Tales«.

Mit seinem Therapeuten Robin Skynner veröffentlichte John Cleese 1983 sein Buch »Families and How to Survive Them« (Methuen), in dem er sich mit menschlichen Beziehungen und ihren Mechanismen befasst. Das Spektrum reicht von Liebe und Heirat bis zum Kinderkriegen und Scheidenlassen. 1989 folgte »Life and How to Survive It« (Methuen), wo sich Skynner und Cleese mit Fragen des Alltags, aber auch des Berufslebens beschäftigen.

In eine ähnliche Kerbe schlagen die Artikel, die Jones für den *Young Guardian* verfasste, die 1988 gesammelt unter dem Titel »Attack of Opinion« (Penguin) in Buchform erschienen. Schließlich gibt es noch ein Werk mit dem ganz und gar wundersamen Titel »The Golden Skits of Wing Commander Muriel Volestrangler« (Methuen), das nicht von der auf dem Cover genannten Muriel Volestrangler geschrieben wurde, sondern von John Cleese. Es enthält einige frühe Sketche, die bis in die Cambridge-Zeit von Cleese zurückreichen.

Der anhaltende Erfolg der Truppe führte auch zu einer regelrechten Merchandisingindustrie. So gibt es heute nicht nur T-Shirts mit den Konterfeis der Pythons, sondern auch Gesangbücher, Notizblöcke, Notebooks und dergleichen mehr. Ab 1989 wurde auch damit begonnen, die filmischen Arbeiten der Pythons in Videoversionen vorzulegen. So ist der FLYING CIRCUS mittlerweile in einer kompletten Edition erschienen, und auch die Kinofilme der Gruppe sind auf Video beziehbar. Überdies gibt es zahlreiche Kompilationen, von denen ein Steve-Martin-Special, PARROT-SKETCH NOT INCLUDED (1989), herausragt, da darauf Chapmans letzter öffentlicher Auftritt enthalten ist.

Und nun ...

Bibliografie

1. Literatur der Pythons:

Terry Jones/Michael Palin: Bert Fegg's Nasty Book for Boys and Girls. Methuen 1974

Eric Idle: Hello, Sailor. Futura 1975

Eric Idle: Rutland Dirty Weekend Book. Methuen 1976

John Cleese/Connie Booth: Fawlty Towers. Futura 1977

Charles Alverson/Terry Gilliam: Jabberwocky. Pan 1977

John Cleese/Jack Hobbs/Joseph McGrath: The Strange Case of the End of Civilisation As We Know It. Star 1977

Terry Jones/Michael Palin: Ripping Yarns. Methuen 1978

John Cleese/Connie Booth: Fawlty Towers 2. Weidenfeld-Nicolson 1979

Terry Jones/Michael Palin: More Ripping Yarns. Methuen 1979

John Cleese/Connie Booth: The Complete Fawlty Towers. Methuen 1988

Terry Jones/Michael Palin: The Complete Ripping Yarns. Methuen 1990

Terry Jones: Chaucer's Knight. The Portrait of a Medieval Mercenary. Weidenfeld-Nicolson 1980

Graham Chapman: A Liar's Autobiography, Vol. VI. Methuen 1980

Michael Palin/Terry Gilliam: Time Bandits. Hutchinson 1981

Terry Jones: Fairy Tales. Penguin 1982

Terry Jones: The Saga of Erik the Viking. Pavilion 1983

Terry Jones: Nicobobinus. Pavilion 1985

Terry Jones: Curse of the Vampire Socks. Pavilion 1988

Terry Jones: Attacks of Opinion. Penguin 1988

Terry Jones: Erik the Viking. Applause 1990

Terry Jones: Fantastic Stories. Pavilion 1992

Michael Palin: Small Harry and the Toothache Pills. Methuen 1982

Michael Palin: The Missionary. Methuen 1983

Michael Palin: The Limerick Book. Hutchinson 1985

Michael Palin: The Mirrorstone. Jonathan Cape 1986

Michael Palin: Cyril and the Dinner Party. Pavilion 1986

Michael Palin: Cyril and the House of Commons. Pavilion 1986

Michael Palin: Around the World in 80 Days. BBC 1989

Michael Palin: Pole to Pole. BBC 1992

Michael Palin: Hemingway's Chair. Methuen 1995

John Cleese/Robin Skynner: Families and How to Survive Them. Methuen 1983

John Cleese: The Golden Skits of Wing Commander Muriel Volestrangler. Methuen 1984

John Cleese/Charles Crichton: A Fish Called Wanda. Methuen 1988

2. Literatur der Pythons in deutscher Sprache:

Monty Python's Flying Circus: Sämtliche Worte. Haffmans, Zürich 1993
 (2 Bände)
Das Leben Brians. Haffmans, Zürich 1992
Der Sinn des Lebens. Haffmans, Zürich 1993
Der Heilige Gral. Haffmans, Zürich 1994
J. Cleese/C. Crichton: Ein Fisch namens Wanda. Haffmans, Zürich 1989
J. Cleese/C. Booth: Fawltys Hotel. Haffmans, Zürich 1995
M. Palin: Hemingways Stuhl. Haffmans, Zürich 1996
Anmerkung: Die vier erstgenannten Werke sind mittlerweile im Heyne-
Verlag als Taschenbücher erschienen.

3. Literatur über die Pythons:

Robert Hewison: The Case Against Monty Python. London 1981
Kim »Howard« Johnson: The First 20 Years of Monty Python. New
 York 1990
Kim »Howard« Johnson: Life Before and After Monty Python. New
 York 1993
Jonathan Margolis: Cleese Encounters. London 1992
Douglas McCall: Monty Python. Jefferson 1991
George Perry: Life of Python. London 1983
George Perry: The History of Something Completely Different. Lon-
 don 1994
John Thompson: Complete and Utter Theory of the Grotesque. London
 1982
Roger Wilmut: From Fringe to Flying Circus. London 1980

Register